大通县志

青海地方史志文献丛书

〔民国〕刘运新　陈之凤　编纂
廖徯苏　牛培炯
米海萍　校注

青海人民出版社

图书在版编目（CIP）数据

大通县志 / 刘运新等编纂 ; 米海萍校注 . -- 西宁 :
青海人民出版社 , 2020.4
（青海地方史志文献丛书 / 王昱主编）
ISBN 978-7-225-05518-3

Ⅰ . ①大… Ⅱ . ①刘… ②米… Ⅲ . ①大通回族土族
自治县—地方志 Ⅳ . ① K294.44

中国版本图书馆 CIP 数据核字 (2017) 第 330938 号

青海地方史志文献丛书
王昱　主编

大通县志

刘运新等　编纂

米海萍　　校注

出 版 人　樊原成
出版发行　青海人民出版社有限责任公司
　　　　　西宁市五四西路 71 号　邮政编码：810023　电话：（0971）6143426（总编室）
发行热线　（0971）6143516 / 6137730
网　　址　http://www.qhrmcbs.com
印　　刷　陕西龙山海天艺术印务有限公司
经　　销　新华书店
开　　本　890 mm × 1240 mm　1/32
印　　张　12.875
字　　数　230 千
版　　次　2020 年 7 月第 1 版　2020 年 7 月第 1 次印刷
书　　号　ISBN 978-7-225-05518-3
定　　价　76.00 元

总　序

青海地方史志文献是宝贵的历史文化资源

青海人民出版社策划出版的《青海地方史志文献丛书》,收录了青海古代、近代最为重要的一些地方志等文献典籍。把这些弥足珍贵的文化遗产,用出版丛书的形式保存和利用起来,是一件有益当今、惠及后世的文化建设工作,是十分必要和及时的。

中国有编修地方志的优秀传统,清代方志学家章学诚谓“方志乃一方全史”。地方志是记载一个地区自然和社会历史的综合性著作,对当地的疆域山川、建置沿革、历史事件、物产、资源、天文、气候、水利、交通、户籍、财赋、职官、选举、人物、民族、民俗风情、文化教育、名胜古迹等,都做了较详细的记述和考证。因其内容广博,包罗万有,后来又被人们誉为“地方之百科全书”。

地方志书不仅内容全面,而且有较强的科学性、可靠性。地方志资料除取材于正史外,还取材于当时当地的公文档案、谱牒家传、金石碑刻、笔记信札等原始材料,有些资料还来源于野老口说和实地调查采访。许多不被正史编纂者所重视的有用资料,往往在地方志书中得以保存。章学诚说:“修志有二便,地近易核,时近迹真。”由于纂修方志的主持者一般系当时当地的最高行政官员,执笔编纂者一般系本地的缙绅文人,所以在调查研究、征集资料、考证核实等方面是有其方便之处的。如[乾隆]《西宁府新志》的作者杨应琚,就是当时出任西宁道的地方行政官员,他把修志作为自己的责任,调查、编纂、校对等咸出自一人之手。这种当代人写当地事的地方文献资料,接近实际,取材翔实,其可靠程度往往在其他文献之上。

周恩来总理曾于1958年在《关于整理善本的指示》中指出:“我国是一个文化悠久的大国,各县都编有县志,县志中就保存了不少关于各地经济建设的有关资料,我们除了编印全国所藏方志目录外,还要有系统地整理县志中及其他书籍中的有关科学技术资料,做到古为今用。”周总理于1959年4月在邀集60岁以上全国政协委员的茶话会上讲道:“……现在当然首先要研究现实问题，反映新的情况，但对过去的东西也需要研究,新的东西总是从旧的基础上发展起来的。过去编的府志、县志,保存了许多有用的史料。”古旧方志中有许多对现代社会经济发展和科学研究事业十分有用的资料,如关于本地物产、土特产、土地、田赋、税役、农业、手工业、商业等经济史料;关于矿产资源、水利资源、天文星野、江河水文、气候变迁、水旱灾害、地震、水利、交通、医药等科学史料;关于疆域山川、地形地貌、江河湖海、城池关隘等地理史料;关于阶级斗争、农民起义、历史沿革、兵制兵防、历史事件、历史人物等军政史料;关于户籍人口、民俗民情、民族宗教、方言俗语等社会史料;关于地方艺文、金石碑刻、古城遗址、文物古迹等文化史料……这些珍贵的资料,既有历史价值,又有现实科学研究价值。随着岁月的流转,许多事物已发生了很大的变化,地方上很久以前的事现代人难以知晓,当时当地的情况却在地方志中用文字保留下来了。

早在20世纪30年代,著名历史学家顾颉刚先生曾经为地方志这一丰富而珍贵的文化遗产未被重视和利用而感叹曰:“如此缜密系统之记载，顾无人焉能充分应用之,岂非学术界一大憾事耶！”(《中国地方志综录·序》)新中国成立后,在党和政府的重视下,许多科研部门和史志工作者通过对旧方志资料的整理研究,在历史、地理、经济、文化、天文、地震、水利等方面，撰写了许多专著和其他科研成果，在古为今用方面做出了有益的贡献。20世纪80年代以来，全国大规模地编修社会主义新方志，一大批新方志成果在各地陆续出版，不断丰富了地方历史文化宝库。在这些重要的历史文化建设工程中，古旧地方文献起到了奠基性的作用。

今天的历史，是过去历史的延续。整理出版古旧的地方史志文献资料，有利于我们了解地方历史，熟悉各方面的情况，是一件十分重要的工作。从事地方工作的人们，从阅读地方史志文献资料入手，了解地方各方面的情况，则是一个便捷的渠道。古代许多有头脑的封建官吏，走马上任，下马观志，把地方志书作为“辅治之鉴”。唐朝韩愈南行，路过梅岭，先借《韶州图经》；宋朝朱熹赴南康军任职，下车伊始，便找《南康军志》。这些大学问家看重地方志的故事，至今还为人们所称道。新中国成立后，许多地方政府也常利用地方志来了解本地区的历史和现状，熟悉省情、地情和县情。阅读和研究地方史志文献资料，可为我们在从事地方建设时，如何从实际出发，发挥地方优势，进行科学决策，提供历史依据，从地方社会历史发展中寻找事物发展的规律，从而使我们少走弯路。

青海地处西北，东接秦陇，西通西域，南交蜀藏，北护甘凉，战略地位十分重要，自古以来就是许多政权和民族

目　录

目　　录

目　　录

目　录

目　录

目　录

目　　录

目　录

大通县志·第一部

弁　言

一

夫志之为言志也，盖欲即吾志之所志，详之简端，将以饷后之志吾志者，一观其志，而吾志皆所志也。昔者，班固作《汉书》，原有天文、地理诸志。昭烈之代，陈寿继出，囊括当时人物，采其实录，胪列成篇，名《三国志》，与《汉书》相终始，是即志之所特创也。自兹以降，跨魏、晋，驾唐、宋而历元、明，累朝相袭，踵事增华，由国乘而省而府而州县，莫不各有其志。甘肃地处西陲，山川灵秀，适居河岳之祖。故徵文考献，自省制而分隶各府州县，志之所著，方之往古，凡夫晋乘楚宝[1]，不能专美于前焉。独是大通一邑，壤连西藏，其地夙称番有，自前清廓清边圉，收入版图。雍正初年，始设守卫，其城居县之北，是为北大通。乾隆中叶，加拨西宁十堡，北徙而南，改卫为县。是后迭遭兵燹[2]，人民荡析，耆老乡贤，时惊流播，庶富未卜，文教自疏，志之所为，故非能及。民国改元，地方人文渐臻隆盛。六年之夏，运新承乏来宰是邦。越明年，公政余闲，因与宾友陈君翔梧，集晤彼都人士，谋纂县志，询志佥同。尤幸诸君踊跃捐资，从事不数月而功乃成。是虽以运新为提倡，然非众志合一，未克臻此。呜呼！此间自创都邑，以逮于今，越二百年，僻陋相仍，一旦睹兹盛典，纵未必诸臻美备，而运新与诸君子志之所志，亦聊附诸通都大邑之末，而自信颇为貂续。爰出数言，以弁其首，尚冀后之来者，进修饰而加之润色，则此志之所志，或亦不无草创之一助云。是为序。

民国八年岁次己未春三月

合肥泽民刘运新识

二

尝谓志之为书，以例诸史，异源而同流。盖史论出于国，而志乘采于乡。其出于国者，宜按是非得失，而寓之以褒贬；其采于乡者，宜赅风土人情，而加之以典丽。是故史之难在于简而断，志之难在于详而明。傒苏湘人，世居潭邑。吾湘县志，当清代之隆盛，时作时辍，经百数年而无成。光绪中叶，邑人湘绮楼先生任其修撰，一再寒暑，其功已蒇[3]。夫湘绮楼固吾国中一代名儒也。凡为文简而断，详而明，其为志也亦然。是故古之史笔，班马而后不多得人，今之志书，湘绮之才非能数遘。然则志之为书，非习于史者，岂易易哉。况大通地僻西戎，清雍正初收入版图，逮乾隆中改设县治。其间兵燹迭遭，徵文考献多所阙如。民国纪元之六年，合肥令尹刘君泽民来宰是邦，越明年，百废具举，公余谋创县志，呈之大府。是秋徯苏来游西宁，大令谬以撰席相属。自顾学肤，非所胜任，爰采此间旧集，所见前训导问昙、邑绅梅汝调先后汇具草册，然其罅漏尚多，未为完本。既合省府及乡土各志，并诸绅采访，略加详考，罗而织之，以成一帙。稿既脱，因慨然曰：是不过综覈众闻[4]，备诸实录，以待来者。如其云志，律之先正，简断详明，失之远矣。是为序。

湘潭资万廖徯苏识

三

慨自书亡丘索[5]，莫校九州八泽之文[6]，诗熄风谣，空存三颂二南之旨。纲目系累朝之得失，不详遗老乡贤；

志书图海国之雄奇，偏漏民风土俗，以致邑连十室，有忠信而难传；典播千秋，徵文献其无考。则见雄夸三户，必让楚书，胜纪两河，宜编晋乘。仿风徽于正史[7]，依稀艳摘班香；操月旦之公评，雅觉芬流董笔。阐雍容揄扬之素，搜古今人物之奇。润色河山，铺张名胜。举属街谈巷议，有美必书；方之野史稗官，无奇不采。輶轩所及[8]，纪载无遗。俟其袆而猗欤盛矣！大通治属岩疆，夙有纮歌雅化，地居僻壤，实臻甘陇上游。无如垂宰治者二百年，民虽向治，聚国族者九千户，人各有心。以兵燹之迭遭，遂致士风之莫振。方舆欲纪[9]，旋兴硕鼠之歌；文苑惊摧，安觅雕龙之技。合肥刘大令者，炳藜光于太乙，天禄生辉，传花信于安仁、河阳报政。蔡邕操曲[10]，不捐入爨之桐；徐孺来宾[11]，偏下悬空之榻。之凤频年薄官，迹滞西陲，竟日吹竽，滥依南郭，而乃羔裘退食，麈尾邀谈。每当月夕花晨，不遗余兴，相约采风问俗，倍切虚怀缅芳，蠲以如亲，无得任其湮没。喜文缘之可缔，犹宜勉事驰驱。况复地有澹台，行非由径，政操言偃，事属维公，力效众长，可谓兼收并蓄。光生邑乘，何忧夏五郭公[12]。兹值夙愿已偿，全功告竣，鄙怀既竭，短引交疏。自知识比蝇微，尾附骧云之骥，差幸测同蠡小，爪留印雪之鸿。是为序。

湘乡翔梧陈之凤识

四

今以天下之大，今古之遥，事理之繁，名物之异，皆欲识诸吾人之一心，而数典不忘，大亦安得而能之哉。然惟心不能识，则必识之于书；彼不能识，则必识之于此。由是，一人所识，举千万人皆得识之；一时所识，举千万世皆能识之。是即志之所由作也。综览吾国廿二行省，凡夫名区、古治、大邑、通都，莫不各有其志。即吾甘一隅，僻处西陲，然由省府以逮州县，采之志乘，亦皆次第举行。惟是大通一邑，从雍正廓清，由卫改县，以至于今，相仍二百余载。其间风教开辟，山水雄秀，物产丰饶，人民昌炽。比之内地，无稍差等。独于志书一事，不无阙如。培炯，亦陇人也，猥以末秩，典狱是邦，于兹五年。兴言及此，靡不为憾。虽然事理之常，久废必兴，久缺必备。志之所举，亦如是耳。尝观一事之振兴，必待一时之人物。人物也者，百年求之而不得，一旦萃之而有余，何则？地方之设官，并非始于今日，而地方之多士，亦非出于一朝。乃者建议有人，编纂有人，以及捐资合力，采访同心，又莫不各皆有人。是并非人之盛于今而替于昔也，盖在乎提倡者之力不力，与乎谋合者之从不从已。培炯赋质于天，素称委弱。不意当兹盛创，亦复屏除疲怠之性，欣欣然而与之从事。今志成矣，自抚不佞，亦何幸附于诸君子之末而为所欲为，睹所未睹哉。噫！盖亦天之留以有待也。是为序。

庄浪子明牛培炯识

注释：

[1]晋乘楚宝：乘，音shèng。泛指中国古代史志典籍。《孟子·离娄下》曰："晋之乘，楚之梼杌，鲁之春秋，一也。"

[2]兵燹：燹，音xiǎn，野火。多指兵乱中纵火焚烧而遭受破坏的灾祸。

[3]蒇：音chǎn，完成解决。

[4]覈：音hé，查验、核实。

[5]丘索：相传为中国古代书名。《左传》昭公十二年载："是能读三坟五典八索九丘。"疏引孔安国《尚书·序》："八索乃八卦之说，九丘为九州之志。"

[6]九州八泽：九州，《尚书·禹贡》分天下为九州，即冀、兖、青、徐、扬、荆、豫、梁、雍。八泽，古代著名的湖泽，即鲁国的大野，晋国的大陆，秦国的杨汙，齐国的海隅，宋国的孟渚，楚国的云梦，郑国的圃田，吴越之间的具区。又因这八泽分布于各诸侯国中，所以，也用来指疆域广阔。

[7]风徽：风范，美德。

[8]輶轩：轻便的车子，专指使臣乘坐之车。汉代扬雄《方言》一书全称为《 輶轩使者绝代语释别国方言》。汉代应劭《风俗通·序》

曰:“周、秦常以岁八月遣𬨎轩之使求异代方言。”

[9]方舆:指地。古谓天圆地方。《易·说卦》:“坤为地。”地为大地,能载万物,故称地为方舆。

[10]蔡邕:公元132—192年。东汉陈留人,字伯喈。少博学,好辞章,精音律,善鼓琴。汉灵帝时官郎中。著有《独断》等,后人辑其文为《蔡郎中集》。

[11]徐孺:公元97—168年。东汉豫章南昌(今江西)人,字孺人。又名徐稚。因不满汉桓帝时宦官专权,多次婉拒入朝为官,时称“南州高士”。太守陈蕃礼请徐孺,还为之特设一榻,待他拜謁还家后,榻空悬一处。

[12]夏五郭公:《春秋》桓公十四年书“夏五”,无“月”字;又庄公二十四年书“郭公”,下无事。此显然有缺漏。后世因以“夏五郭公”比喻文字有残缺、遗漏。

衔　　名

监督员　四等嘉禾章署大通县知事合肥刘运新

总纂员　留甘任用县知事湘潭廖徯苏

分纂员　裁缺青海长官行政公署调查科科长升任县知事湘乡陈之凤

总校员　补任大通县管狱员庄浪牛培炯

分校员：

中区采访员　恩贡生[1]梅汝楫　毕业生王绳祖　贡生[2]侯佐邦

东区采访员　生赵敦善　附生张连英　附生[3]朱士彦

南区采访员　拔贡生[4]刘秉文　贡生陶春仁　附生钱维伦

西区采访员　贡生李霖　马永昌　附生昝培元

北区采访员　附生孔广英　附生金宝德　附生张海钰

注释：

[1]恩贡生：明清科举制度中，贡入国子监的生员的一种。规定每年由府、州、县选送廪生入京师国子监肄业，俗称岁贡。凡遇到皇帝登基或其他庆典颁布“恩诏”之年，除岁贡外，加选一次，成为恩

贡，所恩选举荐的就是恩贡生。

[2]贡生：中国科举时代所挑选、推荐出来的府、州、县生员(秀才)中，其成绩或资格优异者，升入京师国子监(太学)学习肄业，成为贡生。明代有岁贡、选贡、恩贡和纳贡；清代有恩贡、拔贡、副贡、岁贡、优贡和例贡。

[3]附生：中国科举制度中名目之一。明代正统时，于府、县学之外有取附学生员之制，清代沿袭，生员亦称为附生。

[4]拔贡：科举制度中推举、入贡国子监的生员之一种。清制，初定六年一次，乾隆中改为十二年一次，每府学二名，州、县学各一名，由各省学政从生员中考选，保送入京，作为拔贡。经过朝考合格，可以充任京官、知县或教职。

凡例

一、创设一事，非由一人之力所克奏其成功。如构屋然，拓其基址，定其规模，更必取诸砖、瓦、木、石，互效其能，而轮奂始见。本志经始于合肥刘君运新，协助于湘乡陈君之凤，赞理于庄浪牛君培炯，采合于治绅梅君汝楫、王君绳祖、侯君佐邦、赵君敦善、张君连英，朱君士彦、刘君秉文、陶君春仁、钱君维伦、李君霖、马君永昌、昝君培元、孔君广英、金君宝德、张君海钰、刘君占甲。是为基址拓，规模定，而砖、瓦、木、石，皆得奏其效能。傒苏谬居撰席，地非故土，一切事实，盲无所见，爰集众知，以为罗织；至诸材悉备，坏于拙工，是为罪有专归，幸无分咎焉。

一、大通自前清乾隆二十六年，由卫改县，垂二百载。其间兵燹迭遭，人文蹂躏，原无邑乘。即如前训导惺斋问昙，增生梅氏汝调，先后制有草册各一部，然非完本。又如省府及乡土各志所载，亦从简括。本志合诸旧闻，加以搜讨，但于形势及理论稍有不合者，不得不略为更正。至其文系录陈，则皆标而记之，是于前贤之美，有所不忘也。

一、诸志所载山川名胜于县治四控，多出参错。本志如山脉，则总列三干，于水源则分统两派。盖山水皆起于西北，而趋于东南。故其叙山叙水，各从其属，亦皆由西北而东南，循序以为起讫。似此记载，原始要终，干分支别，庶几阅者了如列掌。

一、凡志书款目虽不一律，而大致皆同。本志分别图表，以图为纲，以表为领。一纲一领冒于诸目，庶为有条不紊。

一、凡作志举于行谊特别事迹所见，宜有传赞。本志传赞除参订录陈外，原诸旧闻，既无依据，凭之采访，又无徵考，加以率尔成篇，传赞是所不及。

一、省府各志，凡于名区胜迹，前贤备有著作者，皆于叙名胜处，随为登载。本志则均摘列《艺文》一卷。

一、孝义节烈，原为风化攸关，然一字春秋，名不滥予，示为珍重。本志采之诸录，不及推考，悉予登载，盖亦褒美不妨从宽之意。

一、县名大通，原以浩门河又名大通河，义取诸水。援其建置之始，分筑三城：曰大通、曰白塔、曰永安。始设卫治原在大通城，自乾隆二十六年改卫为县，则已先于九年，由大通城而移卫于白塔。盖白塔居南，大通居北，故后称大通城为北大通。诸志时言白塔，时言大通，虽叙者本无含糊，而观者难寻区别。本志于白塔，则称县城，于大通则称北大通，庶不致眉目相混。

一、大通自改卫为县，原拨西宁十堡，以为辐辏。其地即在新城峡口以南，故乡人称为峡外十堡，意者不忘其旧。本志改为南川十堡，而峡外二字不复赘焉，似此不致有所歧视。

一、新城原名北川营，其关门，一名永安关，一名北川闇门。实以该川居西宁县之北，而其地本来系西宁所属。所谓北川营、北川闇门，从西宁县而名之也。今既拨归大通，已居大通之南矣，仍呼北川，顾名思义，实与大通方隅不合。故本志自乾隆二十六年以后事实，均改作南川，正名义也。

一、县治既移白塔城，如祠祀建设，县城所无，原在北大通，而仍指大通城者，本志概从削之。

一、疆域分控道里若干，不容淆混。本志以县城为中区，四至所及，较为清晰。

一、图画所列山川名胜，不能偏及，而于至要，略加详载，非敢罅漏，实限纸幅，幸为谅之。

一、字句重复，原恐阅者不能明晰，故不从省。

一、采旧作，间有删改、点缀，然非词旨隐讳，即因彼此歧互。凡此，原欲去其庞杂，以致醒豁，并非记者聪明自作。

一、大致所系，几经详慎参考，举于志地、志人、志事、志物，信亦不中不远。然以山禽论波涛，水族谭木石，始终情状，徒托耳闻，非经身历，间有错误，尚待高明正之。

一、野语乡谈，证有实际，间亦援引。意者，女娲造冶补天，有炼石之谭；甄后治宫发冢，有还阳之事。盖古今奇异，耳闻所必不信者，目中常及见之，故不得概以齐东之言[1]，悉从芟夷而不顾也。

题记[2]

大通，故番地也。清雍正三年始设卫，乾隆二十六年改县，道光中训导问昙草创县志，民国八年县长刘运新志始，邀苏徯终其事。苏徯颇自负，于山脉总列三干，于水源分统两派。叙山叙水，各从其属，此求条理甚整饬，顾所载多有凌乱，未能如其所言。又云"以图为纲，以表为领"，于是有不必图之图，不必表之表。如各目表，且文繁意复，不类史志。盖犹是文今作也。沿革以大通为唐米川县，考唐志，米川县初在河南，后移黄河北，为河州属县，盖今循化、乐都沿河之地，去大通尚远。志亦史书。

临洮鸿汀张维题记

注释：

[1]齐东："齐东野语"之谓。孟子回答弟子咸丘蒙(齐国人)问上古故事时说："此非君子之言，齐东野人之语也。"见《孟子·万章上》。后世称不足信之言、道听途说之语为齐东野语。

[2]《中国西北文献丛书》第一辑《西北稀见方志文献》第55卷影印民国八年序本凡例后有张维题记。

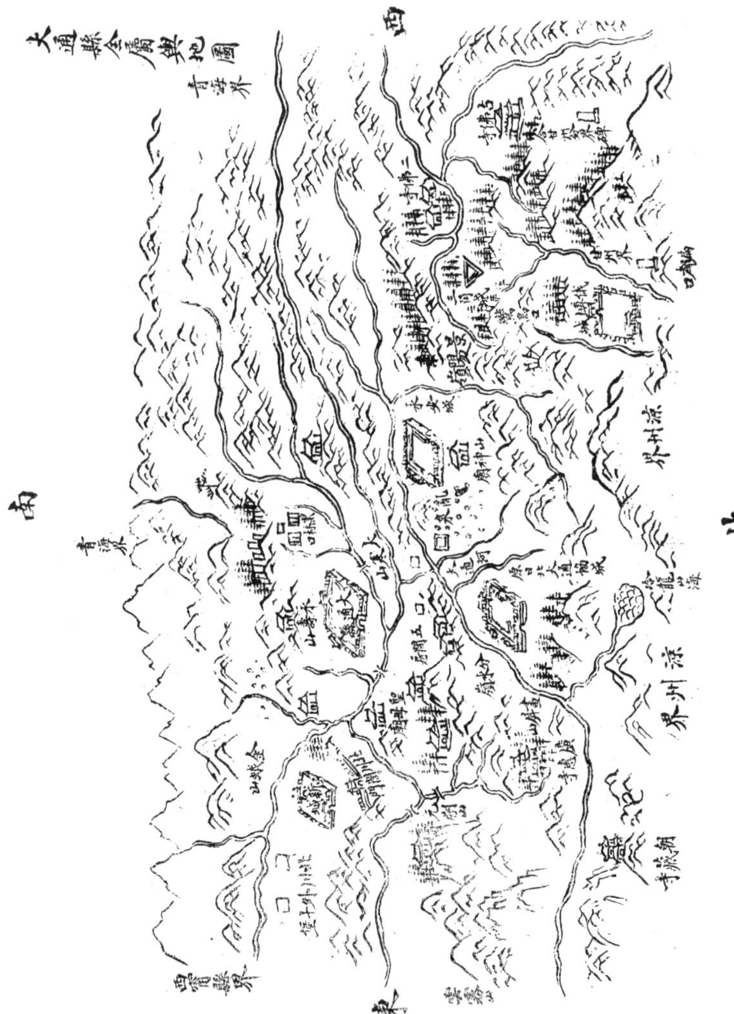
大通縣全屬輿地圖
南
北
東
西

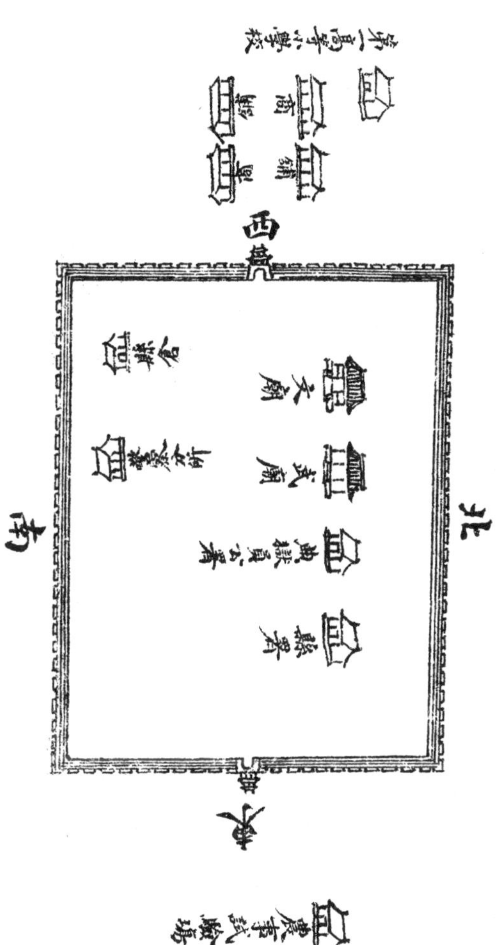
縣城圖
農事試驗場
東
南
北
西
縣署
文廟
武廟
第一高等小學校

八　景有词载艺文

颜色者人之外貌也，风景者地之内美也。故地之有景，如人之有色。然越中西子，美擅姿容，辇入吴宫，便惊宠贵。唐贤之诗曰："艳色天下重，西施宁久微。朝为越溪女，暮作吴宫妃。"[1]言才美之不终于寥寂也。然则地有美景，亦何虑其僻陋哉。虽然景不能自美，必藉人之美以美之。盖人之杰，地之灵也。从古地以人传，如杜曰少陵[2]，苏曰眉山[3]，南阳诸葛[4]，庐陵欧阳[5]，类若此矣，试为加之意焉。

花海鸳鸯

花海俗名乱海子。详注水源。其海纵横数十顷，水波清漾，中涵石片，状若莲花。黄鸳鸯游泳其间，与波上下。春和景明之际，浮光朗镜，一碧万倾。诚八景之首出也。

雾山虎豹

雾山岚光浮绕，四时若雾。山表嘉木扶疏，浓阴蔽日。巉岩崱屴[6]，怪石嶙峋。谷应风鸣，如闻虎豹。世传山有虎豹，匿迹林岩，与世无害，称为灵物，而其山亦称神山焉。

画屏秋净

画屏山，山势轩敞，横亘如屏。时及春生，鸟语花明，浑如仙岛。然尤不若清秋一色，竟体空明，尘无纤滓。至其云英泻碧，霜叶流丹，更觉一幅图成天然画本。嗟乎！辋川绘事，胜绝古今，摩诘重生[7]，对此应为搁笔。

古塔春阴

县城东郭外里许，原有古塔，高出城楼，垩以蜃灰，琼然一色。塔外长堤环绕，东风杨柳，四面青来。天半碧云，若浓若淡，聚散无时。对此浮图，巍然孤耸，踏青时节，佳趣横生。惜哉！代远年深，梓泽一方，丘墟久矣。然遗迹犹存，兴怀无限，所意来者无穷，或亦不难丹雘[8]，重新继武当时之胜。

鸾堞翔风

鸾鸟城在今之鸾鸟口，相传古有灵鸟，非凰非凤，文披五色，翔集其间，啸引天风，群鸟纷纷应声而起。博物家识其为鸾，以为祥瑞。时方建邑筑城，爰名之曰鸾鸟县。后因邑废，仍名其城为鸾鸟城。其地为出甘、凉之要口，亦呼为鸾鸟口。迄今荒城一角，粉堞排云，春秋佳日，风清天末，隐隐作声，而一曲飞来，山鸟从和，恍若笙簧之幽雅然。

龙洼嘶月

龙洼即龙泉，水之曲者曰洼。其泉迎地如环，浮天若镜。湍流激涌，嘶然有声。惟值良宵三五，微云四卷，皓月横空，水面清浮，玉盘皎洁，声来幽咽，入听更异寻常。访之土人，谓此中原有老龙盘踞，故其泉之清，声之艳。偶然洗耳，恍觉俗尘荡涤，如飞仙渡海，羽衣一曲，奏澈龙宫，不欲以凡音渎神人之志耳。

朝阳涌翠

涌翠山，翠如葱玉，山当东面，扶桑耀影，望入青苍，如张天画。尝谓石韫玉而山辉，水怀珠而川媚，世俗相传。此山石磴盘空，嵯峨敛碧。盖太璞蓄于中，宝光发于外，故水泉清冽，美泄琼浆，山僧汲饮，皆徵年寿。意者昆岗脉线[9]，此其秀钦。

夕照流金

金峨山，九面芙蓉，巍峨万仞。夕阳西照，辉接层霄，射目光芒，流丹映碧。父老流传，左有樵柯，已通仙籍。山麓樵沟，盖其所居也。尝于此中樵采，遇一道士，相与言曰："山石穹窿，以金作骨，夫金，西方之灵也。子能得其精气，来日吾当跨鹤相迎。子可谋诸妇，取觞酒为乐，吾将引子作三山之游。"[10] 樵人如期而往，竟亦不知所去。

注释：

[1]此诗四句出自唐代诗人王维《西施咏》诗。

[2]杜曰少陵：少陵为汉宣帝许皇后之陵，因其规模小于宣帝陵，故称，在今陕西省长安县南。唐代诗人杜甫曾经居住于此地，自号少陵野老，世称其杜少陵。

[3]苏曰眉山：眉山属四川省，县名。宋代著名文人苏洵父子即

此县人，故称。

[4]南阳诸葛：南阳古称宛，今属河南省，位于省西南部，与湖北、陕西交界，因地处伏牛山南、汉水以北而得名。汉魏时名士诸葛亮因躬耕于此，故称南阳诸葛。

[5]庐陵欧阳修：宋代大文人欧阳修是吉州永丰(今江西省吉安市永丰县)人，因吉州原属庐陵郡，便以“庐陵欧阳修”自居。

[6]崱屴：音zèlì，山峰高耸的样子。

[7]摩诘：唐代诗人王维字摩诘。辋川在今陕西省蓝田镇，是王维隐居之地，是诗人一生居住时间最长的地方，也是他一生从事创作活动作重要的场所，所绘《辋川图》首创中国水墨山水画，被尊为“画界南宗鼻祖”。

[8]丹臒：臒，音huò。赤石脂之类，古代以为好颜料。丹臒是油漆用的红色涂料。

[9]昆岗：指昆仑山，古人神往的神圣之山，登上此山，即可长生不死，永生不死。

[10]三山：指神话传说中的三座仙山，分别为方丈、蓬莱、瀛洲。唐代诗人白居易《长恨歌》：“忽闻海上有仙山，山在虚无缥缈间。”

天 文 志

大凡物之光明外发者，皆得谓之文。文也者，理之表著，而能及时宣化者也。然天之宣化，理昭于物，是物之文，即天之文矣！又何必别乎天以言文哉？不知浑而言之，物之文即天之文；分而言之，则天自有异其为文者。夫天文何系？系之者日月星辰而已。特是日月星辰，环居端拱，绕于地球，无所不照，又岂泥于一都一邑之微乎！虽然都邑有限，同覆于天，固不得谓时行物生，独为化所不及也。慨自《虞书》考典历象数以授人时，《周礼》命官辨土宜而分星野。由是累代相仍，行政而外科分历数，备设专员，而以幽测明，举于人事所见，按诸方里言之，亦皆有应。可知天之宣化，发见于文，原有莫罄明言之妙。吾人不谙天文之学，爰据省志详载，分而出之，列之篇首，至其精奥则非所得而辨矣。

象数表

图说	周天经纬度数及列宿常星分布图 二十八宿分野限宫占度图 日行出入按节气分定时刻图 日行离地平按二至二分高数图
经纬度	县属经度分秒定数 县属纬度分秒定数
日星度	县属列躔次分定度分秒数 县属日行按节气分定时刻 县属日行离地平按二至二分分定度分秒数
祥异	县属前清道光间祥异 县属清同治间祥异 县属清光绪间祥异

天道有常而无常，其有常者，如经纬之度数、星辰之罗列，以及日月之行绕，列宿之躔次[1]，莫不昭昭可考。独至为灾为祥，及时分降，实无定数。虽然，非天道之无常也，特以人之昧然自处，不能以有常之心，应无常之数耳。何则？天之垂象，凡有异降，必早示之于微，但非圣人，不能仰而测之，及时修省，力挽无常之数，而用之有定。究之人道迩，天

周天經緯度數及列宿常星分布圖

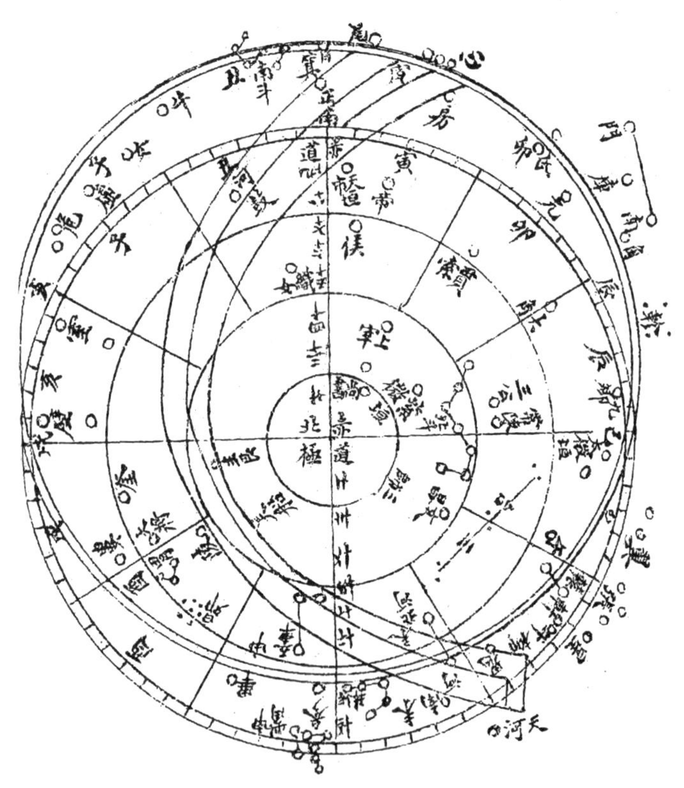

图 1

道远。试即有常者言之，举如列土分星，以天之大，包及五洲万国，区区吾亚一隅，独能视此大同？意若兄弟之析分家产，据之以为有定，是亦未可全信。然吾人之可自信者，洵能持吾之心，行吾之素，斯即其有常耳。至天道之常与不常，可不言而亦可略言。

右图*(见图1)互套两圈，上圈为经，下圈为纬。中以直线分黄赤道，横线定南北极。绕左三线是为天河，围圈二周即为周天。各布子丑寅卯辰巳午未申酉戌亥十二宫，分列角、亢、氐、房、心、尾、箕，斗、牛、女、虚、危、室、壁，奎、娄、胃、昴、毕、觜、参，井、鬼、柳、星、张、翼、轸二十八宿，并及各常星，以测中国日星行度之数。法依省志考定，以清宣统三年前冬至日，太阳在纬南丑宫，初度为体，即以正午太阳到正南为用推算。每逢冬夏二至，太阳距纬二十三度二十七分。又赤道近，黄道远，近则度窄，远则度宽。故太阳绕黄道，一日一度，一月一宫，一岁一周天；绕赤道，一日一周天。盖一日十二时，一时八刻，一刻十五分，一分六十秒。是以二百四十秒绕一度，二百四十秒刻之四分也。百二十分绕一宫，百二十分，合得一时也。十二时绕一周天。惟岁逢二至，日行正午，全国皆同，余则以节气长短，距度盈缩，北极高下，所见各不一致。

*原排印本为竖排本，现改为横排本，此处标示的“右图”应为“左图”。

省及縣星野限宮分度圖

图 2

右图(见图2),按二十八宿,裂〔列〕星分野之说。以井、鬼、柳为雍州分星。而甘肃一省,地占雍州之大半,盖井、鬼、柳三星,分布申、未、午三宫,计每宫三十度。从天正午宫十五度起,算至酉宫十五度止,合得九十度。除去甘肃北极出地三十六度,下余五十四度,即申宫九度至午宫十五度之数。又从午宫十五度起,依东加西减例,推至午宫二度二十五分三十秒,值井宿所居黄道二十七度二十一分三十四秒,是为甘肃省城平地经度。大通居省城之西,其地较高三十二分零二秒,是即井宿所占二十六度有奇之数也。

日行出入按節氣分定時刻圖

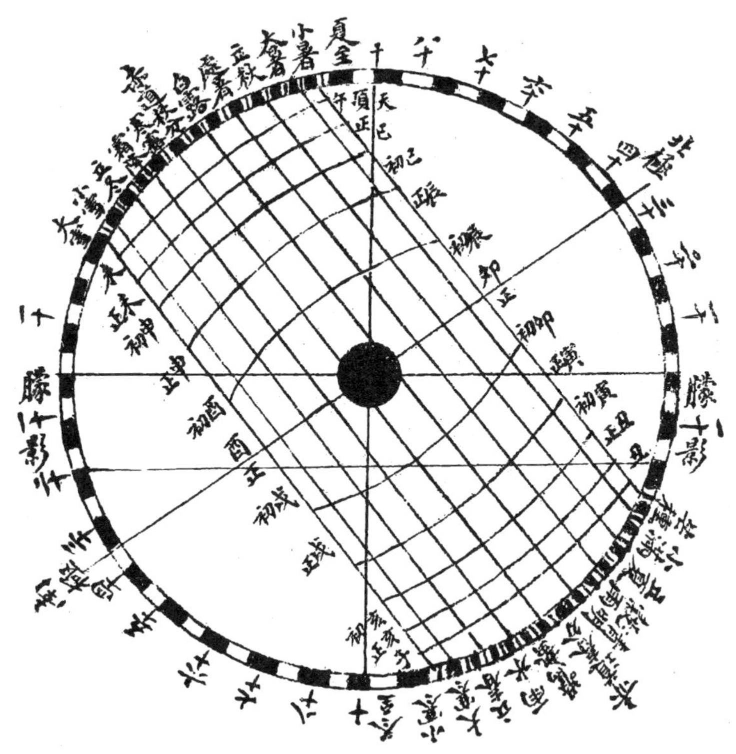

图 3

右图（见图3）大圈，是为天球一周。圈中小黑球，即地球也。地球上半截，系日光行天之空，下半截系日光入地之实。中直线系日光分冬夏二至之时，中横线系日光出入平地之时。自横线入下半截所列一格，系日光出入朦影之时。右北极出地平三十六度，左南极入地平亦三十六度。左赤道离天顶三十六度，右赤道入地平亦三十六度，自左赤道斜线贯入右赤道，分列二十四节气，而斜线之中所列围线，分注十二时辰，以定各节气日出日入之时刻。如时逢夏至，则视地平线右列寅正加三刻零一分，为日出之始。推至午正初刻，乃二十八刻一十四分，倍之得五十七刻一十三分，即左列申正加三刻零一分，日入之始，下余三十八刻零二分，即地平下夜分之时。余皆举一概百，全省如之，大通亦如之也。今将日光出入，诸节气时刻，昼夜长短以及朦影，并列于后，合备观览焉。

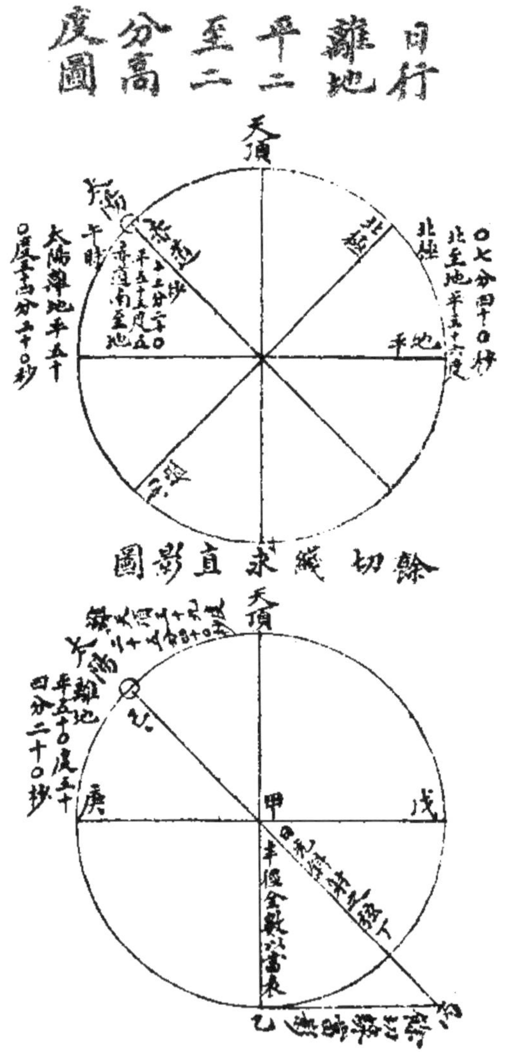

图 4

右列二图（见图4），上图详载冬至日影离地平，五十三度五十二分二十零秒之高度。下图即以余切线法求高度之直影也。盖欲知此直影之高度，非由余切线求之不可得。切线之法，以甲乙为半径，为股，以当表。以丙乙为余切线，为勾，以当影。以甲丙为日光之斜弦，太阳在巳，光射于表端之甲，直至于丙，成甲乙丙勾股形而已。庚高度即与戊丁相对之度等，是用戊丁如用己庚也。

县属占周天之经纬度数

经 数　一十五度二十分零零秒。

纬 数　三十七度一十四分零二秒。

县属分星占宫度之数

井 宿　分占午宫二十六度三十六分零四秒。

县属日行出入按节气时刻数

冬 至　日出辰初初刻十四分，日入申正三刻一分，昼三十八刻二分，夜五十七刻十三分，朦影六刻九分。

小寒大雪　日出辰初初刻十一分,日入申正三刻四分，昼三十八刻七分，夜五十六刻四分，朦影六刻五分。

大寒小雪　日出辰初初刻二分，日入申正三刻十三分，昼三十九刻十一分，夜五十六刻四分，朦影六刻五分。

立春立冬　日出卯正三刻四分,日入酉初初刻十一分，昼四十一刻七分，夜五十四刻八分，朦影六刻三分。

雨水霜降　日出卯正二刻四分,日入酉初一刻十一分，昼四十三刻七分，夜五十二刻八分，朦影六刻二分。

惊蛰寒露　日出卯正一刻二分,日入酉初二刻十三分，昼四十五刻十一分，夜五十刻四分，朦影六刻一分。

春分秋分　日出卯正初刻，日入酉正初刻，昼四十八刻，夜四十八刻，朦影六刻。

清明白露　日出卯初二刻十三分,日入酉正一刻二分，昼五十刻四分，夜四十五刻十一分，朦影六刻四分。

谷雨处暑　日出卯初一刻十一分,日入酉正二刻四分,昼五十二刻八分，夜四十三刻七分，朦影六刻八分。

立夏立秋　日出卯初初刻十分,日入酉正三刻五分,昼五十四刻十分，夜四十一刻五分，朦影六刻十二分。

小满大暑　日出寅正三刻十三分,日入戌初初刻二分,昼五十六刻四分，夜三十九刻十一分，朦影七刻四分。

芒种小暑　日出寅正三刻四分,日入戍〔戌〕初初刻十一分，昼五十七刻七分，夜三十八刻八分，朦影七刻八分。

夏至　日出寅正三刻一分,日入戍〔戌〕初初刻十四分，昼五十七刻十三分，夜三十八刻二分，朦影七刻九分。

县属日行离地平高度数

春分　日行离地平高五十三度二十四分。

秋分　日行离地平高五十三度二十四分。

夏至　日行离地平高七十六度四十四分。

冬至　日行离地平高九十二度五十三分。

县属历年祥异

清道光七年　秋大稔。

清同治元年　夏雨冰雹大如鸡卵，田禾尽伤，遂成饥馑。

清光绪四年　秋大稔。

又七、八、九、十年　秋皆大稔。

又十四年　夏五月，大水冲落大通河桥，人物间遭湮没。

又二十一年　冬十月，广惠寺川赤龙出现，经数日始飞腾而去。至十二月三十日，东方连响数声，如闻巨炮，霎时大星如斗，从西而坠，复化青烟向空散去。

注释：

[1]躔次：躔，音chán。日月运行五星的度次，指其行经的轨迹。宋代沈括《梦溪笔谈》之《象数·一》："若不用太阳躔次，则当日少时日月、五星、支干、二十八宿，皆不应天行。"

地理志

《周易》指坤为地，象地之德，含宏光大，品物咸亨。盖谓万物纷罗，莫不生产于地，而长养于地也。人为万物之灵，而所以赖其生产，赖其长养者，于地正自不一。试观疆域环绕之中，以山林为之屏蔽，以川原为之聚处，且列之以土田之利，沃之以水泉之泽，关隘管之，津梁束之，更必出之名区胜景，以观、以感、以兴、以息。故凡地理之所发现，皆为吾人之所依附。惟兹广厚，实配昊天撮土之功，容可不辨欤。

疆域表

东隅	正东　由阿家堡出穹沟至燕麦川，距县城一百三十里，界于西宁之东北川。 东南　由东峡口出朝藏寺至东闇门，距县城九十里，界西宁之威远堡。
南隅	正南　由南闇门出新城至杨家寨，距县城七十里，界于西宁之长宁堡。 西南　由樵渔堡出金峨山至拉课闇门，距县城七十里，界于西宁之西川。
西隅	正西　由阳化堡出多洛堡至黑林闇门，距县城六十里，界于青海地。 西北　由永安城出扁都口至大石碑，距县城三百九十里，界于甘州之张掖。
北隅	正北　由北大通出大雪山至大草滩，距县城一百二十五里，界于凉州之山丹。 东北　由红山出涌翠山至脑尔都口，距县城二百二十里，界于凉州之永昌。

《诗》云："邦畿千里，惟民所止。"盖言疆域无以为止，所止系于民耳。然邦国都邑，莫不各有疆域，即莫不各有所止。盖地之有疆域，亦若室之有门限焉，晨昏启

闭，各为谨守，奸邪无自而入。此间远隔京师，计程四千六百二十里，地居省会之西偏，相距五百六十里，当西宁府城之西北，相距一百二十里。始设卫治，原居北大通城，自迁卫于白塔，循改为县，故白塔即为今之县城。表中皆以县城为中区。惟未改县治以前，南抵新城，仅三十五里。及改县而后，拨来新城以南西宁一十八庄，合为十堡，增远三十五里，计共七十里，界于西宁之长宁堡。由是内地自南至北，计程二百九十里，自东至西，计程二百里，自东北至西南，计程二百九十里，自东南至西北，计程四百八十里。是则疆域所由定也。郡志有之曰："大河绕其外，高山介于中，联络甘凉，隔阂羌狄。"大势所括，数语尽之矣。

山水总论

粤稽吾国形势，地脉所著，自昆仑起祖，若峙若流，趋入内地者，其山则有三大支，其水亦分两大派。水派之大曰江与河。山脉之大，由昆仑右出者，以巴颜喀喇山为少祖，行绕大江以南，是为山之南干。由昆仑左出者，以祁连山为少祖，行绕大河以北，即为山之北干。至大河以南，大江以北，又为山之中干。然放而言之，举全国之大也有然；卷而言之，即大通之小者，又何必不然。我大通据甘陇之西偏，居河流之北干。而北干诸山，所宗少祖，是为祁连。自玉关西入，直抵甘凉，绵亘约千余里，山南一支，行绕青海，折入大通，水随山出。大通之水，亦分二条，南曰拨科[1]，北曰浩亹[2]。拨科之水，发源青海边塞，自西而东，绕县城北，汇黑林、东峡是为三川。折向南流，出西宁之北川，而注于湟。浩亹之水，发源祁连之南，出绕青海，亦自西而东，经北大通城，又东历雾山，北穿仙密峡，过天堂寺，趋平番之连城，南折而西出碾伯之享堂，亦注于湟。之二水者，固无异江河之同归于海耳。此外更有插汉溪，去县城西北三百余里，出三角城，挟诸小水，东自西流，北入甘凉。是又可与黑龙江一支互相比较焉。然则拨科以南，山脉所分，得无视岷山之阳，至于衡山，过九江至于敷浅原[3]，为有同欤！浩亹以北，山脉之分，得无视砥柱[4]、析城[5]，至于王屋、太行、恒山，至于碣石[6]，为无异欤。至浩亹以南，拨科以北，山之出于中干者，更可视西倾[7]、朱圉[8]、鸟鼠[9]至于太华、熊耳、外方[10]、桐柏，至于陪尾[11]，为相类耳。呜呼！大通蕞尔，中原之大势系之。欲知山水之胜者，观于此，盖以了如指掌矣！

注释：

[1]拨科：即今大通回族土族自治县境内的宝库河。

[2]浩亹：即大通河，亦称閤门河。发源于鲁集肯山，总长五百多公里，在今民和回族土族自治县享堂汇入湟水。1959年4月30日，经国务院批准，将“亹原回族自治县”改名为“门源回族自治县，浩亹镇改为浩门镇”。

[3]敷浅原：古地名，见《尚书·禹贡》。各说不一。一名博阳山，在今江西省德南县南，也指今江西庐山，还有庐山东南平原的说法。

[4]砥柱：山名，亦名三门山。在今河南省三门峡市东北黄河中。

[5]析城：山名。在山西省阳城县西南。

[6]碣石：古山名。在河北省昌黎县西北。

[7]西倾：山名。在青海省东南部，位于青藏高原东南部边缘，属于昆仑山系巴颜喀拉山的支脉。

[8]朱圉：山名。在甘肃省甘谷县西南。

[9]鸟鼠：山名。在甘肃省渭源县西。

[10] 外方：山名，即中岳嵩山，古名外方山。在今河南省登封县北。

[11]陪尾：山名。所在地有二说：一认为即是湖北省安陆县北之横尾山；一认为即是山东省泗水县东之陪尾山。

山脉表

北干诸山	八宝山 插汉山 景阳岭 金羊岭 狮子岩 沙金山 覆袁山 西雪山 鸾鸟山 平羌山 脑尔都山 旱台山 红　山 涌翠山

中干诸山	察汉鄂博图山　科科澜山　照壁山 拨科山　峡门山　牙壑山　大寒山 松树山　分水岭　画屏山　东　山 毛牛山　下打扳〔坂〕山　东雪山 雾　山　白　山　(老娌)〔圣姥〕山 阿尔炭山　小尔炭山　锁云山 东平顶山　鹞子沟山　虎头山　双嘴山 马鞍山　燕麦山　元朔山　五峰山
南干诸山	鞍子山　帽子山　剑　山　窝卜山 西大山　锯子山　角子山　巴哈窝卜 七角山　狮子山　古娄山　红土山 永寿山　龙头山　金　山　金娥山 禅林峰　娘娘山 附诸峡 柏树峡　瓜拉峡　扳打〔打坂〕峡 安定峡　红岭峡　乂巴峡　东　峡 拨科峡　黑林峡　新城峡

山之于地，突然起伏，辐辏其间，非特藉以资屏障而壮观瞻也。即于宝藏之所兴，货财之所殖，又莫不赖以分地利而瞻民用。而且人才之崛起，恒视此磅礴之气，以钟其灵秀。故舆地家未有不留心于此者。此间层峦叠嶂，指

不胜数。爰分北、中、南三干，由西而东，循序编列表端，附加详注于其左。

北干诸山

八宝山　去县城西北三百五十里，居扁都东口，北接壤甘州界。其山草木畅茂，禽兽繁殖，举凡金玉宝物，无美不备，八宝之名盖有由矣。

插汉山　去县城西北三百一十里，居永安城之西北，山下河流呼插汉河坝。

景阳岭　去县城西北二百二十里，居永安城之西，山势当阳，其色鲜丽，诚美境也。

金羊岭　去县城西北二百三十里，居景阳之次，昔人掘地得金，其形如羊，故名。亦云金羊、景阳，其音相混，殆一山而两名焉。

狮子岩　去县城西北二百三十里，山势嶙峥，其状如狮，狮子之名以形相肖也。

沙金山　去县城西北二百八十里，居永安城北，峰峦剑立，土皆赤色，下产金沙，故名。

覆袁山　去县城西北一百八十里，界于凉州、武威。隋炀帝征吐谷浑车驾至此。

西雪山　去县城西北一百八十里，其山孤高矗云，雪积其巅，琼瑶一片，水泉流出，南入浩亹，原为闷摩黎山，又名昆仑。昆仑山者，明洪武间西平侯沐英、征西将军邓愈，追羌至此，因酒泉太守马岌传会，立西王母祠于其上，故名其山为昆仑，然非古昆仑也。

鸾鸟山　去县城北二百二十里，山下有鸾鸟城。相传古有鸾鸟翔集其间，人以为瑞，时方建邑，因名为鸾鸟县。山之北界于凉州之武威，亦名鸾鸟山。

平羌山　去县城北二百一十里。山峰直上，峻极于天。当南一面，其壑平敞，水泉清冽，林木繁荫，可以立营。有隋之世，吐谷浑作乱，为炀帝追聚于此，天兵戾止，一鼓荡平。平羌之名，殆其由欤。

脑尔都山　去县城之北二百二十里。一峰首出，势如头脑，群山环绕，罗列如儿，脑儿都之名，以其形之相肖也。

旱台山　去县城之北一百四十里。三峰平列，恍若台星，然其土皆枯槁，焦然一片，草木不生，故人呼之曰旱台。

红　山　去县城之北一百一十里。居北大通城外，山麓平原，蔓草肥脆，为古牧场，今垦成田，已称肥熟。

涌翠山　去县城之东北一百六十里。山木拥翠，望之蔚然。山下僧寺名加尔多，其山又名加尔多山。

中干诸山

察汉鄂博图山　去县城之西北二百八十里。察汉即插汉羌，番之别种，鄂博即俄博，番语呼山之谓。故其下有俄博脑山，连青海羌番所属之境，是亦从其属而名之也。

科科澜山　去县城西北二百七十里，南界青海滩，北界日月山。

照壁山　去县城北九十里，居北大通城之南，截然如削，壁立一方，如该城之照壁焉，故名。

拨科山　去县城北五十里，群峰耸翠，丰草绿缛，古畜牧地。即拨科河源流入经过之所也。

峡门山　去县城北二十里，两山对峙，中辟一门，山木荟蔚，水声潺湲，洵为活泼泼地。

牙壑山　去县城北五十里，居大寒山之首，山壑洞敞，排列如牙，故名。

大寒山　去县城北四十五里，居浩亹河之南，壁立千仞，自西至东，横亘二百余里，划然天地，界分南北。沿梯而上，怪石嶙峋，曲道萦纡，林木翳荟，山泉滃涌，为通甘凉之要道。土名呼为大坂山，又名打坂山。

松树塘山　系大寒支麓，奇松郁郁，茂草芊芊，怪石流泉，雪后雨余，山色鲜明，真胜景也。

分水岭　即大寒山西来过脉处，峡泉分流，南入拨科，北入浩亹。

画屏山　去县城北四十里。山势迤丽，轩敞如屏。春夏之交，啼鸟嘤鸣，野花丛杂，自夏徂秋，更觉天高日晶，一幅空明，天然图画。山下即五间房，其路南至县城，北通甘凉，西去永安城，皆当冲要。

东　山　去县城东九十里，即大寒之东脚。俗称三上打扳〔坂〕。凡东峡居民及广惠寺僧，出赴县城，道必由此经过。

毛牛山　去县城东四十里，乃元朔山之副座。山之东峡有老佛寺，久经倾圮，遗址犹存。

下打扳〔坂〕山　去县城东北一百二十里，乃大寒山东下之支麓。大寒山俗呼打板〔坂〕山，故此即名下打板〔坂〕。

东雪山　去县城东一百五十里，与西雪山对峙，群峭挑空，摩天一碧，隆冬积雪，盛夏不消，故名。

雾　山　去县城东北一百六十里，岚光拥翠，石角浮烟，山气弥漫，望之若雾，更有文成炳蔚，游息其间。故八景之中雾山虎豹，景居其一焉。又有白岭原居该山之北。

圣姥山　去县城北三十里，亦称娘娘山。山腰古刹，即圣姥庙，故名。山脉由西而东，直至峡门，约五六里，上有平石，方计丈余，石中聚水，久旱不涸。涧水下流，灌溉原田。居民杂处。相传山有柏木庄，童谣云：“有人寻得柏木庄，黄金白银用斗量。”然亦不知其故。

阿尔炭山　去县城东北六十里，危坡险峻，石角崎

[illegible]，狭路迷云，实称天堑，盖亦北大通城东顾之屏嶂也。相去五里，有小嶂焉，是为小尔炭山也。

锁云山　去县城东北六十里，俗称黑墩山，为古畜牧处。东当朝藏寺，其山在西，列于照壁山，上多古松焉。

东平顶山　去县城东北六十里，与蓝却相隔。山顶平坦，故名。其山之阴，飞泉悬挂，匹练如云。

鹞子山　去县城东六十里，山土肥沃，林木橚槮，奇松古柏大至数围，宁城构造，榱栋取材，多赀于此。

虎头山　去县城六十里，俗呼青崖，山顶平列如掌，周遭怪石，横列山腰，其首状如虎头，东西两泉相对，里许环流合一，如两耳焉。

双嘴山　去县城东北六十里，居多隆堡南。山上古墙一道，谓之古边墙，原名石山。毛、贺二堡分界之处。

马鞍山　去县城东六十里，山势前高后低，中腰闪落，形肖马鞍，故名。

燕麦山　去县城东六十里，亦名蓝却山。其上多松，山脉绵互〔亘〕六七十里，高数百仞，朝暮云封，为东峡诸山之祖，下即燕麦川，其界与西宁相接。

元朔山　去县城东南三十五里，人称北武当。石磴盘梯，川流绕带，山顶有太元宫，即关帝庙，故土人又呼老爷山。此外古庙不可胜计。盛夏花浓，名野芍药，每逢天贶，士民游集，称大会焉。北有巨石高二丈许，监司龙膺题名：“海藏”。又北一洞，原为虎穴。昔有僧人来居于此，虎遂徙去。洞名“慈藏”，俞安（期）所题也。西岸雄镇是为新城，一线中穿，乃通西宁要道也。

五峰山　去县城东南七十里，五峰林立，如排指掌。左右二峡，流泉出焉，府志原称北山，从府城而名之也。杨应琚易名五峰。

南干诸山

鞍子山　去县城西六十里外，居青海滩北，与帽子山相对，状如马鞍，故名。

帽子山　去县城西六十里外，居青海滩北，其山状如纱帽，故名。

剑　山　去县城西六十里外，山势插天，峭立如剑，矗于青海水中，距岸约四里许。

窝卜山　去县城西四十里，形似头盔，山有古庙，蒙古居民及时祈祷，所求皆验，称为神山。

西大山　去县城西南三十五里，居平安寺侧，上有龙王宫，巨石成垒，每逢岁旱，居民祈雨，极为灵应。

锯子山　去县城西南二十里，高百余丈，石壁森林，形如锯齿，故名。山下草木荟蔚，水泉清洌，狼虫伙集。

角子山　去县城西南二十里，距锯子山不远。山尖如角，视其巅顶，上有古柏，苍翠数株，惟奇峰矗云，挺然孤立，并无阶路可攀。

巴哈窝卜　去县城西十五里，山下泉穴宽约丈许，甘澜腾沸，清朗如镜。

七角山　去县城西北十五里，逊让堡尕寺尔对面。山顶分垠，立如人状。

狮子山　去县城西十里，山形崱屴，若狮子然。山下涌泉，穿地九穴，相去仅得数步。每逢天觋，居民聚饮，相传可以疗病。杨应琚咏有诗，见《艺文》。

龙头山　去县城北八里，山高六十丈，东南北三面石崖悬立，其象如樽。西下一角，状若鼻梁，沿梁小径，直上山顶，平列似掌。

古娄山　去县城西北五里，即土娄山。山势平亘，上有古庙。

红土山　去县城西北十里，居祁家堡坐寺兔庄中。其山土性润滑，红若硃砂，邑中人凡修庙宇寺院，皆往取之，以资粉垩，鲜亮而膏腻，盖以土之上品也。

永寿山　去县城里许，山顶建雷祖庙，旁有文峰楼。清光绪间毁于兵乱，后人建塔于此，仍以文峰为名，盖欲以接县中山脉之灵秀也。

禅林峰　去县城南二十里，万仞插天，三峰拔地，金泉作带，元朔为屏，一嶂居中，两林互翼，苍松古柏，桦木修杨。春华舒秀，青在于先；秋叶凋霜，黄从其始；

至冬光冒雪，夏景含烟，一幅天然，悬如图画。禅林古刹，经杨应琚题有“位正金娥”四字，今庙已废，邑人立学校焉。

金　山　去县城南三十里，翠屏横列，亘百数里，涧水成溪，东流与拨科汇。

金峨山　去县城南三十里，又名金蛾山。山腰有圣母庙，故又名金娥山。危峰挂日，奇石撑云，一道中穿，西通青海。山上湫池，久旱不涸。隋炀帝征吐谷浑，曾与群臣会宴其上。进围覆袁川，命元寿屯兵于此。下有小峰，高至百丈，名簸箕湾，中高而旁凹。人游其巅，片石投下，即成碎裂，石中青烟缕缕，上出半空，结成白云而去。八景中金娥夕照即其地也。

附诸峡

柏树峡　去县城西北二百二十里，居永安城之北。其地两山相合，对立如门。水分两道，流出于中，山峡遍生柏木，峡水下流，南注于浩亹。

瓜拉峡　去县城北九十里，元墩堡北，北大通南，水流出峡，即入浩亹河。

打板〔坂〕峡　去县城东北八十里，居兴隆堡北，即大寒山之东麓下打板〔坂〕山，峡水北流入浩亹河。原其山俗呼打板〔坂〕山，故其峡亦呼打板〔坂〕峡。

安定峡　去县城东北九十里，居丰稔堡，出威远闇门经过之地。

红岭峡　去县城东北一百二十里，居丰稔堡北，径通仙密。

乂巴峡　去县城东八十里，居丰稔堡之北，径通仙密。峡口东出，川原缭绕，平敞无垠，是为朝藏滩。滩有番寺，即名朝藏寺。

东　峡　去县城东六十里，即东峡河流入之处，悬崖峭壁，立于两岸，一水东来，相贯如索。

拨科峡　去县城西北七十里，即拨科河流入之所。其山名拨科山，故亦名拨科峡。

黑林峡　去县城西六十里，两山壁立，中闪如门，二水交流，由西而入，是为蒙番通行要道。昔年常设重防，以为捍卫。

新城峡　去县城南三十五里，东依元朔，西接金娥，中穿一道，扼以雄镇，是为新城。由此南行，即出西宁之北川也。

水源表

北条诸水	浩亹河　卧牛河　沙金沟　老虎沟 瓜喇沟　小沙沟　天沙沟　马莲沟 泉　沟　躲龙沟　卡子沟　克图沟 湛　水　白岸谷　插汉溪　三兜谷
南条诸水	拨科河　塔尔湾沟　武胜沟　黑林河 逊让沟　百胜沟　雪　沟　樵渔沟 东峡河　广惠沟　东窎沟　清水沟 庙　沟　东　沟
附诸小水	中干诸小水共计六十二条 北干诸小水共计一十一条 南干诸小水共计一十三条

源者，水之所由始也，盖地之有水，如人身之有血然。夫治血而不究其源，无以知所理；观水而不溯其源，无以测所流。邑中大水二条，总论言之矣，然其支流互出，名类混淆，兹故以南北二条为之总，且各从其类，区而别之，更详于后。

北条水

浩亹河　去县城北百二十里，即大通河。为县治北条诸水之总。其源出祁连山，绕青海西北境阿穆尼厄库山。其始名乌兰木伦河。东流入境，径永安出北大通城，南过渡口入山峡，挟诸小水，由仙密峡入西宁县境，绕碾伯界之天堂寺，东折而南，过先宁沟，又南穿平番之连城堡，经西大通南折而西，由大王川出碾伯之享堂峡，会于湟水。

卧牛河　去县城西北三百六十里，发源于八宝山，南流注浩亹河。

沙金河　去县城西北二百八十里，发源于沙金山，行六七十里，由口门子西绕永安城，入浩亹河。

老虎沟　去县城北一百二十里，其水发源于西雪山，出北大通城西流入浩亹河。

瓜喇沟　去县城北一百里，居北大通城西南，水流入浩亹河。

小沙沟　去县城北一百二十里，居北大通城北，水南流入浩亹河。

大沙沟　去县城北一百二十里，居北大通城北，水南流入浩亹河。

马莲沟　去县城北一百二十里，居大寒山北，流入浩亹河。

泉　沟　去县城北一百五十里，居大寒山北，流入浩亹河。

躲龙沟　去县城南一百六十里，居红山之东，亦谓之红山嘴沟。沟原平阔，原为游牧之地。

卡子沟　去县城北一百六十里，居大寒山北，流入浩亹河。

克图沟　去县城东北一百六十里，居下打板〔坂〕之北，流入浩亹河。

湛　水　去县城东北一百八十里，发源于白山之西。

白岸谷　去县城东北一百九十里，雾山之北，原有白山，山岸之水东流出谷，与湛水合，东南流经过雾山，注于浩亹河。

插汉溪　去县城西北三百余里，发源于三角城后景阳岭，西去插汉山，北经扁都口，入凉州境，注于黑水。

三兜谷　去县城东北二百二十里，居涌翠山之东北，水流出谷，北入凉州境，即汉护羌校尉傅育屯兵会战之处。

南条水

拨科河　去县城西北七十里，为县治南条诸水之总。源出青海，初名博罗中〔伸〕克克河。东流入境，穿拨科山峡，东折而南，挟诸小水，至县城北，会黑林河，由北而南，会东峡河，合名三川河。南出新城峡，入西宁之北川，是为苏木莲河。又南出西宁城之北岸，会于湟水。

塔尔湾沟　去县城东北二十里，水入拨科河。

武胜沟　去县城西南一十里，水入黑林河。

黑林河　去县城西六十里，发源青海，从黑林峡入境，挟诸小水，水绕县城北，注拨科河。

逊让沟　去县城西一十里，水出逊让堡，注于黑林河。

百胜沟　去县城西四里，水出百胜堡，注于黑林河。

雪　沟　去县城东十里，其地寒冷，冬月积雪盈沟，故名。水入拨科、黑林，会合南出新城峡。

樵渔沟　去县城南三十里，水入拨科、黑林，会合南出新城峡。

东峡沟　去县城东百里，发源于打板〔坂〕山，流至元墩堡，会合瓜拉峡水，折而南流至阿家堡，会鸾沟及花科、卧龙、广源诸泉，经过东峡外六堡，约七十余里入东峡，急流腾沸，至新城之北注拨科河。

广惠沟　去县城东北四十里，水出广惠寺山，东南流入东峡河。

东鸾沟　去县城东北五十里，水入东峡河。

清水沟　去县城南三十里，水入南川，沟内柴家坟、陈氏祠在焉。

庙　沟　去县城南四十里，水入南川，南出西宁之北川河。

东　沟　去县城东九十里，水入南川，出西宁之北川河。

中干小水

峰涌泉　去县城西北二十里，在毛家庄脑，三泉合流，汇作一潭，光澈琉璃，朗如悬镜。

白石泉　去县城西北六十里。

汤　泉　去县城西北五十里，亦名热水泉。居拨科山脑之北，哈什札泉尔周围，乱石热如火灼，其水亦如汤，故名。其水流入拨科河。

麒麟窝　去县城西北四十里,居黑林多洛堡卧马庄之北，水窝洄旋，宽约二丈，深约三丈。时及隆冬，沙飞石走，两岸冰结，望若琼瑶是也。

环涧泉　去县城北四十里，画屏山之南有平地焉，名五间房，其间有涧，水流曲折，形如环，即其地也。

卧马泉　去县城西二十里，居多洛堡卧马庄焉。

峡门泉　去县城北一十里，亦名山布拉泉,水出那楞沟。

青　泉　去县城西北一十五里，亦名达尔山泉。

兔　泉　去县城西北一十七里。

鄯　泉　去县城西北一十四里。

多士泉　去县城西北一十里。

科科泉　去县城北五里，居古娄堡中。

上　泉　去县城北五里，居古娄堡中。

古娄泉　去县城北五里，居古娄堡中。

半山泉　去县城北五里，居古娄堡之半，故名。

石　泉　去县城西五里，泉从石中流出，故名。

祁家泉　去县城西北五里，居祁家堡中。

青龙泉　去县城西北四里，居古娄堡之马厂庄。

白龙泉　去县城西北一十里，居祁家寺之西，水流入黑林河。

黑龙泉　去县城西北一十里，居祁家寺与白龙相对，水流入黑林河。

东　泉　去县城东三里。

柳树泉　去县城东三里。

甘　泉　去县城东五里。

泛水泉　去县城东五里。

红石泉　去县城东七里。

素　泉　去县城东七里。

扁　泉　去县城东十里。

大　泉　去县城东十里。

黑　泉　去县城东三十里。源出马莲滩，居阿家堡药匠台前。

天　泉　去县城东四十里，水清味美，匹练飞泻，出大河滩。

甘露泉　去县城东北四十里，居阿家堡马厂庄沟内。

花豹泉　去县城东北四十二里，阿家堡马厂口。

广惠泉　去县城东北五十里，水出广惠寺前。

寺前泉　去县城东北五十里，出广惠寺后暂康沟，流出寺门前。

杜　泉　去县城东北五十里，居多隆堡，出多隆山中。

广源泉　去县城东五十里，多隆上堡石坡庄前。

龙源泉　去县城东五十里，居多隆堡白鸡沟中。

卧龙泉　去县城东五十里，居多隆堡龙源沙滩。

花科泉　去县城东五十里，居多隆堡花科庄前。

兴隆泉　去县城东五十里，居兴隆堡克麻庄前。

胜番泉　去县城东五十里，居兴隆堡克麻庄东。

药水泉　去县城东五十里，亦名药水沟，东峡外兴隆堡。相传泉可疗胃寒疾，居民有病，常趋而饮之。

化番泉　去县城东北五十里，居兴隆堡孤山滩中。

虎头泉　去县城东六十里，居元墩堡滩内。

广成泉　去县城东北六十里，居元墩堡中。泉流出地，分列五源，其味各异，称为神泉，能疗百病，居民有疾汲饮之。

东岩泉　去县城东六十里,在贺家寨小沟口。五泉合流，应五峰山之脉而出，分灌田苗，亦至千亩。

润泽泉　去县城东六十里，居丰稔堡永兴庄前。

列星泉　去县城东北六十里，居丰稔堡白崖庄前。

燕　泉　去县城东北六十里，居丰稔堡东沟口，西有燕泉河。

纳林沟　去县城东北二十里。

尔麻沟　去县城东北五十里，居向化堡暂康沟之西。

暂康沟　去县城东北五十里，居向化堡尔麻沟之东，土性膏沃，生产繁盛。

阿家滩　去县城东北四十里，居阿家堡西，地干燥，惟产马莲。

那奴滩　去县城东北五十里，居兴隆堡内，滩平水曲，地称膏腴。

药水沟　去县城东北五十里，居兴隆堡孤山滩内。

孤山滩　去县城东北六十里，居兴隆堡北，川原平衍，丰草繁滋，古畜牧地。

白鸡沟　去县城东北五十里，居多隆堡内。

大龙沟　去县城东北六十里，居阿尔炭山下，水北流入浩亹河。

木龙沟　去县城东北六十里，居阿尔炭山下，水北流入浩亹河。

元墩滩　去县城东北六十地〔里〕，居元墩堡南，故名。

潜龙堤　去县城东北六十里，居李家堡后呼吉沟中，长堤一道，水聚不流，俗传原有神龙潜伏于此，故名。

朝藏滩　去县城东北八十里，由东峡出口，川原平坦，一望无垠，地有番寺即朝藏寺，故其滩亦名朝藏滩。

以上小水共计六十二条。

北干小水

覆袁川　去县城西北一百五十里，即覆袁山下之川也，水注浩亹河。

野马川　去县城西北一百四十里，与覆（袁）川源异而流合，同入浩亹河。

星　泉　去县城西北一百三十里，居永安城东北，与花海近。涌泉于地，其穴之多，有如星聚，亦号乱泉，水南流出，注浩亹河。

泰兴泉　去县城西北一百三十里，居永安城东北。一名花海子，一名金泉，大约十数顷，海中石片状若莲花，水光接天，朗然悬镜。原有黄鸳鸯游泳其间。八景中花海鸳鸯居其一焉。

扁都沟　去县城西北三百五十里，水北流入甘州境，即扁都口之来源也。

湟城滩　去县城西北三百二十里,沃野平原,丰草绿缛，原为大牧场。

鸾鸟沟　去县城北二百一十里，水北流入甘州境，即鸾鸟口之来源也。

脑儿都沟　去县城北二百一十里，水北流入甘凉境，即脑儿都口之来源也。

红山沟　去县城北一百二十里，居北大通城北红山下，水南流入浩亹河。

西窎沟　去县城北一百五十里，居北大通城东北，水出西宁镇属之马厂沟。

马厂沟　去县城东北一百五十里，居北大通城东北，原为西宁镇养马之地，故名。

以上小水共计一十一条。

南干小水

极乐泉　去县城西南一十里，亦呼诺尔布泉，水流出极乐堡沟。

白崖泉　去县城西南七里。

南山泉　去县城西南五里。

毛女泉　去县城西南五里。

阳坂泉　去县城西南五里。

双　泉　去县城南八里。

雪　泉　去县城南十里。

鼎足泉　去县城南二十里，居良教堡中，水泉出地，洞穿三孔，各约尺许，水势奔涌，竞泻争流，列如鼎足，故名。

樵　泉　去县城南三十里，居樵沟中，水流北下，入黑林河。

渔　泉　去县城南三十里，居渔沟中，水流北下，与樵沟汇。

松林泉　去县城东南三十里，居樵渔，水合沟中。

煤涧泉　去县城东南三十里，居樵渔，水合沟中。水泉清洌，味极甘美，泉之上是为煤洞，故名。

金　泉　去县城东南四十里，居金峨山麓，水泉滃涌，味清而美，且灌田至千余亩焉。

以上小水共计一十三条。

水利表

<table>
<tr><td rowspan="3">东　川</td><td>第一渠引东峡河水</td></tr>
<tr><td>第二渠引东峡河水</td></tr>
<tr><td>第三渠引东峡河水</td></tr>
<tr><td rowspan="8">南　川</td><td>第一　平路三渠引大川水</td></tr>
<tr><td>二　庙沟一渠引庙沟水</td></tr>
<tr><td>三　东流二渠引大川水</td></tr>
<tr><td>四　黄家四渠引大川水</td></tr>
<tr><td>五　杨家一渠引大川水</td></tr>
<tr><td>六　毛家三渠引东沟水</td></tr>
<tr><td>七　贺家三渠引东沟水</td></tr>
<tr><td>八　新添一渠引东沟水</td></tr>
</table>

西　川	第一渠引黑林河水 二渠引松卜沟水 三渠引山沟水 四渠引雪沟水 五渠引黑林水
北　川	第一渠引拨科河水 二渠引拨科河水 三渠引拨科河水 四祁家渠引祁家寺脑山沟水

《易》曰："地中有水师，君子以容民畜众，言水利也。"夫水之为性，过则有汜滥之虞，平则有滋润之力。以膏以泽良苗嘉种，春耨秋成，皆恃有此。是故烝民赖以生全，庶物赖以滋养，地方之兴盛，水利不綦重欤。

河东川　去县城东，在东峡外。计总渠一条，列支渠三条。一注兴隆、丰稔、多隆、元墩四堡；二注李家一堡；三注阿家一堡；分引东峡河水，共注六堡。

河南川　去县城南，在新城关外。计列支渠一十八条。一平路三渠注永安、平（路）二堡；二庙沟一渠注本堡；三东流二渠注本堡；四黄家四渠注本寨；五杨家一渠注本寨；六毛家三渠注本堡；七贺家三渠注本堡，八新添一渠注新添、石山二堡。分引大川河水及东西沟水，流注十堡。

河西川　去县城西，在黑林峡内。计总渠一条，列支渠四条。一注多洛、阳化二堡；二注逊让、百胜二堡；三注极乐一堡；四注雪沟一堡；五注良教、樵渔二堡。分引黑林河并各山沟水，共注八堡。

河北川　去县城北，在大寒山南。计总渠二条，列支渠三条。一注峡门、新庄二堡；二注旧庄、凉州二堡；三注向阳、河州二堡；第四渠注古娄、祁家二堡。分引拨科河水及诸小水，流注八堡外，有红山一堡居大寒山北，引浩亹及诸小水流注。分引拨科、浩亹诸水，共注九堡。

附水磨

河东川六堡　共计水磨油一百三十八盘。

河西川八堡　共计水磨油一百四十八盘。

河南川十堡　共计水磨油五十八盘。

河北川八堡　共计水磨油一百二十盘。

河北川红山堡　共计水磨油五十九盘。

以上共计水磨油五百二十三盘。

田亩表

东　川	总共六堡,计田六百四十八段,下籽一百五十四硕[1]二斗二升五合
南　川	总共十堡,计田五千八百六十三段,下籽五百九十三硕九斗四升八合
西　川	总共八堡,计田一千八百一十四段,下籽四百四十硕一斗一升五合
北　川	总共九堡,计田五千九百五十七段,下籽八百八十四硕四斗四升三合

《周礼》垂制，首创井田。井九百亩，八家行助，一夫百亩，中为公田，此古法也。自秦用商鞅，首开阡陌，井田即废，田亩遂无定制。然历代开基，教稼为本；汉家明诏，力田为先。盖农之有田，犹士之有学，商之有货耳。田亩之要，固可不辨欤！

河东川　居县城东峡外。东至燕麦川，西至东峡，约六十五里；南至五峰山东闇门，北至东雪山，约六十里。川内六堡：计李家堡水地一百四十五段；阿家堡水地三百三十二段；兴隆、丰稔、多隆、元墩四堡水地一百七十一段。总共水地六百四十八段。

河南川　居县城南闇门外。东至五峰山东闇门，西至金峨山麓，约七十里；南至长宁堡，北至新城，约三十五里。以〔川〕内十堡：计永安、平路二堡水地一千一百四十七段；庙沟堡水地三百五十八段；东流、柴家二堡水地一千零二十九段；黄家寨水地九百一十四段；杨家寨水地九百五十四段；毛贺堡水地八百六十三段；新添、石山二堡水地五百九十八段。总共水地五千八百六十三段。

河西川　居县城西黑林峡内。东至雪沟；西至青海界，约七十里；南至金峨山，北至拨科峡内，约七十里。以〔川〕内八堡：计多洛、阳化二堡水地五百五十四段；逊让、百胜二堡水地三百三十五段；极乐、雪沟二堡水地五百五十一段；良教、樵渔二堡水地三百七十四段。总共水地一千八百一十四段。

河北川　居县城北北大通。东至广惠寺，西至永安城西，约三百里；南至拨科河，北至红山堡，约一百二十里。以〔川〕内九堡：计峡门、新庄二堡水地一千一百一十二段；旧庄、凉州二堡水地八百九十九段；河州、向阳二堡水地四百二十六段；祁家、古娄二堡水地八百四十八段；红山一堡水地一千七百七十六段；以外旱地八百九十六段总共水旱地五千九百五十七段。

以上四川共计水地一万三千三百八十六段，共下籽二千七十二硕八斗三升一合，又旱地□□段，共下籽一千四十七硕六斗五合。统共计水旱地二万□□段，统共下籽三千一百二十硕五斗六合。

注释：

[1]硕：同“石”。古时称容量单位石为硕。

关隘表

东　区	阿尔炭山　木隆沟　大龙沟　东峡口 威远闇门　仙密峡
南　区	拉课闇门　永安关
西　区	峡门口　捏尔坝口　武胜沟口　黑林闇门
北　区	北大通城　永安城　大草滩　脑尔都口 平羌口　鸾鸟口　扁都口　俄博营

地方之关隘，犹室家之门户耳。先王之制，大关设尹，小关设吏，凡以司门户之锁钥也。文王治岐，关讥不征，其明证矣！盖关隘与人民为捍卫，无事宜随地留心，有事则设兵分守，宜其明而察之。

东　区

阿尔炭山　去县城东北六十里，山势横互〔亘〕，为北大通城之东障，亦县治之东北一大险要也。详见“山脉”。

木龙沟　去县城东北六十里，居阿尔炭山下。

大龙沟　去县城东北六十里，亦居阿尔炭山下。

东峡口　去县城东北六十里，即东峡河流入所经之处，亦县治东北之一喉管也。

威远闇门　去县城东南九十里，居五峰山之东，乃入燕麦川之小道，雄关南峙，出抵西宁之威远堡。

仙密峡　去县城东一百一十里，沿峡南行，直出西宁之大峡，盖为循化、河州北入内地之捷径。

南　区

拉课闇门　去县城西南七十里,为西宁西川及湟源东出入必由之路。

永安关　去县城南三十五里,即新城峡南出西宁之要塞。元朔居左，金峨居右，中穿一道，长约三四里，亦险境也。

西　区

峡门口　去县城西北九十里，即拨科河流入内地绝要门户。两山交峙，一水中穿，西通青海之要塞。

捏尔坝口　去县城西南十里，亦通青海径路。

武胜沟口　去县城西南四十里，亦通青海要路。沟自北来，路穿口出，盖县城一小锁钥也。

黑林口　去县城西六十里，即黑林河入口之处。亦通青海之险要，昔年驻有兵队为之捍卫。

北　区

北大通城　去县城一百一十里，群山北界，大寒南屏，阿尔炭障其东，老虎河束于西，浩亹当前，萦流如带。诸险外固，大川中平，雄封天堑，诚县治之北藩也。

永安城　去县城西北二百里，北障景阳岭，南带浩亹河，东据老虎沟，西固扁都口。亦县治西北之保障也。

大草滩　去县城北一百八十里，地接凉州之永昌，滩原平衍，南岸群山万壑，倚若长城焉。

脑尔都口　去县城北二百一十里，南倚脑尔都山为之枕，东西拥护，悬岩绝壁，口当其北，紧束如瓶，有一夫当关万夫莫开之势。

平羌口　去县城北二百里，南枕平羌山脑，北如咽，东西山势高列垣墙，虽以飞艇相从亦不能渡。

鸾鸟口　去县城北二百二十里，地有古城名鸾鸟城，北有闇门横塞于口，南则鸾鸟山脑，双支垂下，东西环绕，有如两臂。

扁都口　去县城西北三百九十里，群峰若帐，一口如瓶，为北出甘州之要道。

俄博营　去县城西北三百二十里，由扁都口径入内地，为永安城西第一关健〔键〕。

津梁表

东　区	普济桥　太和桥　东峡桥　峡门桥
南　区	大通河桥　永安桥　迭尔计桥
西　区	永济桥　和裕桥　白塔河桥　武胜沟桥
北　区	拨科河桥　北大通渡

且津迷于楚，而至圣贻讥；梁成于郑，而小民利涉。津梁之系，宜其重矣。虽然不特行人之便，是用加之意也。观夫济泸而袭枭虏，扼渡而拒舟师。知行军之进退，于此尤宜辨之。此都支水纷岐，津梁错杂，不得不备为纪载，以待来者之审择焉。

东　区

普济桥　去县城东半里许，跨黑林河。由县城出北大通之径道，俗呼为大河桥。

太和桥　去县城东半里许，跨磨沟水，俗呼磨河桥。

东峡桥　去县城东三十五里，系东峡水出与拨科、黑林三水合流之始，亦南北通行之要道。

峡门桥　去县城东北一十里，居峡门山左。俗呼窝桥，亦谓之喇嘛（桥）。跨拨科河水，为县城出东北路之要隘。原桥久圮，现于清光绪三十二年重加修创。

南　区

大通河桥　去县城南五里，是盖因县而名之，非桥果跨于大通河水之上也。

永安桥　去县城南三十五里，新城之北有闇门焉，名永安关。关下水滩，三川汇流而南行，桥即在是。南至西宁城，北至北大通，惟此扼其冲要。

迭尔计桥　去县城南九十里，今无。

西　区

永济桥　去县城西北半里许，跨磨沟水。西去黑林峡之所必经，俗谓之尕磨河桥。

和义桥　去县城西北里许，出西北之径路。俗呼为北礼门外桥。

白塔河桥　去县城西南一十五里。

武胜沟桥　去县城西五里，跨武胜沟口，西出青海之要路。

北　区

拨科河桥　去县城北五十里，跨拨科河水，去北大通之所必由。

北大通渡　去县城北一百一十里，居北大通城南，跨浩亹，南北往来之通衢。隆冬水结，履冰而渡，冰解水现，划然鸿沟。原设官渡，以济行者之要津。

名胜表

东　区	古白塔　铁佛寺　古牌坊　古石镜　东闇门 神仙架　古城基　雾　山　三兜谷
南　区	永寿山　禅林峰　南闇门　石　柱 南川新、旧城　元朔山　虎　穴　观音洞 朝阳洞
西　区	震武城　铁锨崖　黑龙泉　西沙台　黑石头 黑林峡　一棵树
北　区	杨家城　五间房　环　涧　铁桅杆　星　泉 花海子　鸾鸟城　沙金城　三角城 白小〔水〕军古城　威戎军古城　鲜谷塞尉城 古佛寺　二佛寺

古之名人，辅轩所过，凡于名区胜境，或流之歌咏，或详之纪录，莫不备载无遗。故苏东坡之住杭州，米元章之在襄阳，杜少陵之过夔门，欧文忠之官滁水，李青莲之游华岳，以及近古之《方舆纪要》[1]《海国图志》[2]，目之所遇，笔亦随之，非徒博一时之观览也，亦且于地方之息息相关者，不无详考焉耳。大通地属荒□，古今名流，行迹罕到，然其名胜，方之内地或犹过之，是又

作志者之不能已〔己〕焉于怀矣。

东　区

古白塔　去县城原在东郭之外，高过二丈，蜃灰垩之，亦名蜃塔。故其县城古名白塔城。今塔倾圮久矣，仅留遗址。八景中古塔春阴即在是焉。

铁佛寺　去县城东五里，有古寺焉。寺中铁铸成佛，其象巍峨。

古牌坊　去县城东十里，架木为坊，雨蚀风侵，历久不圮，亦胜迹也。

古石镜　东去县城东北六十里，居元墩堡中西平顶山。其山之巅，奇石参差，一柱挺然，从中高矗。柱之西面，孤悬一岩，水泉流出，其味清美。泉之上约四尺许，嵌列如盘，径二尺，晶莹〔莹〕皎洁，照影入微，须眉可数，诚天然宝鉴也。

东闇门　去县城东九十里，即威远门，两邑交界之所在。西宁谓威远门，在大通谓之东闇门。

神仙架　去县城东十五里，居峡门堡河沟寺后。石岩对立，高出千仞，岩之半，架木成桥，代远年深，不知所始。然虹腰一束，路接云衢，雨蚀风侵，历久如故。父老相传，称神仙架，意者公输遗迹乎。

古城基　去县城东六十里，丰稔堡中有古边庄者，北连朝藏滩，中有颓垣一线，缭绕回环，土人呼为古边墙。春夏之交，沿墙草色鲜秀无加，望之恍如葱玉，然其墙则不知始于何代。

雾　山　去县城东一百六十里，八景雾山虎豹，即其地也。

三兜谷　去县城二百二十里，谷中之水流出凉州，详注“水源”。

南　区

永寿山　去县城南半里许，山势平亘，上有古庙。详见“山脉”。

禅林峰　去县城南二十里，详见“山脉”。

南闇门　去县城南三十三里，亦名永安关，一名北川闇门。盖北川从西宁而名之也，本志因改正焉。

石　柱　去县城南三十三里，在新城之北，一柱挺然，高约二丈，乾隆间监司龙膺[3]，凿石成书，题为“海藏”。

南川新、旧城　去县城南三十五里，即南出西宁北川之境，新城去永安关南二里许，又南五里旧城在焉。亦县治中一大境也，已于“关隘”内详明之。

元朔山　去县城南三十五里，居新城之左，俗呼北武当，又呼老爷山。山首有太元宫，详注“山脉”。

虎　穴　一名慈藏。新城以东，元朔之麓，岩然一穴，高至丈许，深亦二丈有奇。前代相传，穴中原为虎住，后有老僧入定，虎遂徙去。

观音洞　在元朔山之阴，深约二丈，高约八尺，阔则二丈有奇，东与慈藏相对。

朝阳洞　元朔之阳，有石穴焉，高至丈许，深约八尺，宽亦九尺有奇，又取朝阳，以其当山之东也。

西　区

震武城　去县城西里许，遗垣峙立，不审建于何代。

铁锨崖　去县城北五里，有祁家堡焉，堡北山崖深约五丈，阔亦六丈有奇，形似铁锨。水泉一曲，流出崖中，声响潺湲，如张琴乐。俗传神人二郎游息于斯，辟此仙境，故呼其崖为二郎铁锨。然其言虽无据，而其境亦神奇矣。

黑龙泉　去县城西北十里，居祁家寺，即八景中龙洼嘶月地也。

西沙营　去县城西北五十里，其地平沙无垠，块然一石，状若孤台，故名。

黑石头　去县城西北六十里，居拨科河之南，石丛标列，其色如漆，黑石头之所由名也。

黑林峡　去县城西六十里，即黑林河流入之所，详载“水源”。

一棵树　在黑林峡外，地通青海平原之中，古树一株，枯枝挺立，历久如常，恍成画景，其地即名一棵树。

北　区

杨家城　去县城北五里，古娄堡中，名有寺嘴庄山，自山根至山顶，径约里许古城角，历称杨家城，俗谓宋世有杨家名将曾驻兵于此。然城基所在，风霜侵剥，经久不磨，亦奇迹也。

五间房　去县城北四十里，居北大通南大寒山麓。平原广野，为南北通衢之接际。原初创设卫治，即于该地建房五间，以为马站。及今居民萃聚，得数十家焉。

环　涧　去县城北四十里，居五间房西陆，相去数里，涧水流其曲如环，故名。

铁桅杆　去县城北五十里，居大寒山顶，原有铁杆一茎，高立数丈，不知所植何始。土俗相传，谓古有神人名二郎者，出入此间，时因大风疾劲，拔木摧房，故竖此以压之。然自清同治回乱，杆被折而留其半，光绪再变，半杆尚无存焉。

星　泉　去县城西北一百三十里，居花海子东，其泉出地，穿穴数十，状如星列，故名。

花海子　去县城西北一百三十里，古名金泉，亦名泰兴泉。互详于“八景”中“花海鸳鸯”及“北干小水”。

鸾鸟城　去县城西北二百二十里，即八景中“鸾堞翔凤”之所。

沙金城　去县城西北二百八十里，居沙金山之麓，城以山名也。

三角城　去县城西北二百九十里，其状如弧，世传为元时所筑。

白小〔水〕军古城　去县城西北三百一十里。

威戎军古城　去县城西北三百一十里。

鲜谷塞尉城　去县城西北三百二十里。其地山名鲜谷塞。

古佛寺　去县城西北三百一十里，居扁都口之西南。

二佛寺　去县城西北三百一十里，居扁都口之南。

注释：

[1]《方舆纪要》：即《读史方舆纪要》，清代学者顾祖禹著，一百三十卷。内容包括历代州域形式、南北直隶和十三省、川渎、分野等，以明末清初政区分区，叙述府、川、县疆域、沿革、名山、大川、关隘、古迹等。着重考订古今郡县变迁及山川险要战守利害，是研究中国古代军事史及历史地理的重要参考文献。

[2]《海国图志》：清代学者魏源著，一百卷。叙述世界各国的历史与地理，书中主张学习西方的科学技术，即著名的“师夷长技以制夷”看法，对19世纪中国思想界影响很大。

[3]乾隆间监司龙膺：此句有误。“监司”是指古代有监察州县之权的地方长官的简称。龙膺（1560—1622年）是明代著名文人，在明神宗万历二十三年（1595年）为西宁卫监收通判，因策划主谋“湟中三捷”之功，升为西宁卫监军同知。万历三十八年起用为西宁兵备副使，期间创作了其代表性诗作《湟中集》，为后世留下了许多不见于史志记载的珍贵史料。

大通县志·第二部

建 置 志

且一代之振兴，必有一时之建置。夫建，创设也。置，安而置之于此也。从古圣人崛起，群雄趋附，削平祸乱，奠定邦畿，分划都邑，补城郭以为守土之助，葺官廨以为行政之资。由是仓储备而荒歉无忧，学校兴而礼义以出。且邀百神之享也，庙祀于以克修；期万民之聚也，田舍于以悉知；卜商贾之藏也，廛市于以毕开。凡此数者，岂惟一人之力有以致之哉？盖法制垂于上，功效收于下。是故有道之邦，无废不举，至有由已。然则远之将以观一邦之治，近之亦以知一邑之兴者，建置一端，正未可以不言耳。

沿革表

周秦汉晋	玁狁地　有周之时属之。即匈奴之祖，亦名獯鬻。 匈奴右地　秦汉之时属之。按匈奴有南北之别，南匈奴已归于汉。 诸羌出没　晋及南北朝属之。羌，西方诸戎之总称也。
隋唐	吐谷浑　有隋之时属之。开皇初，该酋内犯，炀帝征败之。 米川县　有唐所置。隋败吐谷浑，唐灭之。贞观初，置米川县。循改米州，再复米川县，属河州，永徽中，徙属廓州[1]。
五代宋元明	吐蕃　五代之时属之。唐失米川，为该酋所据。按吐蕃即今西番。清康熙封其王曰土伯特。 唃厮啰　宋元之代属之。该酋羌戎别种。 海夷麦干　有明之时属之。该酋亦羌戎别种[2]。
清代	大通卫　清雍正初所设。原在北大通。 大通县　乾隆二十六年改建。先是九年迁卫于白塔城，至是改卫为县。白塔城即今之县城，垂二百年。民国因之。

此夙称吐蕃朵甘思地，原属羌戎。踞湟水上游，引极甘凉，控临青海，内屏西宁，外阂番夷，纵横约三百里。城东原有古塔，蜃灰垩之，故谚云：“白塔儿”。又名毛伯胜。初，有将吏毛姓出兵于此，百战百胜，因以名地，始隶版图。往古岁月绵邈，文献无征，莫由考证。降至周秦以及有汉，猃狁、匈奴实居于此。两晋六朝，诸羌出没。湟中郡县，兴废无常，率皆或置或弃。隋开皇初，吐谷浑据焉。吐谷浑古国其名，主系慕容廆[3]兄之裔，西晋度陇，据枹罕地。炀帝督师亲征，败而走之，既为李唐灭。贞观间，置米川县，旋改米州。十年后复废米州为米川，属之河州。永徽中，徙属廓州。五代之乱，其地失陷，遂为吐蕃所有。宋时属之唃厮啰。元亦仍之。明为海夷麦干所据。海夷，氏也，麦干，名也[4]。《艺文志》内有“海夷永邵卜传”。清初为青海蒙古部落地。顺治中，逆回丁国栋据此作乱。及其败没，蒙古罗布藏丹津继之。雍正初，大将军年羹尧、岳钟琪率师西来，削平边患，廓清河湟。三年，筑大通、永安、白塔三城，分兵驻守，创设卫治。大通城置总兵官并左右游击，兼以守备，摄其中衡。统白塔营参将、永安营游击。十三年，改总兵为副将，裁去左右游击，白塔参将改为都司，隶之西宁总镇。乾隆九年移卫治于白塔，大通副将复改游击。二十六年，改卫为县，加拨南闇门外西宁县属十堡，即今新城以南之地。此白塔城为今之县城，而大通城居县城之北，遂呼为北大通焉。盖县名大通，原自宋时筑城于浩亹河上，名曰大通城，后遂名其河为大通河。清雍正初，筑城于此，始复因河而名其卫，继且因卫而名其邑，是即大通县之所由来也。虽然，考之前代，数千百年，相沿相革，不知凡几。逮及有清，收入版籍，设立县治，相传至今。风教于以渐开，族类于以归化，将见泱泱大风，附入中邦，日臻隆盛，无复如前之坠废焉已。

注释：

[1]隋唐时期大通与米川、河州、廓州从来没有发生过隶属关系，《县志》撰者所言有误。

[2]该酋亦羌戎种：此种说法有误，明代汉文中称蒙古族为“夷”，“海夷”是指明中叶入据青海湖环湖草原的蒙古族。按中原传统的习惯性称呼，西部民族为“戎”，北方民族为“狄”。

[3]慕容廆：晋时五胡前燕之祖，鲜卑族。晋元帝时，封为辽东公，自称鲜卑大单于，凡四十九年。

[4]海夷，氏也，麦干，名也：本文释“海夷”为“氏”有误。见本页注释[2]，“麦干”即麦力干黄台吉，明末驻牧于祁连山南大通河流域的青海蒙古族部落首领。

城池表

大通县城	清雍正三年筑。始设参将于此。乾隆九年迁卫,二十六年改县。其城高二丈,根厚一丈八尺,顶厚一丈二尺。周回长五百五十八丈。女墙五百垛。东西二门,城楼二,腰楼二,月城楼如之,角楼(四),壕宽三丈,深五尺,原名白塔城。炮台八座,每座设炮□尊。
北大通城	清雍正三年筑。始设总兵卫治于此。乾隆九年卫迁白塔。其城高二丈,基厚一丈八尺,顶厚一丈二尺。周回六里。门四,城楼四,月楼四,角楼四。壕宽三丈,深五尺。炮台八座,每座设炮□尊。
永安城	清雍正三年筑。始设游击于此。其城高二丈,基厚一丈八尺,顶厚一丈二尺。周回六百丈。城楼二,月城及楼如之,角楼四。壕宽三丈,深五尺。炮台四座,每座设炮□尊。
南川城	不知所始。地居西宁之北川,原名北川城。本志改为南川,以其当县之南也。其城有二:一曰旧城,一曰新城。旧城去新城五里,然城皆倾圮,仅留其名。新城在永安关南,关外雄镇约二三里,仍名新城镇。

《孟子》之言曰："凿斯池也，筑斯城也，与民守之。"是知城池之利，凡所以御寇盗防祸乱，亦即上下人心所寄也。昔楚国方城以为城，汉水以为池，春秋之世，雄称南服。虽以秦晋之众，齐宋之强，莫之能犯，皆恃此耳。故地之有城池，如室家之有垣壁焉，垣壁既固，暴客之来，无自而入也。而况讬在番戎，外有边防之重，内无众志之成〔城〕。政客修文，风难骤变；人民尚武，化不易行。此前贤设卫三城，所以同日而筑也。且三城之建，各据一方，控制虽殊，联络相贯。古人用心之微，盖可见矣。吾人生古人之后，幸得见古人之心。于此可忽哉？

县　城　居西宁城之北，当北大通之南。大寒作靠，金娥为屏。西倚黑林，东锁峡口。三川若带，百雉如环。原陉膏腴，水泉润泽。边陲邑治，称巩固焉。

北大通城　居县治之北百二十里。北接甘、凉，枕以闷摩黎，带之浩亹河。东蔽阿尔之险，西障永安之雄。原野之毛，洵为上腴。防御之固，实其隩区。

永安城　去县城二百一十里，居北大通之西北，据张掖县之东南。东倚雪山，西藩俄博。沙金、覆袁围其后，察汉鄂博绕其前。亦邑中咽喉右臂之区也。

南川城　去县城三十五里，塞三川河之南，捍苏木莲之北。左扼元朔，右耸金娥。县之南路第一门户耳。

公署表

县　署	清雍正三年建。入东郭门约三十八丈，居大街北。原为守备署,乾隆九年迁卫于此,二十六年改为县署。
都司署	清雍正三年建。居县城中大街北。原为参府署,乾隆九年改都司署。清末裁撤武职,署荒。现拟改作文庙。
学官署	清乾隆二十六年建。原在县城东关文庙左侧。光绪二十一年毁于兵燹，未及重修。清末裁撤此职,该署亦不再建。
典　署	清乾隆九年建。居县署西侧,原为卫狱。二十六年改县,是为捕署。民国改元,为管狱署。

昔人南面听政而明堂以立，分治备员而官廨以兴。官廨乃官司办公之所，故今谓之公署。公署所系，曰布政也，曰宣化也。科书聚之而案牍以治，隶役聚之而呼吸以通。非特有司一人藉以宅身耳。是以治无大小，时无今昔，而公署从无不备焉。

县　署　四周垣墙，前照壁，东西辕门。东辕门外马祖庙。头门、仪门；大堂、二堂、三堂；左右偏房。头门以内，隶役分住。仪门以内，科书分住。大堂东西，分列两库。正门以内，可居仆从。二堂东西相对，备为客厅。

正门以内，分列上房，备居官眷。正偏共计得房约五十间。三堂右侧荒地一段，南有小院，可住宾友。大堂东侧杂房一所，是为马号。

都司署　四周垣墙，前照壁，东西辕门，内坪一块。前门、仪门；大、二、三堂。东西偏房，西侧校场。但该职既裁，院宇悉形颓废。

学官署　兵毁后，所遗荒地现开农事试验场。

典　署　四周垣壁，头门以内即为上房。东西偏厦房之东厢，监狱一所。

附各城公署

一、北大通城　一总镇、二游击、一守备、二千总、四把总各署。

一、永安城　一游击、一守备、一千总、二把总各署。

一、南川城　一都司、一守备、一千总、二把总各署。该城原属西宁，自乾隆二十六年拨归大通。

一、俄博城　一都司、一守备、一千总、二把总各署。该城虽在大通境内，原属甘州提□所辖。

以上四城自清末裁缺，其署已废。民国改元，提为公产，现经变卖。

仓储表

县　城	老社仓　清乾隆七年建,在县城内。 新社仓　清乾隆十一年建,在县城南隅。 常平仓　清乾隆间建。
北大通城	老社仓　清雍正三年建,在城之内。 常平仓　清乾隆间建,在城之东南隅。
永安城	社　仓　清雍正三年建,在城之内。
南川城	常平仓　清乾隆二十六年建,在城之内。

尝考《周礼》创制，府库之外，备有仓廪。是知古人立国治民必先养民，而养民尤先足食。仓储之制，积之丰盈，散之荒欠，凡为养民足食计也。是故从古立法，上自侯伯，下及州牧，莫不以仓储为急务。历代相仍，以逮于今，古法不废。大通自设卫治以来，仓储之备，或置或弃，原无常定。况由卫改县，兵燹迭覯，自不能比之内地，垂有永久不弊之规则。兹特即其有名可指者，详而载之。

县城老社仓　共十三间，可贮各项仓斗粮五百硕。

县城新社仓　共二十间，可贮各项仓斗粮八百硕。

县城常平仓　共二十四间，可贮各项仓斗粮六百硕。

北大通社仓　共四十间，可贮各项仓斗粮一千五百硕。

北大通常平仓　共六间，可贮各项仓斗粮五百硕。

永安城社仓　共二十间，可贮各项仓斗粮六百硕。

南川城常平仓　共一十五间，可贮各项仓斗粮五百硕。

附各堡社仓

一、向阳堡社仓　共十二间，可贮各项仓斗粮五百硕。

一、□□□□□　共□□间，可贮各项仓斗粮□□硕。

一、红山堡社仓　共□□间，可贮各项仓斗粮□□硕。

学校表

学　宫	县学宫　即文庙，原建东关，毁于兵火，所遗故址，现改农事试验场，今已拟就都司衙门再为修建。
义　学	义学二处　系清乾隆二年西宁佥事杨应琚、卫守备孙捷、李恩荣捐设。一在县城，一在向阳堡，今无。又义学五处，系清同治十二年知县黄仁治捐设。分见县城各乡，今废。

书　院	崇山书院　原在东关,清光绪二十一年毁于兵乱。 泰兴书院　原在西关,系知县万钟騄倡建,循改高等小学校。
学　堂	高等小学校一　原清光绪三十一年前知县万钟騄创办。其地即泰兴书院。 初等小学校四　分设城乡各处。

唐虞首出，原设司徒，敬敷五教。《周礼》因之，六官分职，邦教有掌焉。《学记》之言曰：“家有塾，党有庠，州有序，国有学。”《孟子》之言曰：“夏曰校，殷曰序，周曰庠。”凡以言学校也。是故国无民无以立，民无学无以兴。学也者，所以究天地之经常，明古今之得失，辨人伦之纲纪，穷物理之名义。用之豁吾耳目而益启聪明，用之范吾身心而行无颠覆者也。昔曾子作《大学》，以明德、新民、止善为之旨，以格致、诚正、修齐、治平为之经。学之时义大矣哉！然学之为道，原不可废；而学之为事，犹必因时。苟其生今泥古，则非所以观古人立教之心，亦非所明今人劝学之本。盖学宜参变，校有革因，时势使然，非由强制。此书院学堂之所以有辨〔办〕，即近代古昔之所以相通也。

学　宫　有清乾隆二十六年，此间改卫为县，一切如制，是即学宫之建始也。自光绪二十一年毁于回乱，及今二十余年无复再睹旧制。原设训导一员，廪、增各二缺。六年一贡，岁试考取文武生员各八名，科试考取文生八名。清末废弃科举，员额悉裁。今制设奉祀官一员，是曰文庙，而学宫则不复称也。

义　学　县治原属番戎，种族杂居，民不知学，故历代相仍，化不及此。自有清雍正之初，廓清边境，以逮乾隆二年，经佥事杨应琚，卫守备李恩荣、孙捷三人合捐廉俸，择于县城及向阳堡设立义学二处。聘延浙士周兆白为之教授，分令民间及兵家子弟入学读书。题准每科岁考取文武生员各三名，请俟文风渐进，再设教官，专司训迪。乾隆辛酉乡试中式武举一名王洪祚，由是一乡惊贵，人民渐知向学。二十六年，改卫为县，加拨南川西宁所属十堡，院试学额援照甘肃小县例。而人文日增隆盛，未始非义学劝进之功也。

书　院　乾隆初间，官创义学，劝民读书，风气丕变。同治之代，文人臻多。知县黄仁治，湖南湘乡人也。十一年举创崇山书院，倡捐文社，得学款八千余金，每岁生息，备作生童膏火。光绪二十一年，回民肇衅，书院被毁。二十七年，知县万钟騄，福建侯官人也，详请公款，复创泰兴书院，二十九年落成。先后聘请本邑贡生梅汝赓及西宁举人蔡廷基为之主讲，兼得训导岳树声启迪有方，文教日增隆美。清末停废科举，书院改为学堂。

学　堂　学堂、书院，名殊而事一。惟学堂课程，中西参变，加入科学数门。其故原因前代以八股文取士，以致我国文人半生精力皆消磨于沉吟披诵之间，及一旦入官，而前之所为，悉归无用。况时至近今，内政外交，实形浩繁。凡我国人，幼之所学，必欲壮而能行，自不能不务去浮文，力求实事。清德宗皇帝深鉴于此，汇进一途，因改制艺而行选举，变书院而造学堂，凡以为强国计也。大通举兴学堂始于三十一年，仍由知县万钟騄所创办，原就泰兴书院改立高等小学校。自是而各乡亦设初等小学校四处，如新城、雪沟、衙门庄、北大通类皆次第举行，斯亦及时之胜也。记者因亦汇而详之。

坛庙表

诸坛	先农坛 社稷坛 风云雷雨山川坛 厉　坛	地址	东门外里许 东门外东南一里 东门外东南一里 西门外半里

诸庙	文　庙	地址	东门外数十步,今毁。
	文峰庙		县城南永寿山顶。
	武　庙		县城内大街北。
	城隍庙		西关稍门边。
	火神庙		县城内东南隅。
	龙王庙		东门外南原,今无。
	雷神庙		永寿山顶。
	马王庙		县署东侧。
	昭忠祠		东门外,今无。

三才并立，天地与人。惟天地生万物以养民，惟吾人体天地以治物。是故天不能言，或藉百神以宣化；民不自治，原设百官以行权。而人之所以祀神，亦即神之所以代天也。古人制礼，立郊社示以祀天地；筑坛壝示以祀百神；建列庙举于先圣先公之有功于民生国计者，示以不忘其本。是非必神之有求于人也，而人之所以不能不祀者，盖以是故。大通自有县治，即立坛庙而备祭祀焉矣。

先农坛　清乾隆二十六年建。原置藉田一亩九分。

社稷坛　清乾隆二十六年建。

风云雷雨山川坛　清乾隆二十六年建。

厉　坛　清乾隆二十六建。

文　庙　清乾隆二十六年建，今毁。现择就县城中都司署重修。

文峰楼　清乾隆二十六年建。

武　庙　清乾隆二十六年原奉关帝，今配岳王，改称关岳庙。

城隍庙　清乾隆二十六年建。

火神庙　清乾隆二十六年建。

龙王庙　清乾隆二十六年建，今无。

雷祖庙　清乾隆二十六年建。

马王庙　清乾隆二十六年建。

昭忠祠　清乾隆二十六年建，今毁。

寨堡表

河东六堡	李家堡　阿家堡　元墩堡　多隆堡 兴隆堡　丰稔堡
河南十堡	永安堡　庙沟堡　平路堡　柴家堡 黄家寨　杨家寨　毛贺堡　新添堡 东流堡　石山堡
河西八堡	(多洛堡)　百胜堡　极乐堡　逊让堡 阳化堡　良教堡　雪沟堡　樵渔堡
河北九堡	古娄堡　祁家堡　峡门堡　新庄堡 旧庄堡　河〔凉〕州堡　河州堡 向阳堡　红山堡

周制分里连乡，八家同井，凡使人民出入相友，守望相助，用意深矣。然法之宜于古而不宜于今，与乎事之行于今而无悖于古者，其为寨堡乎？寨堡或连村结室，或筑垣如城，人民聚族而居，亦相友相助之遗意也。况西北地方寥远，道路梗塞，一旦有变，国军应敌，不能随请随至。故人民自相捍卫，不得以此为便利。质是知寨堡之关系，亦因地制宜之大要矣。然此都形势，原非记者所经历，聊举大概，细密尚待补订。

河东六堡　东至燕麦川，西至峡口，计程约四十里。南至五峰山，北至朝藏滩河，计程约五十里。六堡相接，错绣其中。峰环三面，北带大河。盖人民生聚的要区也。

南河〔河南〕十堡　东至威远门，西至金娥山，计程约五十里。南至长宁堡，北至永安关，计程约三十五里。其中万众罗列，一川如画，室家富庶之出首也。

西河〔河西〕八堡　东至永安关，西至黑林峡，计程约九十里。南至金娥山，北至拨（科）河，计程约七十里。其中四山围绕，三水交流，其物产倡繁之胜境欤？

河北九堡　东至广惠寺，西至永安城，计程约百里。南至古娄山，北至大草滩，计程约百六十里。其中山水明秀，土壤肥美，天地造设之隩域。

市镇表

县　城	西　关
东　区	衙门庄
南　区	新　城
北　区	北大通　口门子　永安城　俄博(营)

古者日中为市，互聚货财，以交以易，盖有市无镇也。递至于今，生齿日以蕃，备用日以广。于是本土不足，则必取给于外来；此邦不足，则必取给于他国。贩运于千万里之外，分散于数百户之乡。闾阎则日用而日多，阛阓[1]则愈增而愈众。市之所由始，镇之所由终也。

西　关　连郭门长至半里，南北铺屋共约百户，有典当一家。

衙门庄　去县城东四十里，市长里许，共得铺屋约百户以上。

新　城　去县城南三十五里，市长过二里，各项铺屋共约三百户以上，有典当一家。

北大通　去县北一百二十里，城内外铺屋约二百余户，有典当。

口门子　去县城西北百五十里，居北大通西，铺屋约三四十户。

永安城　去县城西北百六十里，居北大通西，城内外铺屋共约六七十户。

俄博营　去县城西北二百八十里，居永安之西，市长一里以上，共得〔有〕铺屋约百户。

注释：

[1]阛阓：音huánhuì。阛，指市区的墙；阓，指市区的门，故通称市区为“阛阓”，后来常指市区的店铺。左思《蜀都赋》：“阛阓之里，伎巧之家。”

赋　税　志

且历朝仁政，原有轻徭薄赋之条，上古明时，不无减税蠲租之典。虽然，赋可薄而不可无，税可减而不可免。所以贤如〈如〉夏禹，贡纳要荒；盛及殷周，制行彻助。惟赋与税，盖民虽以之供于国，而国仍以之用于民已，何则？设官分职，国之所以治民也；整军经武，国之所以卫民也；至于振兴教育，凡以启民之知；开创实业，凡以畅民之财。举此大端，实费需多耳。是故民无国无以为依；国无赋无以为用。有一国即有一国之人民，有一民即有一民之供给。此事无今古，国无中外，法制无常而赋税有定矣。

额征表

粮　硕	正　粮　耗　羡[1]　番　贡
草　束	折　草
磨　矿	磨　课　金　矿　煤　矿
杂　征	磨油税　油　税　典当税　酒　税 斗　课　番贡马

且《禹贡》五纳，所以征民之赋也；周官九府，所以聚民之财也。盖国有常制以取民，民即有常财以裕国。孟子曰："无君子莫治野人，无野人莫养君子。"君子之所养，野人之精力也。

屯　粮　岁征计共仓斗粮一千七百八十五硕五斗六升一合。

耗　羡　岁征计共仓斗粮二百六十七硕八斗三升四合二勺。

番　贡　岁征计共仓斗粮四千一百五十八硕八合五勺。

草　束　岁征计共七斤折草五万二千一百三十二束九分三厘三毫。

磨　课　岁征共计库平银□□。

金　矿　岁征计共库平金一两。

煤　矿　岁征计共库平银四两正。

磨油税课　岁征计共库平银八十八两五钱五分。

油　税　岁征计共库平银一两八钱。

典当税　岁征计共库平银六十两。

酒　税　岁征计共库平银五两。

斗　课　岁征计共库平银一两六钱。

番贡马　岁征计共库平银八十六两八钱。

注释：

[1]耗羡：旧时官府征收钱粮时以弥补损耗为名，在正额之外加征的粮赋。

职　官　志

昔自唐虞设官分职，内有五官四岳，外有州牧侯伯。万几分治，总师一人。自兹以降，历代相仍。革因损益，以至于今。职虽有变，而官则不废。盖国者民之宅也，官者国之管也。民无宅无所归，宅无管无所守。吾国之大，无所往而不宜守，即无所往而不设官。一官之设，一方之人民寄之；一方之治，一官之政令关之。是故欲观其民，先观其政；欲观其政，先观其官。职官之系，有如是矣。

县治表

清制文职	知县一员 典史一员 训导一员
清制武职	都司一员 守备一员 千总一员 把总二员
现制文职	县知事一员 管狱官一员 奉祀官一员
现制武职	警佐一员 警兵九十名

从来划都邑以为分野之治，设令尹以为亲民之官。举凡典礼、教化、刑名、财赋，以及地方一切治理，莫不委之一人以归专责，是即县之所以为县也。虽然犹是县耳，亦必视土地之硗肥，人民之丰啬，物产之优劣，风气之纯薄，分而别之，设官司以为之治。大通原属羌戎，自清乾（隆）二十六年改卫为县，开化未久，故其为治，比之内地，无不相逊焉。

知　县　称大夫，古亦称宰，亦称令。其品居于七等，其位列之附庸。明及有清皆称知县，盖言一县之事委为所知也。大通自唐末米川失陷，逮及于今，二百年前，复得有此官矣。

典　史　亦称捕厅，即古之狱吏，盖管狱官也。清制杲〔臬〕府皆称司狱，州治则称吏目，县治独称典史，事同而名殊。然有知县即有刑名，有刑名即有监狱，有监狱即有典史。典史之职，以不废也。

训　导　学官也。亦称儒学，亦称教官。其官主以劝学，故其署亦居学宫之侧。内县有二：一曰训导，一曰教谕。又称东学、西学。大通原创县治，风教未开，训导之设，一员兼两学焉。

都　司　职与知府等。盖文则以知府管辖，同通州县；武则以都司管辖，守千把外。此间自改卫为县，武职归隶西宁镇标。都司其同城官也。

县知事　即知县也。在前清称知县，在民国称县知事。官同而名异耳。

管狱官　即典史。名称之异，与知事同。

奉祀官　即学官之更设也。然在前清称学官，盖以官劝学。在民国称奉祀，则以官奉文庙之祀典，而学则不与焉。

警　佐　警务之佐，亦武职也。现制知事兼警务长，加之以一佐，管警兵之练习，故谓之警佐。

附警兵　民国改元，各县警兵之制，大县一百六十名，中县一百二十名，小县八十名。旋以月饷不敷，酌为裁汰。现又奉令复行添足，但政令随改，并无定制，姑存识之。

卫治表

大通营	总兵官一员 卫守备一员 左右游击二员 左右守备一员 千总二员 把总八员	白塔营	参将一员 守备一员 千总二员 把总四员	永安营	游击一员 守备一员 千总二员 把总五员

以上系清雍正三年至十三年初设卫治之编制。

大通营	副将一员 卫守备一员 都司一员 千总二员 把总三员	白塔营	都司一员 千总一员 把总二员	永安营	游击一员 守备一员 千总一员 把总四员

以上系雍正十三年至乾隆九年改订〔设〕卫治之编制。

大通卫城	守备一员 都司一员 千总一员 把总一员
北大通城	游击一员 都司一员 千总二员 把总四员
永安营	游击一员 守备一员 千总一员 把总三员
北〔南〕川营卫	都司一员 千总一员 把总一员 该营原系乾隆二十六年拨来北川，本志改南川。

以上系乾隆九年迁卫至二十六年改县之编制。

尝观用兵之地，祸乱甫平，规模未定。而疆里之大，事几之繁，欲施治而未能，非设官而不可。斯即卫治之所由出也。盖卫，言屯兵于此，捍卫人民。而其为治，则且于武职之中择以至要，摄其中衡。由是征钱粮以为养兵之计，理民事以兼行政之权。礼让寓于兵戈，甲胄登之衽席。举言武备，而文事系乎其中矣。

卫守备　自有清雍正三年建。始置总兵于北大通城，管辖一参将、三游击，并卫守备一、各守备三、千总六、把总十七，共计三十二员弁。分配各营步兵一千七百名，马兵一千六百八十名。至十三年，以总兵改副将，参将改都司。裁去左、右游击二员，另添都司一员。又裁守备二员、千总二员、把总八员、步兵七百五十七名、马兵八百名。共留一十九员，并步兵九百二十名，马兵八百八十名，隶西宁总镇。乾隆九年，迁卫守备于白塔城，副将复改游击。二十六年，经西宁佥事杨应琚请准，由卫改县，裁去卫守备，分拨西宁县属十堡，故加入北〔南〕川营都司、千总各一员，步兵二百一十名，马兵一百四十六名。共计二十三员，步兵一千一百三十名，马兵一千零二十六名。自是卫治撤，县治兴，而大通各营始与知县分治矣。清末裁撤绿营，所有员弁兵额一律取消。故昔之所设，今不复睹焉。

文史表

知　县	周暎紫　盛　莲　应曙霞 左院香道光四年至六年署合　张若龄八年署 张淳于九年署　熙　春 以上皆清道光十年以前之员。 黄仁治湖南善化人，同治十三年任　张家相 王　翔号鹤卿，湖南湘乡人　秦敦义　张厚庆 贾　勋号岐云　余重基号幼之　田实岐号殿卿 李日乾　吕　恕号子清，湖南益阳人 楼汝济号子舟，渚口人　李南炳号焜庭 史文光号观农　张庭武号幼履　王宝镛号绍虞 万钟騄号筱湖　姜震南　潘世孝号治卿 赵光渠号子芳　张钟骏号菘亭　叶荣甲号敦吾 单子贤号希明

典　史	薛廷燧道光七年署　傅乔英八年任　杨春华 李原林　黄梦庚　萧开翼　胡　瀚 童振声　秦之贞
训　导	赵　洽道光二年任　问　昙号惺斋，道光六年任 杨朝〔潮〕曾　张克宽　罗蔚香　文化南 岳树声　成　适　胡廷奎　牛凌汉　梅汝赓
附循卓	(熙　春)　黄仁治　贾　勋　楼汝济　问　昙 杨潮曾
县知事	李允谐号夔飏　万朝宗号宝成，湖南巴陵 杨子凤号西生，湖南巴陵　田迈训号修斋 丁宝森号霄羽　王绍文号觐光
管狱官	裴春林　周熙明号鼎卿，湖南湘乡　牛培炯号子明
奉祀官	麻兆瑞　侯佐邦
警　佐	蒋若霖　李有贵　何其仁

夫文总德化而言也。凡于处事，循次渐进，从容以中，理法所在，无稍侵越，皆谓之文。官之出治，亦其然耳。从来立官行政，举国家之建设，人民之安抚，风化之楷模，治之以文，是谓文治。大通自由〔有〕清建立县邑，相传至今，历任官吏，按时计算，应不下三百员。其中当不少循良卓绝，品概著于当时，风采传之后世者。乃

自同治十一年以前，地遭兵祸，一切档案焚毁无存。追昔抚今，系之感慨，此知县首栏所列，自周[illegible]以至张淳于，虽存其名而事迹茫无所考。典史一职，同治以前尽归湮没。训导惟问昙系乾隆中人，着〔著〕有《大通草志》一部。余自黄仁治、李原林、杨朝〔潮〕曾始，皆系同治癸酉以后之人。而其流风善政，为父老所称颂者，尚有可采。至民国纪元，知事过七任，管狱、奉祀官各二，警佐八。名之所在，班班可考。究其事实，则非记者之所暇及也。

附循卓

熙　春　字照台。道光中任大通县。善书法，笔师右军[1]，真草俱妙。其为人居已以恭，化民以德。尔时政通人和，百姓乐业。亦当日太平官也。诗见《艺文志》。

黄仁治　湖南善化人。同治十二年[2]癸酉，知大通县事。时值湟中兵燹迭遭，地方凋敝，民气未复。仁治下车，办理善后，百废渐举。原有著名逆酋江湖三马福寿、苏有成等盘踞其间，出没无常，时为民害。悉行设法除而去之，民始安枕。四乡灾黎合十余万，一一安插，计口授食，俾不失所。又复捐俸倡修崇山书院，并设义塾，分计五处。进子弟之俊秀，举皆就教，自是农业耕，士向学。期满去任，民无老幼，攀辕泣送，如失慈父母然。

贾　勋　字岐云。江苏上海举人。光绪八年以治才调署大通。履任以来，日以振兴学校，培养人才为急务，未及期月，化行俗易。兼以折狱才长，乡民敬服，几于无讼。时有逆回马福寿，原由福建配所潜逃而归，将谋作乱，勋立捕获，置之于法。并先后擒诛抢犯马保元、赵麻乡老、柳毛头子等数人，而邑中盗贼自行敛迹。以故士民讴思，至今无已。最足奇者，一日，北方人民控请捕盗。役将行，戒曰："且休，俟翌晨当南行，可于新城外获之。"又一日，饬捕盗，未明所向，差请其往，嘱曰："且东，可于十里许获之。"已而，皆如其言。盗闻之，辟服其神，相率避去。然亦不知其何所测而若是也。

楼汝济　浙江仁和人，敏辨有干济。光绪中来宰是邑。察回变将作，预缮军械，储仓谷，修城隍。事甫就绪，瓜代及期。替任既至，未及弥月而城回果叛。所幸战具早备，城获保全。至是人始服其料事之神。其干济有如此具。所谓敏辨者，是时回变原兆于北大通。初，大府命征收员袁炜庭往查办之。袁素好神仙，尤信乱笔。将行，祝请纯阳主其吉凶，判以"无往不利"四字。楼日〔曰〕："是宜作两截读，嘱君无往，往则不利。"袁曰："神言固不可以穿凿出之。"及行，果卒于难。楼闻，随占数语嘲之日〔曰〕："一个沙盘酒一尊，神仙也好乱弹琴，楚之谓胡言为乱弹。可怜殉难河边日，苦唤纯阳总不灵。"其敏辨又若是焉。

问　昙　字惺斋。道光六年任大通县训导。其人学富品优，生平以读书为最乐。履任以后，即于署中开馆，招集生童，朝夕讲学，而十〔士〕之有志进取者如廪生张继良辈，莫不欣然就正，名山一席，风雨追陪。由是教泽所施，菁莪生色。而此间人文之盛于当时者何？莫非斯人甄陶化育之功也[3]。至其为文，清新自励，不落恒蹊。原着〔著〕有《大通草志》一部。本备有采择，而其序则详入“艺文”。

杨潮曾　字淮川，秦安副贡。原选大通训导一职，同治癸酉来任此间。兵灾之后，文教闭塞，潮曾因众公推主讲崇山书院。课士有方，士亦知勉，以是从学日众，而文风之迁播，至此始形恢复。寻复建议以崇山西首空虚，筑壁巽方，以补风水。不数年间，人文渐化，彬彬然有诗礼之风焉。

附大吏　县志原无大吏之可采，惟功业之在斯民者特附之。

杨应琚　字松门，辽海汉军旗，清康熙进士。乾隆间任西宁道按察使司佥事。前后两度观察斯土，相阅十七八年，举于课士、训农、通商、惠工、授方、任能，靡不殚尽心力。大通一邑，迁卫改县，推广学额，一切如制，皆经题准。其为人学识并裕，文武兼资，当时甚为钦仰。官至陕甘总督。手创《西宁府（新）志》。生平诗文，详见志乘者尤为不少。

刘锦棠　字毅斋，湖南湘乡人。才识深宏，文武并济。同治八年，随其叔松山入甘。松山攻马五寨阵亡，锦棠力擒马五，诛于松山之柩前。诏加三品卿，接统老湘全军，进克金积堡，屠马化隆〔龙〕父子，搜捕余匪，进布政使。九年率部将董福祥、李双梁等进兵湟中，趋至峡口，击破回首崔三、禹得彦，围攻白彦虎等于高家堡，烧焚其垒。贼据西宁，锦棠督兵痛剿，觇贼势盛，舁开花炮轰之。贼墙皆塌，匿之沟内，麾军蹑之，杀贼巨万。进至西宁，权摄道篆。时贼余股，分途穷窜，檄师尾剿，河湟肃清。招集流亡，给以牛马，散予籽种，使之复安其业。而此间之民得以由散转聚，由困转苏，相传至今，以生以息者，宜乎追念其人功德所在，世世不忌〔忘〕耳。循以诸军进攻肃州，围之七月，竟不能下。锦棠提兵进至，巨逆马四怖甚，诣总帅左宗棠军前乞命。锦棠恶其反复无常，请磔马文禄等七人，并屠以下六千余众而肃州平。十年，抵定新疆。授巡抚，加太子太保，晋一等男，后卒于家，谥襄勤。诏于本籍及立功省分各建专祠。

注释：

[1]右军：指东晋大书法字王羲之，任职右军将军，世称王右军。

[2]同治十二年：黄仁治知大通县事前文史表系于同治十三年，此处为十二年。

[3]甄陶：甄，音zhēn。指制造陶器所用的车轮。《后汉书·郅恽传》："含元包一，甄陶品类。"唐学者李贤注："甄者，陶人旋转之轮也。言天地造化品物，如陶匠之成众品者也。"后引申为对人的陶冶和造就之意。

武备表

大通营	总兵官 冯允中陕西延安人,清雍正六年任。 管承泽奉天汉军镶红旗,九年署。 德　成满州镶红旗,九年署。 范时捷奉天汉军镶黄旗,十年署。 杜　森甘肃宁夏人,十年任。 左营游击 王　复四川巴县人,六年任。 右营游击 韩光愈江苏泰州人,六年任。 高元勋四川阆中人,十年署。 守　备　缺　名 千、把总　缺　名

白塔营	参　将 马　顺甘肃固原人，清雍正六年任。 马进德甘肃宁夏人，九年署。 韩光愈江苏泰州人，十年署。 守　备　缺　名 千、把总　缺　名
永安营	游　击　缺　名 守　备　缺　名 千　总　缺　名 把　总　缺　名
大通卫	卫守备 李　亩四川成都人，清雍正二年署。 殷维邦江苏江阴人，三年任。 寇　仪直隶宁津人，四年任。 蒋南波四川阆中人，六年任。

以上系清雍正三年至十三年初设卫治之武备。

大通营	副总兵　高雄四川华阳人，十三年任。 都　司　缺　名 千　总　缺　名 把　总　缺　名
白塔营	都　司　缺　名 千　总　缺　名 把　总　缺　名
永安营	游　击 孙道林甘肃西宁人，十三年任。 武　福陕西西安人，乾隆四年任。 守　备　缺　名 千、把总　缺　名
大通卫	卫守备 蒋南波见前 孙　捷江南六安人，乾隆二年任。

以上系雍正十三年至乾隆九年改订〔设〕卫治之武备。

大通营	游　击　缺　名 都　司　缺　名 千、把总　缺　名
白塔营	都　司　缺　名 守　备　缺　名 千、把总　缺　名
永安营	游　击　缺　名 守　备　缺　名 千、把总　缺　名
大通卫	卫守备 孙捷见前 李恩荣

以上系乾隆九年迁卫于白塔城至二十六年改卫为县之武备。

县城 即白塔营	都　司 王文熙同治末补，未到任。 范正邦甘肃皋兰人，光绪元年署。 祝鉴嵩二年署。 蒋良瑞三年署。 罗正益四年署。 武　林甘肃皋兰人，七年署。 韩邦喜八年任。 王　敏甘肃人，十一年任。 张成发十七年任。 蒋占魁十九年任。 梁栋魁广东人，十九年任。 蒋占魁二十年任。 王大兴甘肃人，三十一年署。 谈得魁甘肃皋兰人，三十二年署。 文　海满洲人，三十四年任。 守备一员　缺　名 千总一员　缺　名 把总二员　缺　名

北大通城	游　击 李大有光绪元年署。 屈复扬二年署。 张星垣四年署。 张大元陕西人，六年署。 邓咸林十五年署。 张大元十六年任。 粟俊臣十八年署。 王有德甘肃皋兰人，十九年任。 岳登龙甘肃靖远人，二十二年任。 唐连陞湖北江夏人，三十年署。 王甲三三十一年署。 闵　庆三十三年署。 苏忠恕湖南长沙人，三十三年任。 卢　亨三十四年署。 都司一员　缺　名 千总二员　缺　名 把总四员　缺　名

永安城	游　击 荣立茂同治末补，未到任。 杨懋林光绪元年署。 蒋月华湖南人，元年署。 李大有二年署。 邓全忠四川人，八年署。 苏万得十年署。 陈登桂湖北人，十二年署。 陈孟魁十三年署。 朱祖贵湖南人，十五年署。 吴春山湖南人，十七年署。 王　敏甘肃人，十八年署。 范子湘湖南人，十九年任。 赵玉生二十年署。 承　厚满洲正红旗人，二十三年任。 玉　润满洲人，二十六年署。 承　厚二十八年回任。 高　庆甘肃皋兰人，三十三年署。 守备一员　缺　名 千总一员　缺　名 把总三员　缺　名

北川城	都　司 张　俊甘肃人，同治末补，未到任。 张廷贤光绪元年署。 汤日新四年署。 宁　贵甘肃皋兰人，八年署。 凌霄汉十一年署。 叶东元十二年署。 胡锦荣安徽人，十四年署。 周大馥湖北人，十五年任。 刘　堃湖北广济人，十七年署。 周大馥十九年回任。 章志杰直隶人，二十四年署。 陈明山二十四年署。 王彦清甘肃人，二十四年任。 顾福升浙江钱塘人，二十七年署。 王彦清二十八年回任。 千总一员　缺　名 把总一员　缺　名

以上自乾隆二十六年改卫为县至同治十三年，地遭兵火，档案全失，各员缺名无从查考。又自光绪元年起，以至清末裁撤绿营止，各员续加详载。

附北〔南〕川营游击　此系清乾隆二十六年以前未经拨归大通之职官。

陈起凤甘肃庄浪，康熙三十四年任。

余奋腾陕西西安，康熙三十七年任。

李大成福建台湾，康熙三十九年任。

梁必选西宁，康熙四十年任。

刘天宠汉军正白旗，康熙四十一年任。

董绍祖直隶顺天，康熙四十八年任。

吴　赫汉军正黄旗，康熙四十九年任。

马成伏甘肃西宁，康熙五十一年任。

马　麟四川松潘，雍正五年任。

周福旺甘肃人，雍正十三年任。

附劳勋

李　亩　四川成都人。勇生于智，武寓以文。自有清雍正初大将军年羹尧、岳钟琪廓清边陇，大通创立卫治，筑大通、永安、白塔三城，设防分守，卫居中衡，一切编制，皆亩一手所裁定。至于辟垦田以教民耕，设义塾以劝民学，立仓社以备民荒，以招以抚，以息以生，旋致种族进化，生齿日繁，而地方开始，皆其造端也。

孙　捷　江南六安人。乾隆二年任大通卫守备。逮九年，见此间风气日以〔益〕开，人民日以〔益〕众。惟地方隆盛，运形于南，而大通一城，过于偏北，因乃会合西宁佥事杨应琚，相与建议，请迁卫治于白塔城。又与署事李恩荣凑捐俸饷，倡建义学，分置城厢及向阳堡各处，从令兵民子弟互相受课，并请定立文武生员学额，附入府属，是为县治之肇基。至二十六年改卫为邑，加拨西宁县属十堡以为扩张。一切创兴，举如县制。溯厥由来，其功实成于此矣。

附将才

李　淳　有明正德初，任西宁卫千户。勇敢善战，以寡敌众，而所向必捷。尝追番族之剽悍者，直搏庐帐，得首恶而歼戮之。用是诸番恚恨，相与发誓："必欲生啖其肉。"十四年，追番至隆丙卜，贼众环冲，从者溃散，淳身入重围，手刃数贼，力尽被执。逼之跪，淳骂不绝口，遂为乱刃砍死。事问〔闻〕于上，敕封忠勇王。李未苟，淳之家丁。勇胆过人，才技尤绝。善使长矛，而掷索于五十步外以缚人马，故临阵以少胜多，诸夷望风畏避。淳善相马。正德七年壬申闰五月，贼犯西川时，初五日也。都指挥汪淮以五千人御之。甫渡河，贼集众出掠。负旱坪山，结阵以拒。内有一黑面金环酋，骑白马横长矛，呼吼驰骤，数逼官军，势甚武，一军色动。淳见之，谓未苟曰："贼所乘，良骥也。若持索俟近河灌木南，予挟一矢驰诱之。贼逐予，汝即掷索以获其马。"计即定，酋果来逐，淳发矢恰中酋喉，未苟亦索其马。淳乘之，喜曰："是汝报效之资也。"及酋〔淳〕遇害，未苟亦从死焉《郡志》载北川营事，今地已归大通，故采之。

年羹尧　汉军旗籍。童年天资英敏，好习骑射，不喜读书。父使之学，辄与师侮。寻有异人，博通经史，兼习阴符之术。造谒其父，请与校课。父喜之，以为师，朝夕讲授，羹尧亦遂敬服。由是造书不数年学已大成。康熙之末，罗布藏丹津寇乱湟中，势正猖厥。清廷出师西征，遂以羹尧为帅，佩大将军印。逮雍正初，番酋授首，青海削平。大通素为羌戎出没，从此亦得脱离夷籍，附入华疆，其有由也。羹尧性嗜杀，军令尤严。部下将吏稍有触犯，即加诛首，朝野上下莫不惮之。后因权高震主，兼之情性骄悍，被黜。寻以故诛。然其将才，实为世不多得。乃功于此都，未闻叙及。噫！盖以成败之数，竟使英雄抱屈终古也。

岳钟琪　生长甘陇，籍隶川蜀。清雍正初，官四川提督。及年羹尧率师西征，钟琪合兵进剿。青海平定，年岳并称。援其大通创始，年岳同赖也。以是有功，封世袭三等公，迁陕甘总督，拜宁远大将军。旋以事故，降职夺爵。乾隆三年，复授四川提督。因平金川，赏还原爵，拜威信将军，加太子太保，兵部尚书。卒谥襄勤。

朱南英　张大兴　湖南人。原从湘军转战江浙。南英累迁至提督，大兴累迁至总兵。同治十年，大军进克河湟，南英赐效勇巴图鲁[1]。十一年，陇回就抚，而大通境属仍附马桂源为乱。总统刘锦棠督师进剿，至姑姑加庄，南英为前驰，率数十骑迎敌，大兴继之，毙其酋马良才。贼势蹙，遁踞向阳堡，筑炮台以自固。锦棠督军三路夹击。贼分道与抗，因不敌，退入堡。士卒肉薄〔搏〕而登。南英燃巨炮攻毁堡门。我军攀堞骈升，贼胆丧狂窜，夺堡东坏垣而走。南英穷追，旋中矛洞胁而死，大兴从之。是役也，守备许得胜、雷春秀、张茂林；把总戴树森、陶得胜、高占魁、秦满才、姚喜庠，均湖南人，同时阵亡。

注释：

[1]效勇巴图鲁："巴图鲁"，满语，意为勇士。清代凡有武功者多赐以此称。"效勇"即所冠勇号。

种 族 志

闻之百谷有种，万物有族，此种族之辨也。然自两仪定位，始生吾人，人与天地合为"三才"。举言乎人，似无种族之分矣，而抑孰知其不然。昔朱虚侯尝谓："非种必锄。"史佚亦言："非族必异。"是盖言一时之变，非可泥以为常。然惟种与族固有不别之别耳。且以往之所闻，更不如今之所见。夫地球之大，五洲之遥，曰黄种，曰红种，曰白种，曰黑种，其入于吾人之目光者，正不一类，皆以形色分之。亚州〔洲〕一隅，同为黄种。黄种之中，又分五族，故时政谓之五族共和。五族也者，即汉族、满族、蒙族、回族、番族之谓也。凡此五族，其在他省，未必皆备。而在甘陇，则兼有之。至大通尤为汉、回、番、土杂居之地。民册所备，因与备之。

民族表

<table>
<tr><td rowspan="5">汉族</td><td>东六堡共　户　口</td></tr>
<tr><td>南十堡共　户　口</td></tr>
<tr><td>西八堡共　户　口</td></tr>
<tr><td>北九堡共　户　口</td></tr>
<tr><td>共三千四百九十四户，内男于〔子〕　丁，女于〔子〕口</td></tr>
<tr><td rowspan="5">回族</td><td>东六堡共　户　口</td></tr>
<tr><td>南十堡共　户　口</td></tr>
<tr><td>西八堡共　户　口</td></tr>
<tr><td>北九堡共　户　口</td></tr>
<tr><td>总共三千九百六十三户，内男于〔子〕　丁，女于〔子〕　口</td></tr>
</table>

番族	东六堡共　户　口 南十堡无　户　口 西八堡共　户　口 北九堡共　户　口 总共五百二十户,内男于〔子〕　丁,女于〔子〕　口
土族	东六堡共　户　口 南十堡无　户　口 西八堡共　户　口 北九堡共　户　口 总共一千二百三十四户,内男于〔子〕　丁,女于〔子〕 口

且汉置曹椽〔掾〕以掌民族，唐设户籍以计丁口，酂侯入关而收图册，诸葛治蜀而叙编氓。凡以国之所贵在民，而民之卜居有定。族类之繁，门户之别，夫固不可以模糊视之。而况一邑之微，人民类聚，环堵匪遥，版籍之藏，具有成数。纂志及此，谓可忽乎。

汉　民　历代视地此〔此地〕为异域，或籍居，或流寓，原籍于此者，为数无几。自有清收入版图，由是有以军入者，有以商入者，亦有由内地各县分移迁入者。加之改县以后，加拨西宁所属十堡，内除石山一堡皆回族外，其余均系汉民，此汉族所以日见其多也。

回　民　本回回遗族。回回国名，在玉门关外，即今土耳其地。《唐书》称为货勒自弥。宋时强盛，据有中亚。至辽为耶律大石所败。是时，国为郭耳朝。元初又为花剌子模朝。太祖灭之。然其民自陈、隋时即已浸入中国。世多误为回纥，不知回回与回纥原系两种。盖回纥始于有唐，由蒙古内犯，为郭令公所征服。非若回回之入内地由来久也。然该民于大通原籍无多。清雍正间，或由河州，或由甘凉，或由西宁府属各邑渐次迁入，日增月盛。其教禁食犬、豕、烟、酒。原以谟罕默德为宗主。谟罕默德系西历纪元六百年中回回国王也。教中又分四大门户，有新教、老教。阿浑、掌教、亦麻木、海里率各名目。每以七日为一礼拜，群入清真寺，相聚诵经。民之生性，能耐劳苦，喜作零星贸易，兼充经纪牙侩。邑中金厂，为所充斥，煤矿亦占多数。但以溺于宗教，不好儒书，故其蛮野气质不能变化。然近来亦渐开通，诗礼之家，更复不少。

番　民　番与蕃通，族属吐蕃，国称羌野。大通素为羌戎所出没，故其为地该族占多。原该族向分二派：一曰黄教，一曰红教。黄教服色尚黄，始自有明永乐十五年生教主宗喀巴。宗喀巴者，初奉红教。旋以人类杂复，宗旨乖离，遂乃独创一帜，诵经礼佛，专事净修，不营外务，终身不娶，以徒为嗣。宗喀巴没〔殁〕，其徒有二：一徒名敦根珠巴，奉其衣钵，立为西藏法王，即今达赖喇嘛之祖。其一徒守其法戒，立为西藏禅师，即今班禅喇嘛之祖。达赖、班禅俱握西藏政教重权，势力最大，凡僧侣之欲出人头者，皆得附之。但达赖居后藏，班禅居前藏。而班禅以下各寺僧主经前清赐有呼图克图者，厥惟九家。大通惟广惠寺僧乃得有之，是为大僧，尊曰："活佛"。"活佛"原有转生之说。盖以该佛死之时日，探视同时所生之人，无论何族，强索而去，立之寺主。于是流弊滋多。清末改为选举，先由该教中人投票，抽签定次，须得驻藏大臣及地方长官同为认可，呈明政府核准，方得与立。是为黄教之始末也。红教服色尚红，原为老教。而教中支派又有曰"羯磨"、曰"萨喀"、曰"零麻巴"之别。盖虽诵经礼佛，而又兼习咀〔诅〕咒，呼风唤雨，驱鬼降魔，时或有应。但相率娶妻，一切行为不遵戒律。且从其教者，尤多无赖，故势力已极衰弱。然该二教人民性质皆崇纯朴而守信约。男子常服缘领大袖，略同汉制，惟法衣缝成大幅，由左肩披搭，扣入右胁，名曰袈裟。女服身长袖小，周围镶以红色，上束大带。戴帽辫发，脑后绣花辫套，双枝下缀，长与衣齐，或饰以宝石金银不等。另用氆氇上嵌海罗，俗呼"克图儿"，交十字负之于肩，由背而下，垂五六寸红穗，丝棉不一。凡民俱以务农为本，兼奉佛法。近来亦有知汉学而崇儒术者。而又有别派二种：一曰“本卜”，一曰“端工”。本卜，辫发杂以黑索，缠头如斗大，上以绛色绸布裹之。娶妻生子，专习咀〔诅〕咒。端工，男曰“巫”，女曰“觋”。身着青衣，手执羊皮单鼓，击跳旋风，谓之“跳神”，又曰“喜乐”，亦兼驱邪疗病。

附僧寺

窝尔错寺　去县城东一十五里。

老佛寺　去县城东三十五里，在东峡口悬岩峭壁间。

朝藏寺　去县城东六十里，其地名朝藏滩。

加尔多寺　去县城东一百五十里。

班固寺　去县城东一百六十里，居浩亹河之南，松林环绕约十余里。

静房寺　去县城南一十五里。

平安寺　去县城南二十里，每年以正、六两月初八为会期，游人甚众。

奴木气寺　去县城西五里。

祁家寺　去县城西八里，在祁家堡中，该堡之民，悉系番族。

张家寺　去县城北二十里。

广惠寺　去县城北七十里，原名郭莽寺，毁于兵。清雍正十年，敕赐重建。

以上十二〔一〕僧寺，惟广惠寺僧主乃有呼图克图，是为大僧。

土　民　其类不一，举凡羌、番、猫〔苗〕、猺〔瑶〕以及蛮、棘〔僰〕各种，皆得总而括之。中国所属如湖、广、滇、黔、四川、甘肃，到处俱有。然甘肃所见，则于羌番之外别分一种。其民俗尚朴实。男服大领长袖，内地亦有汉制。妇女戴帽，辫发用红棉绳贯青铜钱垂于脑后。耳缀大环，银铜不一。足穿腰袜，衣服不论绸布，杂以五彩，束之大带。男女务农，并耕而食。生性崇信佛教，家有子弟，多送为徒。近时渐次开化，兼知儒术，亦有博通经史之士。大通一县有土民而无土司，盖土司，土人之官也。明清相沿，原设宣慰、宣抚、安抚、指挥各使并千百等户，是为武职。知府、同知、州县吏目各班，是为文职。民国改〈为〉元，诸仍其旧。

大通县志·第三部

人品志（上）

诗人之颂卫武公曰："如金如锡，如圭如璧。"诚以金玉者，物之所异；而品概者，人之所异也。夫物何以异？异之者盾〔质〕。人何以异?异之者性。盖顺其性以推之，曰"文秀"，曰"力能"，曰"行谊"，曰"节烈"，莫不因其性以相成。孟子所谓"人性之善，犹水之就下"，信哉其言乎！吾观《论语》，孔子有曰："十室之邑，必有忠信。"世俗有曰："人至一百，材艺周全。"是故，贤如尧舜，古今上下，不多得人。然一节之长，一行之美，则亦无时不有，无地不然也。人之所异，我即异之，固不可以随声标榜，而亦何得以共见共闻者，终且任其湮没哉！

科第表

<table>
<tr><td>举　人</td><td>王洪祚清乾隆辛酉科武举
王永吉清嘉、道间武举
马占魁清光绪癸巳恩科武举
附列武生
张连名　张连捷　张封侯　陈汝魁　陈汝连
陈汝达　陈鼎元　祁秉元　董起发　王生元
李兴荣　张伦儒　张连彪　陈廷选　孙有文
祁文发　李耀文　白文杰　刘生耀　刘万荣
阿生辰　王廷英　陈秉蕊　邢守第　石忠美
常大顺　沈彤源　赵怀诚　陈明言　王　镒
赵廷勋　杨明远　吕善佐　刘　治　马乾利
戴生金　牛放勋　哈连科　陈汝连　刘　魁
刘　伟　陈汝魁　阿生耀　黄协中　熊佐泰
薛以铭　刘　智　黄允中
以上四十九名皆清光绪时人，同治以前档案全失，无考</td></tr>
<tr><td>五　贡</td><td>宋　砚　贺　璋　焦士俊　谈从善　贺毓儒
赵宗儒　董应召　杨可荐　伊功学　汪三经
王名重　朱蕴华　蒲廷栋　严　寅　侯廷芝
袁廷魁　王　慈　吴俊兰　阿文蔚　贺　俊
柴如桐　梅生香
以上二十二名，皆清乾隆前人。逮嘉、道、咸、同档案全失，无考</td></tr>
</table>

五　贡	王好义　车林蔚　文学教　阿经儒　米成元 袁　勉　张海鲤　王抡元　张锦文　张钰文 赵登科　哈连科　张海鳌　张中德　梅允泰 梅汝楫　梅汝赓　侯佐邦　李　霖　陶春仁 戴鸿恩　梅　魁　赵延庆　赵遐庆　刘秉文 麻兆瑞
廪　增	张继良清道光中人 于怀清　段鼎新　李时芳　薛盛葵　牛广训 苏广训　邢大贤　朱士彦　蒋如桐　李凌云 以上十一名,皆廪生。除张继良外,均系清光绪时人 赵之洁　苏生英　阿琼林　阿浩林　梅汝调 钱维伦　伊邦辅　戴春桐　蒋迎春　王统伦 赵登善　张俊儒　牛得所　张连英　昝培元 以上十五名,皆增生,清同、光时人 附列毕业生 田宝元　王绳祖
庠　生	宋怀玺清乾隆中人 任殿元清道光中人 马廷魁清道光中人 黄明锈　黄如钰　袁宜泰　胡善述　袁生瑞袁生英　刘梦尧　董占甲　杜锦棠　党永吉 王第元　田种玉　包明弟　邵文泮　邢辅庭

庠　生	陈凤起　白凤鸣　窦毓贵　汪正瀛　李毓秀 苏良珠　崔允贤　杨生泉　白文翰　吴荣先 麻世富　麻世德　侯世铎　蒋廷璋　阿生甲 郭应举　朱进贤　邢嗣周　朱永峰　满　魁 康国栋　赵统成　毛毓美　罗文明　喻那芳 李荣树　张海钰　李培秀　吉兆元　刘占甲 马维骏　杜世柏　马成训　程大祯　黄中元 黄定吉　黎占恩　哈英琦　蒲世蓬　李时若 陶　鼎　伊家政　铁生辉　顾佐邦　赵廷栋 林锡蝦　侯秉彝　任举魁　伊协邦　孔广贤 孔广文　孔广英　孔连德　金宝德　朱时彦 鲁秉礼　司连奎　张而忠　刘广文　李国宝 张承祖　严字训　马如怀　徐登甲　陈选儒 侯汝封　陈秉华　张三元　张映星　段发荣 李　善　孔廷璧　宋旺荣　华文炳　贺凤山 李生华　韩思义　蓝毓盛 附监生 张文达　张继贵　马天福　王永庆　李继美 梁大品 以上清道光中人 阿学第　阿学教　杜世栋　赵维伦　祁庆璋 祁绍周　王秉元 以上清同、光中人

自有唐以诗卷开科取士，逮宋室王荆公改用四子书命题行文[1]，元、明因之，清代尤胜。汇征之阶，由入学而廪贡，而乡举，而进士，而翰林，加列武科，分途并进，是谓“科第”。朝野目为清贵。以是，文学诸生简练揣摩，以致毕生精血消磨于沈吟坐诵之中。及身登仕，版民情国计，举属茫然，始觉昔之所为皆归无用。渐至有清之末，内政外交日形纷杂。而老儒泥古，鲜所变通。国脉之衰，坐其弊也。德宗深鉴及此[2]，因废科举而兴学堂，以为士之所学，凡以学其所不知也；国之取士，凡以取其有能用也。虽然，科第之中，非无卓绝之士，特以宜于昔，而不宜于今耳。顾安得以今之所废，遂举昔之所有而不言哉？

梅　魁　字子高，邑贡生。加盐提举衔，补用知县。晋花翎同知衔，选授高台县儒学教谕，历署西宁、山丹各教谕。自幼从师读书，研究精义，励志圣贤。而于穷理致知，犹为随事体察，故其器识大异寻常。及应童子试，制艺辙〔辄〕冠全军。旋由入泮食饩而登贡士[3]。时为当道所器重，谓其品概出类，学识超群。勉其入都，观光上国，藉以展平生抱负。不谓同治之初，红羊浩劫[4]起于秦陇。时值中途梗塞，进退维艰。适逢左恪靖督师入甘，爰以书生投笔从戎马，赞襄军事。渐及十年，心力所施，勋劳卓著。恪靖嘉之，历案保奖，是即盐提举并花翎同知衔知县之所由得也。大乱既平，逮光绪四年，选授高台教职。旋遇覃恩荣封两代，殁齿于家。而后代绳绳[5]，功名叠显。洵哉！明德之后，有达人矣。

张海鲤　邑贡生，铨选县丞。世居古娄堡。博史通经，敦品励行。惜屡荐不售。文章憎命，信有然矣。原有传世诗文，见《陇右校士录》。

梅汝赓　邑贡生。处世温和，居身俭约，淹通经史。有传世律诗，见《陇右校士录》。

张钰文　贡生，逊让堡人。生性端严，孤介自矢[6]。家无担石，不以动念；静夜燃灯，书声四壁。后署西河训导，乐道敦仁，诸生钦仰。

赵登举　贡生，极乐堡人。好读书，具深湛之思。砥节砺名，品优学富。诗文独标一格，不入恒蹊。后署两当训导，朔望谒庙，必先同僚而至。官署如学馆，生徒常满座。解任时，士人皆攀留焉。

赵遐庆　字百龄，岁贡生，即增生之洁子，恩贡延庆弟也。自幼受读父兄，长而为文，则且过之。四世同堂，亦天伦乐事也。同治六年，新城失陷，赵氏一门：父母二，兄弟五，子侄十一，孙三，妇女大小九，相抱大哭。之洁义不降贼，举家登楼，命延庆纵火焚之，哀哉！遐庆在城巡夜，遇贼追刺，跃而坠之。逃难东川，乱平去东山后隐居焉。有遗诗一十三首，录后《艺文》诗集内。

于怀清　县学廪生。性豁达，有经济才；治大事，不拘小节。特是食饩以终天（年）。生之而不能成之，抑又何也！

注释：

[1]四子书:即儒字经典《四书》，分别为《大学》《中庸》《论语》和《孟子》。是儒家传道、授业的基本教科书，对中国人的人格心理铸造有深刻影响。

[2]德宗：指清德宗爱新觉罗·载湉（1871—1908年），清朝第十一位皇帝，在位年号光绪，史称光绪帝。1904年清政府颁布《奏定学堂章程》一系列学制系统文件，又称“癸卯学制”，是中国近代由中央政府颁行并首次得到施行的全国性法定学制，为近代化教育的开端。第二年初，光绪帝谕：“著即自丙午年（1906年）为始，所有乡会试一律停止，各省岁科考试亦即停止。”宣告了自隋代起实行的科举考试制度的终结。

[3]入泮食饩：泮，音pàn。周代诸侯的学校前有半圆形的池，名泮水，学校即称泮宫。后世沿用其形制。清明时，州县考试新进生员须入学宫拜谒孔子，因称入学为入泮或游泮。饩:音Xì。赠送人的粮食或物资，亦即供给的薪资。明清时，生员考试优等者，由官府提供学习费用。《聊斋志异·饿鬼》：“录之得优等，食饩焉。”

[4]红羊浩劫：红羊劫指国难。古人认为农历丙午、丁未是国家发生灾祸的年份，而丙、丁均属五行中的火，颜色为赤，未属

羊，古称。唐代诗人殷尧藩《李节度平虏》诗:“太平从此销兵军，记取红羊换劫年。”

［5］绳绳：众多的样子。《诗经·周南·螽斯》:“螽斯羽，薨薨兮，宜尔子孙绳绳兮。”

［6］孤介自矢：孤介，耿直方正，不随流俗。自矢，即自誓，立志不移。

孝义表

孝　子	诗礼家孝子共计四人 吏椽〔掾〕家孝子共计四人 平民家孝子共计七人
孝　妇	诗礼家孝妇共计四人 平民家孝妇共计五人
节　义	诗礼家节义共计七人 武绅家节义共计三人
德　义	诗礼家德义共计七人 绅商家德义共计十四人

孝为百行之原〔源〕，义亦五〔百〕行之重。孝义也者，吾人一身之本也。盖人无父母，无以为生；人无纲常，无以为立。是故圣人设教，孝备专经；君子所由，义为正路。惟孝与义，风化攸关。仪型具在，宜其表而

出之，备为模范矣。

孝 子

陈焕声　清乾隆间西宁府学廪生，父死，年仅四龄。家徒壁立，其母哀戚无状。焕声侍侧，即能婉容奉慰，以致欢心。旋因刈蔬得金，藉资食养。及长负粮，中途逢盗，盗竟不犯，盖亦天之所以处至人也。乾隆二十五年，旌建“子孝坊”，附立祠宇于毛家寨。

梅生香　邑贡生，清授奉直大夫。德性孝友，品学端方。善事其母，备竭旨甘，继以色笑。道光十年正月二十二日病将绝时，嘱其妻鲁氏曰：“汝当善奉吾母，毋以我故，致母心忧，予心安矣。”语毕而逝。是时，其母年近七旬。邑侯张淳于夙闻其孝，人所难及，爰题孝子轴匾以彰至德。及今芳踪所在，士民仰之，敬爱犹未已也。

董占甲　府学附生。性温和，事父至孝，温凊定省，不惮烦劳。奉继母尤能得其欢心，呼唤立应，终无少间。治家勤俭，唯好花木，当时呼为“花友”。

赵发新　字美春，多洛〔隆〕堡人。世以耕读为业。素性聪慧，嗜读河洛、吕律、性理诸书，不喜佛老。事母敬谨，母殁治丧营墓，举皆尽礼。清同治癸亥，地遭回乱，全家五十余口，遣去地〔他〕方避难，自据其庄。及事急，整理衣冠，焚香告祖毕，遂刎而卒。其子振铎，遵守父训，不坠家风。一门数十丁口，四世同堂，七世同居，课读课耕，井然秩序。其孙敦善，弱冠入庠，迄成俊士，可谓燕翼贻谋，克昌厥后矣。

王建基　字德臣，充县兵科书吏。系节妇王张氏之子。幼年丧父，母患颠狂，疾发不时，动怒辄打。建基长跪领受，母怒即解。朝夕侍奉，如对神明；孺慕之心，终身如一。且其为人行谊，矜孤恤寡，仗义疏财，出于素性，洵一乡之仪型也。

陈殿邦　字佐臣，县城人。原以军功入充椽〔掾〕吏。天性笃厚，亲亲长长，孝友无间。惟幼时学而无成，自以为恨，因好读书，及至晚年，淹通经史，寿至六旬而终。

侯庭槐　清道光间人。为人忠厚，善书，充县兵科书吏。事母至孝，母没〔殁〕，守墓三年，一无懈色。县主张淳于书“孝思不匮”四字以旌其门，年五十而终。

贺存禄　巴〔邑〕中土民也。为人端正，自幼好读书，精于楷法，书“百行孝为先”悬之座右。事其父母，定省温清，有古人风。常率妻子，晨夕问安，随身罗拜，十数年中一无差间。父母所欲，刻即赶奉，以从其愿。而银钱所入，皆以存之父母，己不自主，一切动止，禀命而行。孝行其至矣哉！

权永丰　父早丧，事母尽孝。母思外出，背负而行。

乡里中人稍有不顺于亲者，辄以大义责之，同时无不敬服。清咸丰十一年，县令书予“孝道可风”四字，儒学朱书予“为仁务本”四字，互悬其门焉。

张连生　农民也，过继于叔。年十三，其婶母看待不善，使之百里外小贸，往返徒步。乡邻见之，皆不忍，连生毫无难色。后叔得病，侍奉汤药，朝夕三年，衣不解带。及叔病终，婶亦继病，竟致二便不能自主。连生侍侧，倍切殷勤，一切污秽，亲手湔泼，并不令人见之。母临终谓人言之曰：“吾尝见人之有子矣，何以亲生者皆不及吾子之甚也？”清光绪二十七年，乡邻闻之于上，学宪夏旌以“至孝可风”匾额。

张发禄　旧庄堡人。自幼家贫，克全孝行。年十八，开地得金，家道始兴，事亲益笃。其母抱病年余，呻吟床褥，晨夜侍奉不离。调治汤药以及造膳奉羹，皆亲自检点，毫不假人。所生三子九孙，入庠者二。清同治十年回乱，新旧庄堡汉民千余户无不遭劫，惟发禄全家人众一无所损，盖亦至孝之验也。

汪有铭　古娄堡马厂庄人。自幼天性笃厚。事其亲母及其后母，无不曲体其心。先是家道贫薄，壮年渐次发达。清同治初，回乱大作。创办乡兵，经众举充团总。难民蚁附，分食给养，相历十年之久，无稍缺乏。讵于十一年九月三十日，因运粮济众，被贼截抢，奋身以护，致遭惨杀，时年三十有四。团中男妇老幼，无不哀恸澈〔彻〕骨。

张启荣　多隆堡麻家庄人。事母至孝，年十七，遭回乱至急，荣负其母史氏出逃。被贼枪中其腹，肠出尺余，犹复冒锋突围。行十余里，藏母于山树中，身仆而卒。

王俊福　向化族尔麻庄人。父亡，其母周氏三十四岁守节，俊福时方四岁。比及成人，菽水成欢，孝心恳挚。云〔行〕为动作，皆为母命是从。周氏享寿九十有二，逝世之年，俊福亦已六十六矣。素阐尽礼，号泣之声不堪入耳。守墓终丧，凡与人接，如痴如梦。迄今服阕，日惟闭户诵经，不闻他事。且于母所喜之物，辄不忍见，偶一触之，便觉泪如泉涌。呜呼！孝子之情可谓至矣。

张国经　为人忠厚，充县兵科书吏，系节妇张徐氏之次子。其父殂世，年方六岁，赖母抚养成人。事母至孝，晨昏定省，毋稍有间。城乡老幼无不钦其孝行，可为地方之矜式焉[1]。

孝　妇

宋刘氏　生员宋怀玺之妻，拔贡生砚之母。夫亡，二子皆幼，氏以针黹[2]易食，抚子成人。嘉庆二十一年旌。

宋贺氏　拔贡生宋砚妻。夫亡无子，家贫守节，奉养孀姑，兼抚幼叔，勤女工以给衣食。嘉庆二十一年旌。

梅鲁氏　清封宜人[3]，邑贡生梅生香妻。氏赋性温恭，年十七归梅，事姑如母，敬夫如宾，妇道克尽。清道光十年正月二十五日夫故，时至二十八岁。老姑在堂，年逾七旬，耄而多疾，氏奉侍汤药，孝养不衰。次年姑殁，家甚寒，茅屋数间，质以为殓，衣衾棺椁，举皆尽礼。夫遗三孤：长子魁，方七岁；次子玉，方四岁；三子毅，方一岁。里人计其贫，劝以改适。氏厉声曰："吾所以未从夫于地下者，正以姑老子幼耳，不然岂惜死哉！今姑既殁，孤子俱存，虽至饿死，志不可移！"遂乃剪发自誓，里人因之益加敬服。及抚三子，渐长，择师授课，督责极严。故魁得入泮而出贡；玉因家贫，改儒业商；毅亦入庠加增。玉树三株，森然鼎立，盖母教之有方也。咸丰六年三月初七日氏故，享年五十有四，坚守苦节二十七载。官府闻于上，加旌表焉。

侯张氏　县学附生侯朝桂之妻，系元墩堡人。夫亡，氏年二十三岁。上事姑嫜，下抚雏稚，孝慈无间。享年八十有一而卒。

陈黄氏　陈守中妻。夫故，子三、侄二，均幼，家计亦贫。堂上有姑，年过八十，氏生养死葬，百计营谋，竭尽心力。清同治回乱，子侄死难者四人。氏痛泣之余，谓其妯曰："方今大难流行，不知所止，惟我两人，身系匪轻。总以保全陈氏一脉，无失妇道而已。”比及乱平，田舍无多，已为他人占领。氏鸣官争复，刷〔煞〕费苦心。由是教子读书，以至婚配，妇道母道，全始全终。一乡之中，洵为矜式。光绪二十七年学使吴奖给“节孝芳徽”匾额，三十二年旌。

李朱氏　李邦仪妻。十七岁归李，越七年而夫故。氏守节四十七年，温恭淑慎，孝事翁姑。学宪秦旌以“节孝流芳”四字，彰其懿德。寿七十一卒。

胡孙氏　夫故，上有孀姑，下有稚子，氏仰事俯蓄，孝慈兼尽。乾隆二十八年旌。

李鲁氏　李统绪妻。氏年二十岁，夫故，无子。清同治之乱，氏负姑逃难，乞食、佣工，以尽孝养。姑死，矢志靡他，守节四十三年而终。

贺顾氏　贺生义之妻也。年三十二，义故，家贫，上有翁姑。氏生父顾某劝其改嫁，曰:“女子以夫，子为从者也。今汝夫死，又复无子，身更何依?”氏泣曰:“夫死改适，亦人之常。但高年在堂，舍此一身，生无以为养，死无以为葬。闻之孝义为人立身之本，为女不孝，在家何以对父母，为妇不孝，九泉何以见夫君?儿志定矣!他事皆当听命，此则不能。”由是，奉事翁姑，养生送死，媳也，而子道尽之。及今五十有九矣。

节　义

文学教　辛酉科拔贡，品学兼优，主讲崇山书院。同治十一年十月，回首马福寿兵败小峡口，窜入县城，屠戮生灵，故死于难。

赵之洁　府学增生。年七十五岁，生子六：长延庆，次遐庆，俱入贡。孙十六，元孙九。清同治六年，贼陷新城。之洁夫妇率延庆等五子暨全家三十六口登楼列序而坐，举火燃之。时遐庆巡城遇贼赶杀，坠城逃命。乱平，隐居东山。有诗见《艺文》。

蒋如桐　元墩堡蒋家庄人，县学廪生。同治十一年七月十九日，奉县主敬承纶命，同把总刘兆邻赴大业坝围救援，俱死于难。

刘梦尧　邑庠生。同治二年，贼攻其庄，梦尧顶帽蓝衫，上房骂贼，宁死不降。遂自举火焚其庄而殉之。

袁宜泰　入县庠，谨言慎行，孝事双亲。新城之陷，竟以难卒。

党永吉　字谦六。青年入县庠，新城之难，以身殉之。

胡善述　邑庠生，居县城教学。清同治十二年，贼陷城入，善述执笔投其贼而骂之。贼以刀刺其腹，至死犹不绝口。

姜永封　字侯廷。入武庠，性情忠直。幼习经史，兼工楷书。同治六年，逆回陷城，永封身著衣冠，祭祖毕，赴水而死。全家十五口皆殉难焉。

张怀清　故经制武庠生封侯之父。清同治二年二月初九日，回乱急，怀清集薪于屋，率其妻卢氏暨子三、媳一刘氏、孙二，均没于火。邑人悯之，闻于上，经学宪夏奖给“合室忠贞”匾额，以彰节义而励风俗。

张积仓　多隆堡麻家庄人。清同治九年正月十七日，运送铅药赴县城救援，为贼所困。身中数枪，然犹相率数骑冲突重围，保护弹药而出，奈以援接未至，被困数日，进退无由，竟至饿死。

德　义

袁　勉　字懋卿，优贡生。品行端方，学识宏远。一生谦恭励己，忠厚待人。倡义学以育英材，置公田以赡穷乏。精通文艺，尤工楷书。洵为一乡之人望。

伊辅邦　字弼臣。温厚谦恭。平生遵守父命，教之耕即耕，教之读即读。年至四十，入庠。其父号广谱，浑厚质朴，真耆老也。乐善好施，赈济贫困，升斗高出而低入，乡人德之。传家一“勤”字，治家一“和”字，自奉泊如也。五世一堂，年至八旬有八，无病而终。时辅邦年亦七十，居丧尽礼，庐墓三年，孝亦致矣。常年馆设本庄，教育子弟，谆谆恳切，不营外务。年寿亦逾八旬，身其康强，子孙逢吉，亦庆五世同堂。尝自书

“难得糊涂”。晚年倡捐学款，劝乡人解囊相助，共襄义举，创立小学于禅林之左，以挹山水之灵秀焉[4]。

李凌云　字庆亭，府学廪生。性刚而直，澹泊自甘。生好读书，淹贯经史，髦而不倦，文战辄列前茅[5]。陆宗师称之曰：“制艺老手，如兹宁静，终致远大也。”乃七入围而三荐不第，以恩贡终。是殆文之兀运与？

苏生英　字育堂，府学增生。自幼读书，以承父志。居身以勤俭自励。事母及处兄弟，一乡称其孝友。敬二嫂终无惰容。教诸子以耕读为本。一生道义相持，尝竞竞若有所坠也。

黄明琇　字子莹。青年入郡庠，老成练达。同治之乱，镇静从容。家给有余，时行方便，故祸害皆不及彼。终以读书教子。其嗣如钰，亦入郡庠。

袁生瑞　袁生英　兄弟同庠。生瑞勤敏，生英颖慧。花萼一楼，友爱之情，老而弥笃。

桓呈祥　廉静寡言。幼读书兼理家政，严正有序。兄弟无戏言，嫂叔不亲授。三十丧妻，即不复娶。同治十一年，陕回掠庄，杀其三子，脑浆并裂，又掳一孙而去。时呈祥年过六十矣。乡人劝以禋祀为重，乃娶半老妇，次年即生一子。至七十九终，子亦成立。

哈俊英　逊让堡耆老。邑中殷实户也。清同治回变，本堡人民聚团防御，城乡老弱来投该团，相率避难，不下数百。俊英按口授食，日给无间；且他堡中投彼求粮，靡不设法周济。颂声流播，至今不休。其子连举，原入武庠。连举卒，其妻中年孀居。光绪二十一年回乱复作，该妇博施溥济，绍乃翁风。而乡人附之，德威两代，益觉有加无已矣。

刘　祥　邑中富户也。平生（乐）善好施，举如乡邻急难及一切修桥补路之事，莫不慷慨行之，当时呼为“刘善人”。清道光间，南川闇门坡路夏雨泥泞，冬雪冰坎，行人苦之。祥捐资凿石，葺而镶之，易难险为康庄，至今尚称巩固。其子义善，排难解纷，轻财重义，不改父风。父子皆享大年，各逾古稀而终。

李和裕　清道光中人。居北大通城，以典当为业，兼务农畜牧，家称丰厚。时永安营运饷，于路失去银二十余两。和裕拾之郊外，当时亦不知为何人所遗。因出告白，招至永安营主收回该饷。感其高谊，重礼相酬，分毫无所受，遂特赠以“拾金不昧”匾额表而扬之。

钱俊选　字秀峰。持己刚直，治家严肃。尝立义学，置义田，惟家资不赡。一生好善，力不从心。尝语人曰：“力田之身，岁获无几。然但能勤操苦作，自给自足，分以给人，自我取之，自我与之，亦复何损。”故年至七十，犹复躬亲稼穑，终以为乐。其子国宝、国祥，孝顺承欢，能以色养，是亦天之所以报善人也。

祁德恭　生性直刚，处事简便，乡里有讼者，特喻以理之曲直，事之利害，必止而后已。清雍正间，罗卜藏丹津叛国，大将军年羹尧击破之。先是，元朔山寺僧与匪勾结，至是官兵举火以烧其寺，乡人呼之“火烧台”，是为国家禁地。光绪十四年，广惠寺僧又来占据，德恭集会诸绅，禀呈西宁各大宪[6]，严禁修寺。经赐进士出身、户部主事来维礼撰文[7]，西宁县贡生孙士彦书丹勒石，以昭炯戒，碑碣现存。

赵文德　字孔昭。自幼从军，征克江南，以功授北川营经制。为人心性豁达，人情物理，一丝不遗，尤好周行方便，盖武人而有文德者也。

毛生兰　字香山。忠厚诚实，致孝于亲。身遭乱，读书课徒，不易其守，亦一乡善士也。

任洪范　性温和，乐施舍。治家勤俭，处事公平。乡人效之，时见亲睦。

任士斌　性刚直，不畏强御，不侮鳏寡，排难解纷，乡曲之公正人也，邻里因之无讼。

伊广远　刚直成性，友于兄弟，敦睦乡里，平息争竞，时有健讼者皆望去之，盖耿介之可风也。

柴文良　精明强干，办事有方。光绪世乱，独能随机应变。设险以卫，贼不能犯，保全身家，兼顾邻里，亦当时之才智人也。

文发科　温柔宽让，和睦乡党。专务农政，劝人服田力穑。乡人敬之，呈之于官，获膺“田畯”之职[8]。

苏天耀　性忠厚。生九子，皆业农。迄今经历七世，瓜衍椒繁，而子孙代守箕裘[9]。服田力穑，不知他务，然间亦有读书入庠者。

注释：

[1]矜式：矜，音jīn。尊敬，尊重和效法。

[2]针黹：黹，音zhǐ，缝纫、刺绣。后称女工为针黹。

[3]宜人：中国古代妇人因丈夫或子孙而得的一种封号。始于宋徽宗政和年间(1111—1117年)，有国夫人、郡夫人、淑人、硕人、令人、恭人、宜人、安人、孺人等名目，随其夫或子孙的官品而别。明清时以五品官妻、母封宜人。

[4]挹：挹，音yì。牵引、引领。晋代郭璞《游仙诗》：“左挹浮丘袖，右拍洪崖肩。”

[5]文战：指科举考试，犹如武士应战，故称文战。唐代诗人吴商浩《宿山驿》诗：“文战何堪功未图，又驱羸马指天衢。”

[6]大宪：中国古代官府中属吏称上司为宪。宪为朝廷委驻各行省的高级官员。在清代称抚（巡抚）、藩（布政司使）、臬（按察司使）为三大宪。

[7]来维礼（1849—1904年）：字敬舆，一字心耕，号辰生，又号椒园，西宁人。光绪五年（1879年）中举人，四年后中进士，授官户部主事。不久请假回家赡养老母，主讲于西宁最高学府五峰书院，还担任

五峰书院山长，从事文化教育事业，著有《双鱼草堂诗集》《治家琐言》等，参与修撰《西宁府续志》工作。

[8]田畯：畯，音jùn。古代的田官。田畯一职在周代主要掌管田土和生产。《诗经·豳风·七月》："馌彼南亩，田畯至喜。"毛传："田畯，田大夫也。"

[9]箕裘：音jīqiú。《礼记·学记》："良冶之子，必学为裘；良弓之子，必学为箕。"良冶、良弓指冶金、造弓能手，其子弟习见多闻，故能善继世业，意即儿子往往继承父业。后以"箕裘"比喻祖先的事业。

（群材表）

吏选材	杂职共计九人
将略材	名将共计四人 员弁共计三人
曹掾材	吏掾共计三人
伎艺材	各伎共计十八人

合众之谓群，备用之谓材。盖天之生材无不可用，然亦视所用者各适其宜而已。夫目为群材，异乎全材而言之也。群材之谓，譬之取木构室，直者为梁为柱，曲者为转为轴；大者为板为片，小者为椽为拱。并蓄兼收，合其群而采之，因其材而用之，莫不纷然奏效。虽然，衡材如是，论材亦如是。故夫一善堪师，一行可录；备之者自一

格，取之者各视其长，不言其全而称其群焉可耳。

吏选材

王复元　由房书叙选浙江昌化县典史

李生春　叙选广东三水县典史

李滋荫　叙选直隶东光县典史

王　盛　叙选典史

孙士杰　叙选福建顺昌县典史

郭志贵　议叙典史

汪育麟　叙选巡检

宋兆祥　叙选巡检

徐　绾　叙授额外员外郎

以上九人系清同、光中人。

将略材

柴国柱　字擎霄。原籍山东，徙居大通。明万历中，世荫历任西宁中军守备。壮勇多智，善骑射。后随兵备道刘敏宽、参将达云[1]击寇两川，勇冠全军，录功，进都指挥佥事。继捷江泉口，晋迁游击。其最著者，石灰关之役。国柱以孤军一旅，挫强寇之猖獗，追击出塞，贼势既众，而官兵甫半至。国柱奋勇当先，胫中流矢，带镞力战，斩枭贼首二十余级。寇不能支，乃大败。由是名震京师，擢凉州副总兵。松山既复，方建堡置堠，寇复来扰，频击却之。时银定、歹城连兵寇镇番，国柱驰救，斩首二百有奇，复马、驼、甲杖无算。未几，青海寇大掠镇羌、古黑城[2]诸堡，守备杨国桢不能御。国柱急率所部王允中等击走之。银定、歹城复反河西，国柱邀击之，俘虏百二十，擢署都督佥事、陕西总兵官。三十六年春，改镇肃州。银定、歹城钞寇永昌，国柱往击，复大败之，进至麻山湖，斩首百六十级。乃诸部落聚众复入，守备郑崇雅等战殁于阵，国柱坐夺俸一年。而河套、松山诸部长，又合有众，入寇无时；国柱亦时檄诸将分道堵截，寻斩寇众百六十余人。屡加右都督，世荫指挥佥事。时以驰驱王事，心力交瘁，三疏乞身，许之。四十六年，复召佥署都督府事。无何，值代杜松镇山海关，败则殁，虎墩儿乘机犯边，檄国柱往遏之，因是移镇沈阳。寻以年老病作，谢归焉。至其生平，居家孝友，处邻仁厚，尤为一乡所敬爱。天启初，追录边功，加左都督。卒，赐恤如制。长子时秀，次子时华。时秀历宦辽东副总兵，捐躯疆场。时华历宦肃州总兵。伯仲骁勇，俱有父风，均载在《明史》。惟崇祯十二年，张献忠反城穀，征时华不应，时论多短之。

柴时华　明时人，字维寰。居南川柴家堡。柴国柱之子。初任蔡旗堡守备，军政整肃，能与士卒同甘苦。并慷慨捐金修葺城垣，购买战马，防备綦严，而虏寇不敢犯。尝于一岁之间三援镇番，举皆报捷。嗣因海酋蠢动，率兵应援，敌闻先窜。崇祯时，当时以时华才堪御侮，调甘肃镇标都游，去任之日，老幼皆遮道挽留。后官至总兵。

赵玉检　叙授西宁营千总

李芳叙　叙授大通营外委

沈　祥　叙补把总

韩廷琏　以荫生起籍，任北川营都司。有胆略，善骑射。同治三年，湟郡大乱，贼回抢掠关厢，屠截〔戮〕生灵，营城四面受敌，内无储粮，外无援救，廷琏率制兵合团勇二百余名驻守孤城。贼于东、西、南三面筑墩楼，枪炮环攻。廷琏昼则操练，夜则严防；偶伺其隙，伏兵败之。令兵勇执枪矛，自带弓箭射贼，四面贼不敢近。夺获云梯三十余架。及贼扬兵西山，廷琏又令妇女杂于兵勇中，绕城出入竞队以吓之。贼挖地道，使瞽者伏听，截其所入。五年六月，贼攻城急，兵民大惧。廷琏令敌楼兵勇相聚弦歌。尝（自）壮曰：“吾守此城，虽贼千万，不足惧也。然吾在则城在，吾亡则城亡。惟矢此身，上报皇恩，下全民命而已。”如此者二年有余。西宁钦、镇[3]见城危民困，谕回讲和，调廷琏前赴威远营[4]，令褚义代之。惜哉！同治六年四月十八日夜，贼冒雨袭城，殉难二千余人。

陈海宇　字福如。有勇略，能识兵机。自幼在煤山采矿，以供一郡薪火。旋举千夫长兼授金厂课金委员。同治三年，全湟匪乱。邑中之民，多集广惠寺，聚团防堵。贼回先攻之，一鼓而开，毁寺半壁，焚毁经堂。众惧之，知团兵之治非陈海宇不可，公举为十三团总长，呈请西宁钦差大臣玉通[5]特授广惠寺千户印，以一事权。海宇先令筑围墙，修炮台，备立营垒；次选马勇二旗，步勇二营，炮手六十名，教以阵法，朝夕操练；并汛〔设〕汛卡分遣侦探，人民赖以防卫。四年春，督率团勇、番民攻贼回之治〔冶〕家庄，破之。军威大振。惟广惠寺据东峡六堡之上游，为宁邑、沙唐〔塘〕川之咽喉，梳〔扼〕柏木峡番族之门户，用兵要隘，贼之所必争。此地不守，则东川一带蹂躏无遗矣。而回首江湖三、马福寿、三九儿勾通陕逆白彦虎、李大帅，每年来攻必至数次。海宇每令马队先战，步队继之，炮队排后，此以逸待劳之计也。相持数年，必不能犯。其间，又以贼围威远、碾伯、平番各处正急，海宇随黄镇台出兵赴援，或冲锋，或击尾，或伏截，未尝败北。又，凉州百姓被回掳掠，海宇伏大寒山麓，截杀救之，给口食，护送还乡者，不下千余人。十一年，湘军西征。初至小峡，海宇即输送粮草、牛、酒以稿〔犒〕之。及进攻向阳堡，海宇为之乡导，截杀贼众七八百名，直至河凉庄。刘毅帅称其能，曰:“甘军[6]干员也。”保奏花翎游击衔，借补乐都营都司，后以年老致仕。子汝杰，五品军功；汝魁、汝达、汝连，孙鼎元，皆入武庠。

注释：

[1]达云：凉州人，明万历时，曾任西宁参将。《明史》有传。

[2]古黑城:《明史》作黑古城。

[3]钦、镇：西宁设钦差大臣和镇守司使，为高级文、武官。

[4]威远营：今互助土族自治县治威远镇。

[5]西宁钦差大臣玉通：清制，西宁驻有钦差大臣，为甘肃省分管青海的最高行政长官。当时的钦差大臣是满族人玉通。

[6]甘军：甘肃省（当时青海属甘肃省）地方军队称作“甘军”。

曹椽〔掾〕材

梅　寿　县城人。原充户科书吏。赋性刚直，为人醇谨。清同治之乱，县城失陷，各房案牍焚毁一空。先是，寿携眷避难，出居威远城。至十二年癸酉乱平，邑侯黄仁治莅任斯土，地方成案，既无查考，一切举办，头绪难寻，非得其人，莫由治理。几经探访，惟寿能胜其任。因即札调入署，属以六科总理，随事咨询，深资赞助，循卓大著。而寿则因劳成疾，至光绪五年，卧病不起焉。

张应文　县城人。原充县兵科书吏。为人梗直，孝行可风。清同治之乱，县城失陷。先是应文携眷逃难，出居古娄堡属马场庄。至癸酉乱平旋里，经邑侯黄仁治查访，随梅寿先后札调入署，仍旧办事，至光绪十八年正月，因疾而终。

姚　春　县城人。原充礼科书吏。为人豁达，办事老练。清同治之初。地遭回乱，各自逃命。旋逮癸酉，邑侯黄仁治规复旧制，春及梅寿先后入署办事。于时一案无存，百端待理，邑贡春往返西宁，调抄各卷，亦以心力交瘁，致成劳疾。及光绪二十一年，回乱复作，一时惊忧，心神溃散，血涌而终。

伎艺材

诗律

张海鲤　邑贡生，铨县丞。清同、光人。诗稿见《陇右校士录》。

梅汝调　邑增生。清同、光人。诗稿见《陇右校士录》。

书法

梅济川

丹青

文定祥

医方

黄聚五

风水

杨锦春

算术

王德臣

符咒

段有珪

弹射

祁文库

拳棒

周生文

经商

张凤栖

药料

尚嘉彦　王文秀

匠斫

赵　忠　崔兴诗

烧锅

全美合　永美亨

烹调

余泰兴

节烈表

守　节	各守节妇共计四十三人
殉　节	各死节已旌妇共计五人 各死节未旌妇共计三人
烈　士	各授职阵亡烈士共计一十三人 各兵目阵亡烈士共计三十八人 各民人殉难有名者共计三百零六人 各民人殉难无名者共计四千七百余人
烈　女	各节妇殉难有名者共计六人 各妇女殉难有名者共计五千二百余人

竹有节而常劲，松有节而弥贞；火以烈而自炎，风以烈而自疾。天地之物，无不可动，惟节与烈独能动物，而不为物所扰，此文天祥秉两间之正气，百折而不回；方孝孺以十族为可诛，而一诚不改；孙夫人之不忘蜀主，王昭君之不出汉关。瞬息之间，传之千古，类若此矣。地有绝谊，人其昧欤？

守　节

李窦氏　李又先之母。又先父死，及其弟琮皆年幼，其母抚孤守节。至又先兄弟成立，请建坊，清道光六年旌。

任王氏　其夫死，遗孤殿元，氏抚养成人，入县庠。道光八年旌。

马朵氏　夫死守节，抚孤及其孙廷魁入县庠。道光八年旌。

李张氏　商民李昌荣妻。夫故，氏年二十五岁，遗孤一男一女。家贫极，人劝之嫁。答曰："男重纲常，女重名节，舍此何以为人？"遂乃操作，辛勤抚养儿女，及至成立，以婚以嫁，母道无遗。卒于清光绪七年十二月二十八日，享年六十有二焉。

侯李氏　商民侯镇远之妻，李昌荣之女也。镇远故，氏年二十九，遗孤二，均小。氏效其母张氏之志，持家勤苦，教子女以义方。时人称之曰："凤巢之卵所生亦凤。"信不谬也。

陶胡氏　商民陶良俊妻。清嘉庆九年夫故，氏年二十九岁。抚孤秉彝，方及成人，不幸病没〔殁〕。孙生芝，时甫三龄，氏复抚之。一祖一孙，相依为命，咸丰七年，氏卒，享寿八十有三。

李白氏　县城节妇。清同治元年，寿终。

张陈氏　县城人，原居石山堡，年七十二岁。系张得全妻，清从九应文之母也。得全没于同治二年。回变时，应文正在孩提，氏抚之，日则纺绩，夜则课读，费尽苦心。守节五十余载，荐至子孙满堂。光绪十八年十月寿终。

张徐氏　兵科书吏张应文妻。应文为人，孝行可风，而掾吏中亦觉负有才望。及物故，遗孤子女各三。徐氏苦守节操四十余年，儿女抚成，子平愿了。长子国纬，次子国经，仍充科书；三子国纪，克治家业。而氏现值年逾古稀，犹称康健，盖亦邑中之人瑞也。

蒋汪氏　蒋怀训之妻，系元墩堡尔麻庄人。怀训亡，氏年二十六岁。遗孤四：长如蓁，次如蓉，三如庄，四如莘，俱幼，抚以慈惠，教之义方。及至成立，皆以诗书为业。氏享年八十有六而殁。

周郭氏　清道光间衙门庄民人周有智妻也。有智亡，家贫甚。遗一子，名应元。氏抚之，含辛茹苦，志矢柏舟。乃应元方及成人，亦以病故。氏复抚孙中魁，藉收晚盖，诚苦节也。

蒋焦氏　蒋如芸妻，系元墩堡他傻庄人。夫少亡，氏年二十一岁。家计寒微，苦励冰霜，抚孤三世，至曾孙渐及丰裕。氏一生勤俭，晚益康强，享年七十有六而终。

蔡张氏　系元墩堡老鸦庄人蔡适春之妻。年二十九，夫亡。孝奉姑嫜，慈抚继嗣，含辛茹苦，勤俭可风。至今七十有六，身体康健。

王李氏　系阿家堡大通庄人王廷杰之妻。年二十五而夫亡，立志守节。翁怜其年轻，劝之再醮。氏焚香祝夫，咬指自誓，由是杜门不出。事翁至孝，抚孤以慈。其子成福及七十一，俱成强壮。今年六十有六矣。

麻马氏　麻玉堂妻，居阿家堡马厂〔场〕庄。氏年十八，其夫故，遗孤一，名当勒。氏守节抚儿，至于成立。享年七十三而卒。

张史氏　多隆堡麻家庄张玉仓之妻。玉仓卒，氏年二十九岁，遗五子：起荣、起华、起富、起贵、起秀，俱幼。遭清同治之乱，率诸孤逃难于外，日采野菜，夜勤针黹，以衣以食，备历艰苦。乱平还里，课子耕耘，竟得昌炽。享年七十有三，无病而卒。

赵桓氏　多隆堡麻家庄赵九经妻。清同治间，夫以难卒，遗子三：兴福、兴禄、兴寿。氏年二十九岁，守节保孤，至于成人。享年六十有八而卒。

张章氏　张财源妻。夫故，遗子一，名延龄。母子孤苦，茕茕孑立，历尽艰辛，育成其子。学宪吴嘉其节，褒以"茹苦完贞"匾额，以旌其门。

刘申氏　年二十七，夫死守节，抚子世发成立。光绪十八年请旌，甘肃学政蔡额赐"庞贞乐义"四字，前任四川永宁县知县张思宪[1]亦书"荻画松筠"四字，挂之古城。

张张氏　张得玉妻。氏年二十九，守节。二子，长九岁，次六岁。同治之乱，避难东川，艰辛备尝，抚孤成立。享年八十有五而终。

钱徐氏　钱国宝妻。年二十九，夫故，遗孤五。同治六年，新城失陷。贼夺其孤维伦，氏抱不与。贼以刀刺之，身受数伤，几死。因出藏金以换之。及贼退，氏携维伦等乞食佣工，抚之成立，维伦读书入庠。

陈唐氏　陈廷兰妻。夫亡，苦节守志，保抚遗孤。长子殿邦，次子殿忠，以养以教，和丸画荻，母道堪钦；抱玉怀冰，阃仪可法。以故，贤声播于乡里，懿范闻于有司。清光绪三十年十一月，学宪叶褒以“安世彤炜”四字匾额，奏请旌奖焉。

王张氏　王重义妻。夫故，氏年三十二岁，遗孤一男一女，男即建基，女年及笄而殁。建基零丁孤苦，全赖其母以养以教，至于成人。母年六十以终。邑中人联名禀请，学宪叶准其代奏旌奖，并先给以“避地完贞”四字，额于其门焉。

侯李氏　居县城内。夫故，氏年二十七岁，立志守节，抚成二子，创立门户。现氏七十有一岁矣。

童程氏　住县城西关。夫死，誓志守节，抚孤以终其志。

陈武氏　住县城内。即陈廷芝之妻。夫故，苦志守节，教养其子殿陛，至孝且敬，氏以寿终。

安陈氏　住县城西关。青年守节。其子维岳，赖母抚养以成，克尽孝敬。

任毛氏　住县城内。即任国基母，青年守节，抚子成人，得以寿终。

毛毛氏　住县城内。夫故，氏年三十二岁，守节，以寿终。

戴毛氏　住县城内。夫故，守节三十七而终。

李王氏　住县城内。青年守节，抚成三子：长荣，次锦，三灿。氏以寿终。

白刘氏　住县城内。夫亡，守节。清同治八年寿终。

朱贺氏　住县城内。夫亡，守节。清咸丰十一年寿终。

姜汪氏　姜顺昌妻。清同治六年，新城失陷，夫被杀守节。一子一侄，逃难四方。子夭亡，抚侄成立。守节至二十七年终。

高伊氏　高悠厚妻。新城失陷，夫被贼杀，全家殉难，氏因泣致瞽而逃难。守节至二十八年，依侄而终。

伊戴氏　伊得礼妻。夫故，守节三十五年，备尝艰辛，抚子广杰成立而终。

姚侯氏　姚生玉妻。氏生清道光二十一年辛丑。至同治十一年，生玉殉难，氏年三十二岁。家贫，励志抚养其子学义成立门户。氏终于光绪三十年甲辰，享寿得六十四矣。

侯苏氏　侯朝珍妻。清同治十一年，朝珍以难死，氏年三十一岁。守节二十八年，至光绪二十五年以寿终。

侯车氏　侯朝玉妻。清同治十一年，朝玉以难殉，氏年二十八岁。家贫苦守，抚其子理邦，生孙四人。至今七十有五，犹称矍铄。

杭侯氏　杭玉书妻。玉书亡于清同治六年，氏年三十岁。家贫无所有，遗孤长福，呱呱在侧。苦守三十一年，至光绪二十三年，寿六十而终。

晁杜氏　晁进修妻。进修性义勇，清同治七年充乡团兵，追贼被杀。遗孤文秀，甫七龄。氏抚子励节四十九年，寿七十六而终。

杜李氏　杜海莲妻，年三十，居孀，子发茂六岁。氏茹荼抚孤，至于成立。年至九十，孙世栋入太学，曾孙锦棠入县庠。

陈宋氏　陈三级妻。清同治三年回乱，贼入毛家寨杀男掠女。宋氏手执铁锄，击贼毙之。又一贼来，氏击倒之。因而逃难东川，佣工守节，以终其身。

曹刘氏　曹生芳妻。年三十守节，有子五人，抚之成立。享寿七十五岁而终。

李王氏　李旺凤妻。年三十，夫故，抚子文选方十岁，以养以教，至于成立。享年八十三而卒。

姜刘氏　姜玉成妻。年二十九，其夫死于回乱。矢志守节，抚成三子。八十一岁而终。

郑刘氏　郑忠孝妻。守节抚孤二十五年而卒。

张伊氏　张大范妻。夫溺水死，氏年二十三岁。守节抚子，耕田而食。年五十，疾劳而终。

注释：

[1]张思宪(1828—1906年):字慎斋,号友竹,西宁人。咸丰十一年(1861年)举拔贡殿试第一。曾主四川永宁县令,不久挂冠辞职,回家闲居。擅长书法,长于音律,尤工诗作。著有《鸿雪草堂诗集》四卷。

殉　节

张李氏　民人张四辈之妻。年十九岁，夫故，守节。家居北大通城。己〔乙〕未之变，身为乱回所劫，直渡大河，氏腾身一跃，扑水自尽。

韩冯氏　民人韩兴业之妻。时遭回乱，携子投水，自完贞节。

李陈氏　峡门堡农民李天车之妻。年甫十九，时遭回乱。贼攻其庄，氏藏夫于其柜，以身遮蔽。贼窥其容，势将逼之。氏骂曰:“能作无头鬼，不为丧心妻!”贼怒，杀之而去。其夫遂得脱。

张张氏　其夫张祥，因换防死。氏葬营毕，痛苦欲绝。而族有逼之嫁者，氏投井殉。众悯其志，申报于上，道光九年，旌立碑于县城之东关。

土民妇　居北大通城外一小庄内。道光六年冬，为贼所逼，投崖而死。可见人之节烈，原生于性，并无种族之不同。惜乎，姓氏不详，竟遭湮没。虽然，古今之如该妇者，亦不少也。噫！异矣。

张仲氏　张世良妻。年十七归世良。赋性淑慎，家居勤俭，事姑至谨。清光绪三年二月初三，世良病故，时氏年二十七。因无子，至满百日，投井而殉。里人闻于县主王翔，题“贞烈流芳”以美之。

烈　士

杨芝连　清雍正十二年把总，征罗卜藏丹津阵亡。元孙生春于嘉庆九年袭恩骑尉世职。

刘　威　清乾隆十五年把总，征巴里坤阵亡。曾孙兆祥承袭其职。

柏文景　清乾隆三十八年千总，征四川金川阵亡。子长青袭职。

马　顺　清乾隆三十八年把总，征金川阵（亡）。四十五年，其子金玉袭职。金玉征川、楚贼阵亡，其子得功于嘉庆十年，袭云骑尉世职。

邵殿元　清乾隆四十六（年）外委，剿回逆阵亡。子廷璋袭职。

陈伏得　清乾隆三十七年外委。剿回逆阵亡。子荣袭职。

杨国任　清乾隆三十八年把总。剿回逆阵亡。孙春从征，叙补守备。

王和林　清嘉庆三年外委。征川、陕贼立功。病故，子芝荫八品监生，并遇千总缺出，拣补。

王佐伏　清嘉庆三年把总。征川、陕教匪立功。病故，荫以八品监生，并候拣补千、把总缺。

郭希顺　清嘉庆五年千总。征邪匪立功。病故，子曰升，荫八品监生，以千总缺候拔补。

杨　春　清乾隆四十五年承祖职拔补把总。征西藏病故，弟成荫八品官。

洪　义　清乾隆十五年外委。征金川带伤，故曾孙兆吉请荫，未覆。

钱国玺　川营马兵。同治二年从镇标征南山撤回，战绩最多。六年城陷，自杀妻子，独身巷战，被贼枪杀之。

苏生贵　同治十一年，陕回掠庄，生贵率数十人拒战。众溃，生贵杀贼三人。众贼围之，以矛刺断其首。后人塑面首以葬之。

杜金廒　北川营步兵。从征江南发逆，奋勇敢战，赏军功。同治七年，防堵东川威远营阵亡。

鲁有与弟元　同充北川营目兵。同治二年，从征回逆，攻南山，授军功。六年，北川城陷，有谓元曰："吾宁死，誓不与贼共天。先人禋祀不可斩也，汝急逃去。"元执矛冲出东门，有举众殉难焉。

赵　寿　防守新城。清光绪二十一年八月初一日，兵出南关，与贼接仗，寿奋勇当敌，被贼枪杀之。

柴如棠　英勇善战，斩贼首级，经三次记功受赏。光绪二十一年九月十一日，援救古城，贼伏兵突出，刀枪并集，死之。

蒲生才　路守福　二人同守新城，追贼于上关石嘴地，俱中贼枪而死。

吕之明　为人性情刚直，嗜好诗书。每见古人忠义事迹，辄敬慕之。清同治四年正月间，逆回陷城，当即登屋骂贼，焚屋赴火而死。

县城清光绪二十一年阵亡武士

苏栖鹤　杨得才　张　贵　金万镒　贾士德

何中魁　柴荣福　阿　魁　张仲荣　许福元

赵　玉　贾士旺　寇张顺　杨兆瑞　史良彦

马有福　赵忠厚　吕统邦　史麟书　杨占林

张时安　吕育仁　孔学隆　王　德　赵秉义

陈殿陛　张海寿　廉智礼　王正才　祁得禄

以上三十名系马、步各兵队。

县城清光绪二十一年阵亡诸人

郭　谱　郭有守　史文华　邓福贵　季得福

严有才　张　升　权可桢　王起德　安万义

武中元　阿生海　刘木匠　文千章　周生库

宋成芳　田　成　蒲有忠　焦尔喜　任光玉

何英川　郭平成　周世德　王栋梁　王顺才

史达奎　王国正　李世荣　杨朝玺　李　中

崔木匠

以上三十一名系县署房班。

永安堡新城清同治、光绪年间殉难诸人

谈恭元　张起明　蔡洪居　刘　福　赵文辉

文永茂　孟九基　谈恭祥　常进孝　杜金秀

冯光杰　冯光心　杜金仓　杜有福　高明厚

郭索安　陈　义　蒋启有　辛龙章　赵雅柳

袁保泰　姜元昌　祝　善　桓增瑞　王海云

王　秀　李　虎　杜金业　王发贵　高有厚

郭拉毛　陈　元　鲁长兴　辛永泰　师　训

袁定泰　姜济昌　党永昌　桓增有　李国福

高仰厚　郭多旦　马斗贵　王永魁　高九厚

张大年　胡善德　钱国本　王　维　师　伦

庞　达　姜顺昌　李少武　赵　寿　孙存祥

陈永德　钱可选　常世忠　高　祥　张　杰

张大知　李儒魁　辛连章　路　嘉　苏文翠
姜洪昌　姜恒昌　王　珍　郭兴邦　郭万忠
兴　昌　姜时昌　桓增辉

百骨坟一处在新城外，总共男女大小（一）千六百余人。除以上详注外，其余失名。幸蒙刘毅帅平定全湟，委员拾骨卜葬之。

平路堡清同治、光绪间殉难诸人

李义枝　冯　保　赵发祥　樊胜兰　刘起贵
李青林　水尚嘉　刘应湖　水文信　胡生昶
李遐林　李辉林　张有禄　吴连宽　赵　柏
赵顺清　李长云　何统邦　吴重升　贺宗训
曹老八　李顺林　杨万连　刘起祥　李大林
邢必忠　樊生美　贺生元　吴兴春　任　桂
陈永仓　贺宗谟　孙生霞　刘生连　严　九
胡生贵　吴魁元　何扶邦　李扶花　胡善义
陈长福　高明昌　赵重义　刘存禄　刘发林
胡善成　杨四哇　陈山明　周古禄　吴兴连
吴道宽　刘起伟　吴兴宽　曹元勋　吴重伟
马吉祥　吴兴茂　刘存武　吴统宽　曹　洪
郑忠绵　孙吉先　严进秀　邢国珍

百骨坟在古城北，总共男女大小一千二百五十人。除以上详注外，其余失名。

杨家寨清同治、光绪间殉难诸人

马乾万　杨朝贵　刘士富　姜发荣　刘太平

李有海　崔兆良

总共一百三十八人。除以上详注外，其余失名。

黄家寨清同治、光绪间殉难诸人

文学教　贡生，在县城殉难。

朱有福　文发统　王元时　文会志　陈来时　梁大忠

百骨坟在东庄，总共男女大小一百三十一人。除以上详注外，其余失名。

文仁第　杨忠孝　朱文辉　文海章　文治章

文有章　文应章　杨洪山　文保第　崔中花

古城清同治间殉难共三百二十人。失名。

许家寨清同治间殉难共三十五人。失名。

又庄中小学堂殉难学生三十人；并陈户在陈氏祠殉难六十五人。除学师杜进元外，其余皆失名。

毛贺堡清同治三年殉难诸人

权　户　三十名

赵　户　七十一名

张　户　八十二名

袁　户　九十五名

马　户　二十名

卢　户　八名

唐　户　五十一名

申　户　八名

顾　户　十三名

宋　户　十五名

刘　户　十五名

以上各户总共四百零八人，系春社祭祖之日，贼回忽至，在坟山坡路各处追杀之。皆失名。

石山堡清同治间殉难诸人

张立言　庠　生

陈有信　姚文章　王廷槐　王三川　严全仁

费文玑　王重英　赵仁心　韩增岳　王怀庆

赵乾斗

总共男女大小一百九十余人。除以上详注外，其余失名。

新添堡清同治间殉难诸人

史文魁　常启范　刘范芝　何新禄　刘春明

向文章　王有选　蔡成义　刘永全

总共男女大小一百七十余人，除以上详注外，其余失名。

东流堡清同治、光绪间殉难诸人

任希有　何克勤　刘进才　曹生魁　魏　成

白凤鸣　王　秀　曹光鼎　侯中元　王永杰

白怀善　王　顺　刘文科　唐永升　梁孝德

白怀俊　刘范魁　王统邦　王兴瑞

总共男女大小六十九人。除以上详注外，其余失名。

庙沟堡清同治、光绪年间殉难诸人

刘宗禄　张大玉　李有节　段贵福　任宗范

桓尚忠　陈起发　桓增满　苏文林　张志义

桓尚廉　伊佑邦

总共男女大小九十余人。除上详注外，其余失名。

柴家堡清同治、光绪年间殉难诸人

柴如福　柴相安　祁山芝　张　正　苏良才

吴才邦　崔虎哇　李进荣　窦中科　吴守柏

苏文纲　柴文成　王明德　柴荫升　徐有山

柴进福　窦中才　柴荫仁　索得俊

雪沟堡同治及光绪二十一年殉难诸人

黎占福　黎占科　黎尚孝　黎永福　黎生茂

苏成章　李守怀　苏　莲　郭成发　田顺邦

黎生升　侯统邦　阿正有　侯连禄　贺得禄

阿安斗　苏永科　阿安仓　侯孝得　李得福

侯彦邦

索家城者，初系索喇嘛所筑，以为寺院之处。其城方围约里许。城北有一土台，即尊经阁之旧址。同治间，居民避难于此，为贼所杀，总共殉难男女大小一百五十六人。光绪二十一年，居民团勇为贼回攻杀，总共殉难男女大小六十五人，阵亡一十三人。除以（上）详注外，其余失名。

烈　女

鲁钱氏　鲁元妻。清同治六年，贼入城，氏负其女桂花投水而死。

侯何氏　侯永兴妻。永兴殁于清道光九年，时年二十八岁，抚孤守节三十四年。及同治十一年秋七月，与子明义俱死难焉。

王童氏　王永库妻。同治十一年十月，贼攻索家城，杀其夫。氏携子成玺逃难守节，至光绪二十一年，氏亦被贼自〔所〕杀。

毛王氏　住县城内。夫亡守节。清同治间回乱殉难，卒。

李王氏　住县城内。夫故守节。清同治间殉难，卒。

李杨氏　住县城内。青年守节。清同治间殉难，终。

大通县志·第四部

人 品 志（下）

清同治回乱殉难诸烈女

刘文氏 刘孝存李氏女 蒲郑氏 刘蒲氏

刘福儿姐 刘当五姐 刘崔氏 赵田氏

刘主世姐 刘李氏 赵鲁氏 赵赵氏 赵杨氏

赵蒲氏 陈喜存 陈何氏 刘陈氏 刘吴氏李氏媳

蒲梅兰郑氏媳 刘李氏 蒲郭氏 蒲顺姐 文 氏

赵胡氏 蒲更莲 赵任氏 赵刘氏 迎梅姐赵氏女

赵陈氏 刘徐氏 陈胡氏 姜童氏 刘李氏

蒲赵氏 王蒲氏 刘根存 蒲蔡氏 刘来存

刘张氏 赵玉梅姐 刘张氏 刘赵氏 赵陈氏

赵蒲氏 刘童氏 赵润姐 陈丑姐 姜存存

刘李氏 蒲杨氏 王蒲氏 刘孝喜 刘玉存姐

蒲郭氏　蒲李氏　刘苏氏　刘阿氏　刘福寿姐

赵严氏　赵刘氏　刘赵氏　陈葵氏　陈刘氏

陈陈氏　陈戴氏　陈有有　刘权氏　刘张氏

金白氏　刘陈氏　顾张氏　刘喜姐夫名、父名均未详

赵刘氏　陈秋来　刘李氏　刘应氏　蒲李氏　刘王氏

王刘氏　陈存姐　陈重孙姐　刘赵氏　刘陈氏

訾鲁氏　刘车氏　刘史氏　陈蔡氏　陈赵氏

刘麻氏　刘刘氏　訾李氏　刘董氏　刘车氏

以上二年三月份

沈阿氏　蒋张氏　赵白氏　赵祁氏　奎杨氏

祁仲氏　蒋汪氏　王杨氏　郑蒋氏　杨苏氏

蒋朱氏　祁张氏　赵党氏　奎李氏　王蒋氏

蒋赵氏　蒋刘氏　王李氏　蒋陈氏　陈姚氏

蒋苏氏　祁李氏　赵蒋氏　奎张氏　王雷氏

蒋侯氏　李何氏　王吴氏　蒋王氏　王李氏

蒋王氏　赵李氏　赵王氏　奎朱氏　王祁氏

蒋侯氏　苏李氏　郑蒋氏　蒋陈氏　王林氏

王李氏　哈安氏　王杨氏　马韩氏　李铁氏

祁银梅　奎陈氏　段党氏　奎蒲氏　石张氏

李陈氏　党赵氏　党连姐　张王氏　张毛氏

杜熊氏　段杜氏　焦赵氏　陈王氏　陈安氏

奎苏氏　哈陈氏　苏李氏　桃花姐韩氏女　李陈氏

祁春姐　韩王氏　奎范氏　奎段氏　石哈氏

李陈氏　党韩氏　党山氏　党张氏　朱陈氏

杜李氏　桃花姐段杜氏女　陈贺氏　连兄子　陈杨氏

奎陈氏　哈赵氏　祁蒋氏　段郑氏　祁李氏

祁三姐四口并李氏女　马李氏　奎祁氏　奎林氏

李王氏　瓦王氏　党樊氏　党阿氏　党张氏

杜张氏　杜乃姐　焦陈氏　陈奎氏　陈王氏

毛姐子　奎雷氏　王蒋氏　蒋米氏　李王氏

祁连姐　奎王氏　段石氏　奎常氏　石魏氏

李铁氏　党祁氏　党李氏　党梅氏　仲焦氏

杜赵氏　杜陈氏　焦贺氏　陈奎氏　陈祁氏

陈阿氏　马杜氏　瓦禄秀　段党氏　段何氏

党赵氏　闫王氏　王嘉氏　党张氏　季腊花

王杜氏　王熊氏　王蒲氏　苏严氏　樊范氏

米贵氏　石王氏　米长命姐李氏女　王阿氏　季刘氏

贺靳氏　三存姐　瓦毛秀并蔡氏女　段石氏　段上英

段王氏　闫赵氏　韩王氏　国蒋氏　令才姐

王樊氏　王郭氏　尚吴氏　樊冶氏　刘贾氏

米马氏　陈冶氏　三姐子　尕来姐　李林氏

李焦氏　瓦段氏　范熊氏　段张氏　段才姐

段陈氏　闫李氏　金秀氏　季王氏　范王氏

四姐子　王熊氏　尚姚氏　樊邓氏　刘杨氏

吴李氏　刘李氏　周马氏　刘郑氏　李张氏
李史氏　瓦蔡氏　范张氏　段郑氏　党祁氏
段有贵　王张氏　党王氏　季刘氏　范钱氏
王杨氏　王陈氏　李林氏　刘蔡氏　米刘氏
石马氏　李张氏　王袁氏　张刘氏　李马氏
李张氏　佛薛氏　石李氏　邓陈氏　李葛氏
陈王氏　乔刘氏　刘韩氏　柴郭氏　喜姐子
拉梅子　尕喜子　吴祁氏　刘贺氏　乔杜氏
李女儿　陈李氏　吴张氏　张邓氏　柴张氏
闰姐子四口并王氏女　存姐子　七月姐　吴李氏
沈李氏　乔女儿　李杨氏　张哈氏　吴张氏
柴王氏　九天女　李闰姐　菊花子　鸡换子
佛吴氏　葛贺氏　李巴氏　陈张氏　陈张氏
吴杨氏　柴雷氏　金山姐　喜姐子　闰姐子
保姐子

以上二年五月份

苏刘氏　连三子　王韩氏　谢张氏　米王氏
桓伟氏　党魏氏　苏李氏　招兄子并张氏女　王桓氏
包张氏　米蔡氏　桓马氏　党谢氏　苏张氏
王王氏　四存姐　米王氏　朱丰氏　桓苏氏
权邵氏　苏全氏　王向氏　王莲子　朱雷氏
朱王氏　杨苏氏　权韩氏　王严氏　王李氏

王宋氏　迎姐子　赵谢氏　王张氏　王雷氏

存喜子　白宋氏　王侯氏　王张氏　李麻氏

李周氏　王阿氏　王李氏　林麻氏

以上二年九月份

杜刘氏　唐雷氏　李张氏　魏雷氏　陈魏氏

杜石氏　李索氏　蔡张氏　魏宿氏　姚阿氏

沥尕儿　张李氏　张宋氏　魏马氏　樊魏氏

杜祁氏　张靳氏　蔡张氏　张任氏　魏樊氏

以上二年十月份

贺田氏　贺白氏　长姐子　李马氏　李宿氏

贺阿氏　杨李氏　李春氏　张祁氏

王张氏夫名、父名均未详　贺马氏　杨王氏

李马氏　李马氏　贺祁氏　李胡氏　李李氏

李党氏

以上三年二月份

蓝吴氏　童　姐　蓝乔氏夫名、父名均未详

以上三年四月份

刘刘氏　蒲喜姐　蒲更连　赵赵氏　刘牙姐李氏女

刘杨氏　蒲李氏　蒲方氏　蒲刘氏　赵刘氏

蒲吴氏　蒲袁氏　刘伊氏　蒲领兄刘氏女

存秀姐夫名、父名均未详　蒲王氏　张韩氏　刘赵氏

刘李氏

以上三年八月份

祁赵氏	祁贡氏	何顾氏	桂　儿并魏氏女	祁正月花
祁李氏	腊月姐	祁李氏	蒋　氏	喜环子
祁钱氏	连喜儿李氏女	寸　儿顾氏女	丁高氏	
祁侯氏	王　氏	春　花	祁陈氏	魏　姐
祁张氏	喜莲儿钱氏女	何祁氏	何魏氏	
三　姐高氏女	祁祁氏	四月姐	祁祁氏	祁林氏
双喜姐	米　氏	祁李氏	孙元姐祁氏女	连　儿
祁四姐	三十九侯氏女	祁张氏	玉桂儿祁氏女	
何　氏	闰五姐林氏女	邢　氏张氏媳	祁全氏	
领兄姐	祁田氏	四存儿	张　氏全氏媳	祁黎氏
张　氏田氏女	祁曹氏	祁孟氏	祁张氏	田马氏
祁主姐	祁杨氏	祁三姐	王张氏	祁秀姐

以上三年九月份

毛李氏	张宋氏	王长梅	佘魏氏	白黄氏
张存姐	陈李氏	林刘氏	罗沙氏	张屈氏
王侯氏	包高氏	李万寿姐	毛刘氏	马张氏
张迎迎	王长存	李佘氏	白秀连黄氏女	马春花
武陈氏	秋菊子	菊花子	马陈氏	孔　氏
冬姐儿	李新存	菊花子	长连儿	张春香
王长令	李刘氏	车吉氏	沙高氏	林顾氏
王兰子	领兄儿	刘焦氏	白毛氏	秋姐儿

李毛氏	王赵氏	招弟儿	王汪氏	余贺氏
白刘氏	张王氏	张陈氏	林郑氏	冬梅子
张存姐	薛尚氏	罗　氏	郭单氏	毛毛氏
李张氏	尚陈氏	毛王氏	六姐子	郭　氏
罗五子	蒲赵氏	周阿氏	晁　氏	程张氏
张侯氏	冬令儿	鲁张氏	李吉氏	张王氏
王王氏	孝姐儿	良姐儿	王郭氏	周王氏
有桂儿	尚李氏	袁徐氏	张张氏	黄任氏
巨幸氏	王赵氏	四成姐	程张氏	陈蔡氏
郭张氏	金毛氏	蒲赵氏	马陈氏	李杨氏
刘罗氏	吴更连	福元儿	孙黄氏	射魂姐
赵王氏	卫秋花	张沈氏	连姐子	罗李氏
董洪氏	李李氏	吴张氏	程杨氏	得姐子
任姜氏	王祁氏	张张氏	仲蒲氏	王李氏
王桂喜	梅　儿	吉元儿	孙毛氏	张武氏
张杨氏	张张氏	关阿氏	李桃花	罗李氏
孙赵氏	张张氏	李李氏	程贺氏	存姐子
任李氏	鲁祁氏	长寿姐	薛冉氏	彭张氏
更张氏	迎喜儿	朱沙氏	李张氏	段王氏
祖孙姐	玉祖儿	毛姐子	董李氏	得兄儿
毛张氏	刘刘氏	李赵氏	田张氏	李王氏
罗阿氏	王雷氏	尚王氏	菊花子	刘胡氏

董洪氏　李柳氏　阿侯氏　魏罗氏　刘毛氏

史阿氏　菩萨姐　如吉子　丑丑子　五从儿

刘华氏　李吉氏　乔丁氏　连姐子　张张氏

陈李氏　黄宋氏　李陈氏　张孔氏　三姐子

沈李氏　姜魏氏　张刘氏　王宋氏　李张氏

何乔氏　五觔子　明气子　张燕氏　王雷氏

刘李氏　陈祁氏　乔关氏　尕福子　蔡贾氏

高张氏　李陈氏　刘杜氏　重梅子　王侯氏

熊朱氏　毛汪氏　重喜儿　董希氏　何朱氏

蒲梅氏　王邱氏　邢邱氏　长寿姐　关张氏

刘王氏　李包氏　郝乔氏　尕迎儿　罗马氏

徐毛氏　朱尚氏　张刘氏　刘陈氏　梁秋姐

陈王氏　黄宋氏　魏马氏　车吉氏　乔关氏

蒲李氏　蒲陈氏　刘张氏　刘赵氏　殷邱氏

招弟子　来存儿　贺陈氏　宋段氏　王邱氏

王　氏　常　氏　李祁氏　张毛氏　赵刘氏

曹韩氏　孝存儿　张赵氏　张祁氏　张李氏

程张氏　常八姐　刘党氏　刘刘氏　刘方氏

余罗氏　刘王氏　严陈氏　梁张氏　马　氏

魏田氏　双喜姐　九月姐　孙英寿儿　赵苞氏

曹姜氏　孟玉贵　张康氏　张张氏　张李氏

程张氏　刘蔡氏　刘张氏　赵李氏　高冯氏

金温氏　陈金氏　秦李氏　秋姐子　李徐氏

常赵氏　木存氏　张张氏　白赵氏　赵刘氏

曹白氏　尉武氏　张张氏　张张氏　程杨氏

程贺氏　刘陶氏　刘祁氏　刘李氏　九姐子

王尚氏　陈尚氏　宋田氏　任连连　朱沈氏

常聂氏　六月姐　张赵氏　白刘氏　王胡氏

曹奎氏　常　氏　张白氏　张车氏　程蔡氏

程华氏　周阿氏　李李氏　李郭氏　李赵氏

刘李氏　赵李氏　王李氏　赵白氏　毛包氏

全李氏　苏拉木　祁马氏　邓丁氏　张李氏

王黄氏　董白氏　董罗氏　马黄氏　马刘氏

柴刘氏　刘吴氏　李陈氏　鲁王氏　米张氏

支李氏　张张氏　李杨氏　赵李氏　李张氏

李闫氏　弗李氏　哈张氏　祁李氏　刘李氏

董阿氏　董刘氏　马刘氏　马张氏　马鲁氏

董姜氏　谢李氏　李韩氏　鲁童氏　金钱氏

支米氏　杨赵氏　赵杨氏　常李氏　李陈氏

马三月花　李赵氏　哈赵氏　王刘氏　刘马氏

李兰氏　董白氏　马鲁氏　柴年氏　李赵氏

马马氏　谢康氏　李马氏　鲁哈氏　刘李氏

赵哈氏　杨尕儿　赵李氏　李李氏　祁张氏

董李氏　米马氏　吴李氏　王李氏　陈　董

董李氏　董黄氏　马刘氏　马冶氏　柴黄氏
李白氏　李刘氏　董拉木他　马青木西　董赵氏
吉吴氏　八月姐　拉木什吉　八月姐　乔哈氏
正月姐　六月姐聂氏女　祁王氏　邓三姐　闰存儿
邓祁氏　安满氏　充严氏　童魏氏　更寿姐
党贺氏　李马氏　董七姐　马卓麻西　董李氏
吉金山保　七月姐　二月姐　乔聂氏　乔李氏
塄乂错　冯聂氏　长寿姐　八姐子马氏女　六月姐
李祁氏　充张氏　充靳氏　严　氏魏氏媳　田王氏
沥姐子贺氏女　李李氏　董六十姐　祁蔺氏
董拉木什　李聂氏　毛桂姐　乔贺氏　乔祁氏
孙礼昇　尕麻什吉　冯王氏　邓阴氏　沥干子
祁李氏　李乔氏　充樊氏　张祁氏　三孝姐
党白氏　吴陈氏　李包氏　马拉木　祁哈氏
董九月　李李氏　孙祁氏　孙宋欠　乔李氏
麻八吉　桃花姐　祁马氏　邓刘氏　常董氏
乔李氏　常李氏　充安氏　张王氏　双喜姐
党蒋氏　赵　氏　吴党氏　安贺氏　张唐氏石氏女
充安氏　永灵姐　李　氏　双喜姐　党彭氏
白党氏　常马氏　姚党氏　赵　氏　傅江氏
毛张氏　苟毛氏　张刘氏　边毛氏　李陶氏
李唐氏　王邢氏　吴李氏　蓝　氏　安戴氏

靳　氏　闫姐子　刘　氏　靳刘氏　双喜姐

赵张氏　王　氏马氏媳　徐　氏　李　氏　李吉氏

刘马氏　贺哈氏　边樊氏　张任氏　李金氏

朱张氏　王杨氏　吴张氏　闫花姐　陈　氏戴氏女

张　氏安氏媳　祁李氏　陈　氏祁李氏媳　吉　氏

顺守姐　田姚氏　张党氏　祁刘氏　兰　氏

王　姐　张殷氏　张张氏　边樊氏　李史氏

平安姐　高梁氏　王杨氏　张乔氏　张石氏

安吴氏　长命姐　车　氏　领兄儿　魏　氏

满　姐　张　氏　田　氏　充　氏　金山姐

马姐子　张奎氏　张靳氏　边张氏　李聂氏

重孙姐　高李氏　那王氏　郭桂氏　祁李氏

党党氏　李燕氏　吴王氏　武张氏　吴王氏

张宋氏　祁李氏　王马氏　高马氏　韩田氏

王祁氏　钱党氏　祁尕氏　唐陶氏　贺傅氏

祁吴氏　吉黄氏　祁刘氏　那祁氏　党吉氏

赵柴氏　高何氏　吴祁氏　赵郭氏　吴吉氏

张存善　祁张氏　杨陈氏　高李氏　韩闫月姐

陈吉氏　钱来喜姐　祁官氏　王刘氏　王鲁氏

侯毛氏　姚党氏　祁严氏　那王氏　党吉氏

赵祁氏　吴雷氏　吴金山姐　赵陈氏　吴郭氏

吴包氏　王燕氏　杨寿姐　高七月　马长寿

马祁氏　李李氏　陈党氏　李李氏　祁王氏
米王氏　姚徐氏　祁李氏　祁李氏　党朵氏
李王氏　吴李氏　李李氏　赵陈氏　吴郭氏
祁王氏　王刘氏　闰月姐　九月姐　马党氏
钱白氏　李李氏　唐杨氏　贺李氏　祁吉氏
吉陈氏　祁李氏　蒋常氏　高王氏　祁夔氏
祁吉氏　常米氏　何院姐　吉常氏　乔邢氏
吉胥氏　祁王氏　祁林氏　高李氏　高李氏
袁蔡氏　袁牛氏　冬梅姐阿氏女　袁张氏　赵王氏
赵权氏　陈赵氏　陈赵氏　邢刘氏　邢黄氏
祁朝山　赵吴氏　米白氏　张刘氏　张吴氏
吉张氏　蓝吉氏　吉周氏　王七月姐　王七月姐
袁周氏　袁常氏　袁张氏　赵张氏　赵金贵
陈田氏　赵张氏　陈张氏　邢桂氏　常李氏
三元姐　何刘姐　米王氏　赵华氏　张陈氏
吉祁氏　周张氏　李满桂　袁陈氏　袁陈氏
袁桓氏　袁阿氏　袁张氏　赵杰氏　赵元贞
陈卢氏　陈白氏　陈沥姐　邢祁氏　邢李氏
党雷氏　何郭氏　乔吉氏　赵孝姐　吉米姐
祁吴氏　祁白氏　李李氏　袁张氏　袁张氏
袁唐氏　袁朱氏　袁常氏　赵赵氏　李尕存
陈李氏　陈赵氏　陈赵氏　陈沈氏　陈喜寿姐

陈刘氏　陈杜氏　顾杨氏　顾卢氏　马李氏

平安姐　王贾氏　陈李氏　更兄姐　陈张氏

马赵氏　宋陈氏　赵王氏　陈蔡氏　圆儿姐均李氏女

陈赵氏　赵顾氏　陈彩兰　元姐儿　陈田氏

陈梅氏　赵武氏　顾刘氏　顾鲍氏　马王氏

尕喜姐　宋武氏　陈陈氏　魏喜姐　陈阿氏

包张氏　宋赵氏　孝存儿　陈李氏　陈焦氏

满贵姐　陈赵氏　陈尕桂　领喜姐　陈贺氏

陈朱氏　赵毛氏　顾张氏　顾陈氏　马郭氏

四姐子　陈向氏　陈蔡氏　喜贵姐　陈刘氏

宋任山　陈田氏　关李姐　八存姐　陈张氏

陈马氏　陈李氏　陈银桂　陈赵氏　陈赵氏

陈朱氏　赵马氏　顾王氏　马李氏　马王氏

冬姐子均王氏女　陈田氏　玉柱姐　孝存姐

陈宋氏　宋王氏　陈铁氏　陈王氏　存喜姐

陈赵氏　赵张氏　陈赵氏　陈郭氏　陈包氏

陈马氏　陈张氏　陈闰姐　刘桓氏　任桓氏

韩张氏　周赵氏　陈陈氏　卢陈氏　唐包氏

赵赵氏　陈刘氏　陈刘氏　陈郭氏　马王氏

马福存　陈周氏　存喜姐并李氏女　武靳氏

陈包氏　陈杨氏　陈袁氏　刘陈氏　刘田氏

王武氏　权陈氏　周史氏　陈毛氏　权赵氏

陈郭氏　赵申氏　陈保姐　陈郭氏　陈陈氏

马朱氏　马圈存　陈李氏　赵杨氏　武顾氏

陈马氏　陈阿氏　陈玉梅　陈闰存　刘王氏

权张氏　重孙姐张氏女　周沕姐　陈赵氏　权赵氏

赵韩氏　赵庆喜　陈刘氏　陈赵氏　马张氏

马赵氏　马九存　陈靳氏　武顾氏　武赵氏

陈圈姐　陈张氏　陈薛氏　刘顾氏　刘朱氏

权蒲氏　周郭氏　周招先并史氏女　尕头姐

唐宋氏　赵王氏　陈招弟　陈赵氏　陈喜姐刘氏女

马李氏　马存姐　存　姐并朱氏女　百寿姐　武冯氏

武刘氏　武卢氏　权阿氏　毛李氏　唐陈氏

唐卢氏　连祥姐并卢氏女　赵蔡氏　赵祁氏　赵赵氏

魏长莲并刘氏女　薛靳氏　薛党氏　玉存子吴氏女

张范氏　张三存吴氏女　张康氏　张李氏

田梅氏　杨张氏　张吴氏　长存姐　六姐儿阿氏女

毛刘氏　唐陈氏　复存姐　曹冯氏　赵樊氏

赵赵氏　赵刘氏　薛顾氏　薛张氏　张沈氏

汪蔡氏　张王氏　田刘氏　张陈氏　田陈氏

田秀氏并张氏女　张宋氏　张陈氏　福存姐并靳氏女

陈赵氏　毛李氏　唐圈姐　领兄儿　曹陈氏

尕有姐陈氏女　赵存姐　皂姐子　薛沈氏　薛邵氏

张常氏　汪刘氏　张张氏　田贺氏　张郭氏

田张氏　贺靳氏　张毛氏　宋郭氏　权申氏
毛杨氏　长毛氏　唐马氏　通祥姐　曹唐氏
赵牟氏　端午姐并赵氏女　尕九姐　薛靳氏　薛全氏
张吴氏　汪岳氏　张吴氏　张李氏　张魏氏
喜连子　双存姐靳氏女　张薛氏　宋林氏　宋窦氏
张赵氏　田马氏　杨姜氏　杨闰存　杨李氏
张赵氏　康曹氏　郭田氏　赵阿氏　陈赵氏
韩魏氏　韩刘氏　韩刘氏　韩赵氏　韩严氏
韩贺氏　韩包氏　韩赵氏　四存姐　蔡张氏
四五姐　田三姐马氏女　杨张氏　杨领秀并张氏女
杨满贵　张张氏　魏薛氏　郭汪氏　陈白氏
袁白氏　韩马氏　韩宋氏　韩李氏　韩田氏
韩张氏　靳张氏　韩刘氏　韩张氏　存存姐
宋吴氏　田李氏　贺蔡氏　杨八存　杨侯氏
蔡田氏　张张氏　魏何氏　郭蔡氏　陈张氏
韩张氏　韩陈氏　韩刘氏　韩邓氏　韩李氏
韩陈氏　韩赵氏　韩刘氏　韩赵氏　更梅姐
张田氏　田张氏　杨陈氏　杨招氏　杨刘氏
张张氏　康何氏　魏尚氏　郭胡氏　权陈氏
韩张氏　韩李氏　韩李氏　韩陈氏　韩王氏
韩陈氏　韩刘氏　韩胡氏　韩赵氏　存秀姐
更秀姐　刘韩氏　魏王氏

魏韩氏　存喜姐　靳王氏　靳赵氏　党安氏

费王氏　姚贺氏　陈韩氏　陈王氏　陈陈氏

陈靳氏　陈张氏　陈蓝氏　刘党氏　张史氏

张三存　王赵氏　朱魏氏　刘费氏　魏刘氏

孝存姐　梅姐儿并赵氏女　靳宋氏　靳王氏　党韩氏

费刘氏　领兄姐宋氏女　陈鲍氏　陈汪氏　陈蓝氏

陈鲍氏　陈张氏　陈三姐　刘张氏　刘陈氏

张兔姐并文氏女　王祁氏　朱玉姐魏氏女　魏赵氏

魏赵氏　尕姐子　靳陈氏　靳王氏　张权氏

费刘氏　费董氏　得绣姐刘氏女　陈尚氏　陈张氏

陈王氏　陈李氏　陈春兰　陈早姐　刘郭氏

张史氏　王铁氏　王张氏　刘薛氏　魏李氏

魏李氏　存存姐　靳朱氏　靳蔡氏　党费氏

费童喜　费薛氏　陈鲍氏　陈陈氏　陈马氏

陈李氏　陈韩氏　陈三月姐　陈七月姐　张张氏

张　氏　王射氏　贺张氏　贺蔡氏　刘赵氏

刘王氏　刘祖荣姐并贾氏女　刘鲍氏　刘贺氏

刘陈氏　刘刘氏　常二姐　常张氏　向陈氏

张刘氏　蔡张氏　刘张氏　马李氏　李刘氏

李马氏　双梅子　陈董氏　董李氏　刘赵氏

刘任氏　刘王氏　刘雷氏　刘王氏　刘鲍氏

刘严氏　邓赵氏　常陈氏　常八姐　白王氏

张张氏　史王氏　刘刘氏　李刘氏　李刘氏
李元姐　李聂氏　王黄氏　董白氏　刘朱氏
刘元姐任氏女　刘贾氏　刘张氏　刘雷氏　刘王氏
刘杨氏　何正姐杨氏女　常陈氏　蔡何氏　严贵桂
海王氏　刘毛氏　刘三喜　韩李氏　李李氏
李三姐并李氏女　刘李氏　董阿氏　董白氏　刘唐氏
刘陈氏　刘更荣姐　刘魏氏　刘张氏　刘雷氏
刘陈氏　常韩氏　刘贺氏　蔡常氏　张薛氏
蔡王氏　刘李氏　刘王氏　李王氏　李刁氏
李李氏　刘马氏　李蓝氏　董刘氏　董黄氏
马鲁氏　马马氏　柴牟氏　李赵氏　李马氏
董六十姐　马拉木年　高祁氏　郭李氏　郭祁氏
顾刘氏　顾李氏　刘李氏　高郭氏　李童氏
马杨氏　王张氏　严吴氏　严存主姐　董罗氏
马刘氏　马冶氏　柴黄氏　李赵氏　李李氏
马青木西姐　王刘氏　高刘氏　郭满氏　乔白氏
顾刘氏　张贺氏　领兄姐刘氏女　高刘氏　哈童氏
杨戴氏　杨訾氏　严马氏　严七月花并马氏女
董姜氏　马黄氏　马鲁氏　柴刘氏　李白氏
李包氏　马卓麻西姐　王李氏　高周氏　郭射姐
高拉氏　顾车氏　张马氏　高史氏　车王氏
刘童氏　祁李氏　郭张氏　严马氏　赵郭氏

马刘氏　马张氏　马刘氏　孔陈氏　李刘氏

董七姐　他儿董拉瓜　玉姐子李氏女　佛尕姐

郭昝氏　吴蓬氏　顾白氏　张毛氏　高刘氏

祁车氏　车李氏　祁车氏　郭祁氏　严王氏

龚祁氏　龚钱氏　龚贺氏　赵马氏　赵张氏

龚喜存姐　李王氏　赵腊姐　刘昝氏　龚张氏

李桂氏　赵三姐　权乔氏夫名、父名均未详　龚祁氏

王刘氏王进基妻　赵李氏

以上四年二月份

邓蔺氏　赵更存并刘氏女　祁吴氏　张刘氏

张李氏　祁福姐马氏女　刘张氏　杜三梅　李黄氏

刘蔡氏　存柱姐　刘张氏　安戴氏　双喜姐并赵氏女

邓刘氏　杨张氏　李黄氏　张杨氏　黄那氏

王杜氏　刘段氏　杜存姐并冯氏女　赵李氏

刘九月姐蔡氏女　二月姐并郭氏女　刘王氏　张赵氏

党聂氏　赵八姐　邓沔干子张氏女　刘邵氏　张李氏

李马氏　刘谢氏　刘蔡氏　祁李氏　赵多金锁李氏女

刘黄氏　张安氏　刘张氏　宝藏姐　党李氏聂氏女

赵年喜　张杨氏　乔祁氏　张许氏　祁马氏

刘祁氏　杜马氏　李陈氏　顾刘氏　刘郭氏

张杨氏　李黄氏　存姐子　党存姐　杨张氏

杨王氏　周周氏夫名、父名均未详　杨姜氏　吴那氏

杨党氏　杨张氏　杨车氏　张马氏

以上四年三月份

张郭氏　王李氏　王马氏　方李氏　祁哈氏

李聂氏　乔贺氏　乔哈氏　常聂氏　张党氏

王蔡氏　祁李氏　祁陈氏　董李氏　李李氏

乔聂氏　乔李氏　常李氏　张蔺氏　祁王氏

李王氏　祁蔺氏　祁李氏　李冯氏　乔祁氏

冯郭氏　常李氏　张阿氏　李哈氏　李赵氏

董赵氏　吉吴氏　刘郭氏　乔李氏　常赵氏

李祁氏夫名、父名均未详

以上四年四月份

童华氏　田吴氏　杨段氏　李董氏　羊腊姐华氏女

田张氏　陈李氏　李董氏　田张氏　田玉莲

李那氏　张李氏　田年氏　田玉存　李董氏

李董氏　张张氏　祁王氏　邓祁氏　成　姐

克严氏　张樊氏　张张氏　沥姐子　赵乔氏

侯李氏　李祁主　蔡莫氏　吴慎氏　李姐子贺氏女

马姚氏　张赵氏　邓殷氏　李祁氏　有　姐

林　氏　张李氏　连喜姐　王赵氏　祁李氏

李吉氏　侯王氏　蔡田氏　马吴氏　马党氏

马安氏　张毛氏　邓刘氏　李乔氏　牙头子

李　氏　张米氏　喜姐子　王马氏　祁林氏

李祁氏　侯杨氏　李姚氏　马党氏　马林氏

马林氏　祁马氏　乔李氏　赵陈氏　祁蒋氏

陈郑氏　张边氏　主姐子　林尕氏　祁祁氏

李郭氏　蔡王氏　闰月花姚氏女　马贺氏　马赵氏

马吴氏夫名、父名均未详

以上四年五月份

赵段氏　赵张氏　李充氏　赵贺氏　赵喜存张氏女

李王氏　赵生莲　赵侯氏　正月花　赵连存并贺氏女

王石氏　元寿姐　玉柱姐　拉姐子　王张氏

李张氏　吴　氏　赵陈氏　赵姜氏　赵蔡氏

赵郭氏　赵雷氏夫名、父名均未详　毛娃娃　玉贵姐

王吴氏　李祁氏　李吴氏　赵刘氏　赵蔡氏

赵刘氏　赵杨氏　才姐子　党领兄儿　王何氏

李杨氏　赵刘氏　赵李氏　赵刘氏　赵邵氏

赵王氏　毛牙头　王张氏　樊李氏　李乔氏

赵赵氏　赵王氏　九存姐刘氏女　赵毛氏　赵韩氏

以上四年六月份

尉武氏　马顾氏　高　氏　杨戴氏　哈白氏

张张氏　贺蒋氏　刘吴氏　尉连儿　马叶氏

陈郭氏　童李氏　车马氏　车王氏　訾鲁氏

刘陈氏　张鲁氏　满箱儿　车李氏　童哈氏

车祁氏　刘东氏　白张氏　刘车氏　马张氏

祁拉木什吉　张车氏　童李氏　张李氏　刘王氏

李张氏　刘喜姐陈氏女　戴祁氏　来姐子　叶陈氏

李白氏　张刘氏　拉石氏　祁李氏　张米氏

马元姐　白陈氏　郭马氏　常李氏　聂张氏

哈李氏　林祁氏　戴李氏　赵米氏　叶童氏

李杨氏　雷张氏　拉李氏　祁王氏　麻什姐李氏女

李李氏　刘李氏　郭哈氏　佛李氏　聂冶氏

佛聂氏　张　氏　戴殷氏　赵杨氏　李李氏

杨李氏　史黄氏　拉　姐李氏女　祁哈氏　堂女儿

李童氏　李黄氏　郭多氏　聂李氏　聂哈氏

聂哈氏　田　氏夫名、父名均未详　戴杨氏　叶陈氏

李赵氏　正月姐李氏女　刘米氏　祁周氏　张王氏

史六十姐　李白氏　祁李氏　郭陈氏　聂李氏

聂祁姐　贺李氏

以上四年七月份

祁李氏祁登鳌母

以上四年八月份

蔡王氏　招弟子　李白氏　李阿氏　朵蒋氏

领兄子　季魏氏　李蔡氏　朵姚氏　永姐子

李邵氏　李邵氏夫名、父名均未详　朵王氏　喜喜子

李王氏

以上四年九月份

米石氏　赵杨氏　戴祁氏　戴七十一姐　叶陈氏

米李氏　七十姐　戴杨氏　王莲儿并殷氏女　叶陈氏

李米氏　满寿姐并杨氏女　戴殷氏　戴李氏

李刘氏夫名、父名均未详　赵米氏　刘刘氏　来姐子

叶童氏

以上四年十一月份

党赵氏　积玉花　保姐儿夫名、父名均未详

以上五年正月份

田周氏　田张氏　陈六姐韩氏女　田顾氏　田吴氏

陈保存　田陈氏　李马氏　鲁麻姐夫名、父名均未详

田沈氏　李韩氏

以上五年二月份

贺白氏　张柴氏　宋陈氏　侯石氏　贺顾氏

赵卜氏　曹贺氏　张李氏夫名、父名均未详

乔贺氏　万韩氏　侯蒋氏

张顾氏　万古女儿　侯林氏

以上五年四月份

陈赵氏　赵潘氏　杨孙氏　鲁祁氏　李李氏

李白氏　徐杨氏　常胡氏　杨刘氏　鲁王氏

李杜氏　陈王氏　潘贺氏　杨侯氏　杨罗氏

鲁童氏　李祁氏　陈赵氏　赵李氏　吴李氏

鲁哈氏　鲁王氏　李郭氏　李包氏夫名、父名均未详

以上五年五月份

毛白氏　潘李氏　李王氏　李孟氏　王杨氏
袁袁氏　李孟氏　李王氏　祁王氏　权韩氏
王李氏　庚子姐　赵王氏　俞李氏　李沈氏
毛　姐　李　氏李氏女　张东氏　张宁氏　甘沈氏
巴札姐　邢李氏　张张氏　八姐子宁氏女　贺王氏
拉木姐夫名、父名均未详　陈党氏　张张氏　阿刘氏
宁张氏　林　氏　七月姐张氏女　冬姐子　乔李氏
以上五年六月份

王郭氏　王蔡氏　刘张氏　蔡陈氏　赵赵氏
陈刘氏　领兄子　王张氏　王宋氏　刘铁氏
蔡宋氏　王朱氏　陈牛氏　来存子　王刘氏
刘秦氏　刘赵氏　蔡张氏　陈郭氏　陈车氏
张刘氏夫名、父名均未详　王鲍氏　刘王氏　刘胡氏
赵王氏　陈靳氏
以上五年七月份

车杨氏　董全氏　哈张氏夫名、父名均未详　季哈氏
马祁氏　郭全氏　马祁氏　董祁氏　白李氏
以上五年九月份

李李氏　李黄氏　三姐子　李董氏　李哈氏
常董氏　春梅子　李韩氏　拉姐子　吴昝氏
七月姐　李桂花　李腊梅并哈氏女　白陈氏
杨李氏　李花姐
以上五年十月份

包张氏　汪靳氏　毛薛氏　毛邢氏

张韩氏夫名、父名均未详　石拉氏夫名、父名均未详

张贺氏　王卢氏　毛贺氏　毛张氏　李蒲氏

李拉莫勒均李氏女　顾李氏　李顾氏　毛蒋氏

毛刘氏　李李氏　阿贺氏　包车氏　赵张氏

毛贺氏　张董氏　李哇麻巴　吴文运

以上五年十一月份

李张氏　存存子　庞王氏　李杨氏　庞路氏

庞九存　李郭氏　庞高氏　庞来喜并王氏女　李蒲氏

庞李氏　常刘氏　尚春花刘氏女　张田氏　郭蔡氏

赵四来姐　郭张氏　苏伊氏　苏党氏　沈张氏

庆许氏　王梅兰　谈黎氏　邢马氏　杨傅氏

侯有有并赵氏女　贾张氏　王李氏　王蒲氏

喜存氏蒲氏女　邹张氏　贵祥姐朱氏女　钱赵氏

张文氏　刘张氏　王常氏　徐苏氏　余照如伊氏女

张贺氏　沈玉梅张氏女　庆李氏　王贵桂　邢张氏

邢李氏　甲存姐傅氏女　杨王氏　张符氏　王蒲氏

郭蒙氏　徐田氏　鲁朱氏　蒋贺氏　钱李氏

赵赵氏　孙高氏　姜李花　苏李氏　苏桓氏

张刘氏　当李氏　郭刘氏　谈潘氏　邢顾氏

邢袁氏并张氏女　侯赵氏　姜王氏　尚李氏

朱权氏　李白氏　徐文氏　鲁钱氏　文赵氏

曹李氏　赵赵氏　陈高氏　王王氏　苏李氏

苏任氏　韦张氏　党武氏　贺杨氏　谈王氏

邢尚氏　邢尕存　侯喜喜　姜杨氏　苏李氏

朱陈氏　李蒲氏　邹杨氏　鲁张氏　姜索氏

姜钱氏　胡吴氏　柴刘氏　李杜氏　尕存姐

伊陈氏　桓甘氏　汪侯氏　朱桓氏　郭贺氏

陈邓氏　九月姐　王尕头　鲍李氏　文颜氏

赵　氏　戴蒋氏　党李氏　党胡氏　林　氏赵之洁妻

姜刘氏　胡存姐　赵刘氏　李姜氏　伊苏氏

伊党氏　桓蔡氏　王赵氏　陈九毛姐　邓孔氏

陈王氏　高来氏　陈李氏　高李氏　文赵氏

赵幸氏　许代氏　党王氏　党傅氏　谢　氏

姜沈氏　胡永莲并胡女　蒙钱氏　鲁存姐　伊恒氏

伊李氏　桓林氏　蒲顾氏　张会氏　邓孙氏

路索氏　高远存　高蒙氏　高六存李氏孙　曹赵氏

赵存姐幸氏女　蒙苏氏　党何氏　党蒋氏　汪　氏

胡符氏　严李氏　存存姐钱氏女　鲁存喜姐

伊苏氏　桓邢氏　桓任氏　蒲张氏　张喜姐并桓氏女

邓杨氏　郭来存姐　苏严氏　高蒲氏　党郭氏

曹鸡换赵氏女　戴吴氏　陈蒲氏　党张氏　党银姐

邢　氏　谢　氏　陈　氏　寅　姐　鲍李氏

郭　氏　刘　氏并之洁孙女　四辈姐并之洁曾孙女

曾桂香　张　氏　探花姐　邢尕姐

鲁尕存夫名、父名均未详　严　氏　王存姐　杨善姐

以上六年四月份

常王氏　常鲍氏　唐冬梅　常喜存　李白氏

常陈氏　常侯氏　唐五姐并张氏女　李王氏

李五存　常张氏　常侯氏　常薛氏　李张氏

李六姐夫名、父名均未详　常陈氏　唐张氏　常顾氏

李春莲张氏女

以上六年五月份

贺李氏　杨刘氏　赵段氏　贺李氏　杨哈氏

马张氏夫名、父名均未详　贺自姐　昝王氏　蔺赵氏

张　氏

以上六年七月份

李李氏　领领子李氏女　充严氏夫名、父名均未详

以上六年八月份

张王氏　张宋氏　张陈氏　张张氏　王贺氏

张赵氏　张王氏　张薛氏　张韩氏　张叶氏

王汪氏　张毛氏　张赵氏　张汪氏　张伊氏

张陈氏　张孔氏　张赵氏夫名、父名均未详　张田氏

张魏氏　张张氏　王陈氏　张杨氏

以上六年九月份

杨刘氏　马蒲氏　白文氏　杨文氏　马董氏

刘马祖姐文氏女　平安姐文氏女　刘李氏

何杨氏夫名、父名均未详　杨任氏　白杨氏

以上七年二月份

伊王氏　伊保氏　王雷氏　梅梅子

郑严氏夫名、父名均来详　伊刘氏　伊全氏　严马氏

存姐子　伊蔡氏　伊梅氏　焦陈氏　薛邹氏

伊陈氏　王温氏　年权氏　薛陈氏

以上七年三月份

杨李氏　戴胡氏　李赵氏　包张氏　杨张氏

李李氏　杨李氏　陈郭氏夫名、父名均未详　祁马氏

李白氏　白张氏　祁李氏　李杨氏　包贾氏

以上七年五月份

沈白氏　沈白氏　唤姐子　重阳姐　沈林氏

沈包氏　招招子　邓张氏　沈李氏　沈赵氏

喜个子　邓王氏　沈顾氏　银姐子白氏女　焦沈氏

九天姐夫名、父名均未详

以上七年十一月份

王王氏　孙刘氏　李祁氏　田张氏　赵张氏

孙陈氏　田杨氏　玉姐子夫名、父名均未详　赵陈氏

元喜子　田陈氏　福姐子　孙东氏　田党氏

以上八年正月份

姜张氏佚夫氏名

以上九年三月份

车陈氏　拉李氏　马张氏　马达存　车仲氏

史李氏　马张氏　马张氏　哈白氏　小女子

马叶氏　李张氏　拉马氏　史刘氏　马九月姐

李陈氏夫名、父名均未详

以上九年七月份

张田氏　领兄子　张铁氏　祁靳氏　三存子

祁陈氏　刘苟姐　张李氏夫名、父名均未详

以上十年五月份

董　氏李运凤妻　赵黄氏　李雷氏　朱六姐刘氏女

双喜姐　田刘氏　李赵氏　李尕福姐　蔡杨氏

杨卢氏　郝邓氏　李魏氏　孙杨氏　朱存姐

陈杨氏夫名、父名均未详　白金氏　宁贵姐　朱刘氏

王李氏

以上十年六月份

朱王氏夫名未详

以上十年七月份

张唐氏　林田氏　田吴氏夫名未详

以上十一年二月份

季姜氏　张仲氏夫名未详

以上十一年六月份

杜李氏　牛赵氏　赵赵氏　毛白氏　张莲姐范氏女

伊陈氏　王来姐　杨侯氏　金山姐　赵何氏

侯九月花　李康氏　卢康氏侯氏女　杜雷氏　祁党氏
张陈氏　张范氏　黎柴氏　黎张氏　王严氏
杨康氏　姚花姐华氏女　侯白氏白氏媳　侯领兄
李郭氏　郭杨氏　周刘氏　朱张氏　张李氏
张朱氏　存守姐柴氏女　曹张氏　王赵氏严氏媳
杨侯氏　毛白氏　侯曹氏　李李氏　平安姐
郭双姐　周范氏　赵毛氏　毛贺氏　张李氏
黎张氏并王氏媳　玉贵姐　杨祁氏　李华氏
庚午姐　康文姐　李陶氏　卢侯氏　毛姐儿杨氏女
姚曹氏　侯何氏　侯李氏　侯张氏　黎罗氏
侯张氏　侯田氏田氏媳　王何氏　满仓姐祁氏女
张胡氏李氏媳　张赵氏　康赵氏　张康氏　张张氏
康张氏　陶何氏　祁秀姐　王吴氏李氏媳　张林氏
蔺李氏　姚曹氏曹氏媳　康张氏　领兄姐　陈丁未姐
黎薛氏　黎三姐　李黎氏　顾白氏　黎王氏
郭石氏　王长姐　张奚氏　张王氏　张张氏
胡张氏　五辈姐何氏女　康张氏　四姐儿李氏孙女
张仲氏　五　姐　姚刘氏　康张氏张氏女
玉　姐黎氏侄女　王杨氏　黎侯氏　招弟儿　李曹氏
田王氏　黎王氏　李曹氏　康何氏　张权氏
张成姐权氏孙女　王祁氏　胡张氏张氏媳　陶陶姐
康焦氏　狄白氏　张刘氏　领兄子并李氏女　黎张氏

侯黎氏　黎何氏　子孙姐杨氏女　黎蔡氏侯氏媳

侯田氏　李毛氏并黎氏孙媳　张李氏　黎张氏并王氏媳

李王氏　张何氏　张侯氏　张吴氏　存主姐祁氏女

康赵氏　祁主姐　王李氏　狄王氏　张白氏并林氏媳

王卢氏　王朱氏　刘王姐　陈王氏　张张氏

袁韩氏　蔡招弟　爱姐儿　刘陶氏　李白氏

康赵氏　陈赵氏　陶何氏　张祁氏　张康氏

刘陶氏　曹双元并王氏女　张李氏　张史氏　祁党氏

侯招儿　十月花　毛庚午姐　李赵氏　来福姐赵氏女

胡张氏　陶张氏　张沈氏　张王氏　白黄氏

李张氏　张魏氏李氏媳　蒋张氏　祁蔡氏　进喜儿

黎祁氏　康王氏　王祁氏　赵赵氏　胡张氏

石朱氏　张权氏　陈姐子康氏女，夫名、父名均未详

刘王氏　李魏氏　陈张氏　阿张氏　太平姐蔡氏女

韩主姐　曹张氏　康张氏　康焦氏　赵何氏

吴陶氏　张权氏　张侯氏

以上十一年七月份

崔祁氏　李侯氏　李杨氏　白祁氏　崔张氏

李刘氏　李熊氏　巨杨氏夫名、父名均未详

李王氏并祁氏媳　存存姐刘氏女　李王氏　李赵氏

李殷氏　李陈氏

以上十一年九月份

全石氏　白包氏　梁任氏　汪郭氏　王梁氏

存秀姐姚氏女　何王氏　刘蔡氏　白王氏　童白氏
观音姐魏氏女　李张氏　桃花姐　毛　氏
陈　氏并王氏媳　李杨氏　沈中氏　长命姐郑氏孙女
张鲁氏　李陈氏　白赵氏　任白氏　王李氏
尕领姐梁氏女　白袁氏　白蒲氏　严　氏　彭赵氏
庞李氏　李赵氏　李李氏　春梅子　子孙姐
鸭个子王氏女　张范氏　吕王氏　魏边氏　张朱氏
白唐氏　白张氏　王白氏　刘白氏　曹吴氏
曹刘氏　白双旋蒲氏女　朱　氏　李胡氏　李任氏
刘刘氏　李刘氏　更喜子并高氏女　毛王氏
乔丁氏王氏女　张杨氏　黄郑氏　张李氏　张存喜
白任氏　梁贺氏　汪刘氏　王何氏　曹姚氏
白孙氏　白朱氏　陶　氏并蔡氏媳　李刘氏胡氏媳
杨魏氏　严王氏　陶高氏　孙黄氏　梁　氏
乔王氏　沈王氏　李　氏郑氏媳　党高氏　阿郭氏
关张氏　鲁六喜　阎万存　陈刘氏　张李氏
罗李氏　王元元贺氏女　张金姐　刘马氏　陈存主
宋桂桂　赵梅连　刘连姐　严桂桂　尚秋迎并王氏女
陈李氏　李刘氏　王李氏　金任氏　尚席氏
张安氏　郭永香　高玉莲　郭段氏　张张氏
罗长姐　王尚氏　贺贾氏　刘三姐马氏女　重阳姐
张更存　姜主姐　黄玉存　唐迎连　朱尚氏

陈铁氏　陈杨氏　王朱氏　金文氏　尚王氏
李张氏　王永个　高秀莲　汪田氏　张王氏
王宋氏　王存连儿尚氏女　张巴氏　王迎喜
赵平安姐　卫秋花　李满桂　熊领个　尚王氏
薛尚氏　陈郑氏　王汪氏　尚陈氏　李丁氏
尚存莲席氏女　李鲁氏　赵五存　李沈氏
汪段氏田氏女　罗马氏　王贺氏　王张氏
张三存巴氏女　王桂姐　王尕喜　党四姐　张三姐
刘四辈姐　尚春迎　陈罗氏　陈王氏　陈王氏
尚李氏　张高氏　王韩氏　王袁氏　包存主张氏女
张席氏　张五存　许李氏　李聂氏　李他义
李陈氏　李周氏　李雪氏　刁姚氏　胡戴氏
赵连存王氏女　马刁氏　吴赵氏　沈更氏　丁包氏
王段子　何王氏　吕祁氏　王存存　李蓝氏
张张氏　张更存并席氏女　李熊氏　李李氏
李他木李氏女　李刘氏　李连生周氏女　李严氏
李童氏　高赵氏　陈赵氏　刘马氏　吴桂花
沈万姐邵氏女　党焦氏　姜邢氏　陈景氏　吕宋氏
王有存韩氏女　李李氏　张长寿　张李氏　王魏氏
李刘氏　李韩氏　李刘氏　白刘氏　张王氏
李双存　党高氏　杨靳氏　邵吴氏　吴满贵张氏女
党张氏　党三姐　张赵氏　罗罗氏　吕徐氏

包张氏　祁李氏　张招氏　李王氏　马刁氏

李马氏　李李氏　李董氏　白金金刘氏女　彭赵氏

李双喜童氏女　赵王氏　张王氏　吴张氏　沈邵氏

柴贾氏　王段氏　何宋氏　殷李氏　王赵氏

陈金主　马陈氏　张贺氏　孙王氏　张张氏

刘张氏　蒋张氏　顾党存　沈牛氏　张雷氏

陈杨氏　马张氏　刘刘氏　高张氏　顺　姐张氏女

李　氏　李　氏　罗　氏李氏媳　梁赵氏　刘陶氏

秦王氏　李陈氏　孙白氏　贾张氏　徐毛氏

张吴氏　李杨氏　王靳氏　王沈氏　邢孙氏

彭哈氏　招弟子　毛杨氏　黄　氏　陈郑氏

白　氏　郭郸氏　张李氏　夏王氏　刘刘氏

史范氏　李魏氏　张李氏　黄王氏　王陈氏

阿杨氏　祁麻氏　史杨氏　熊段氏　邢张氏

黄李氏　连个子并张氏女　鲁赵氏　黎　氏

陈阿氏　王　氏　刘李氏　张白氏　李李氏

刘赵氏　邢秋氏　周宋氏　孙刘氏　张邢氏

杨徐氏　张安氏　李阿氏　李郭氏　陈李氏

邢王氏　严张氏　任高氏　王　氏　王　氏并张氏女

王　氏　阿　氏并郑氏媳　朱　氏　张领儿李氏女

郭　氏李氏媳　刘祁氏　刘祁氏　刘赵氏　童七月姐

李刘氏　李赵氏　李陈氏　王李氏　孟陈氏

杨哈氏　刘祁氏　田张氏　童华氏　聂哈氏
索包氏　索柴氏　领兄姐　苏吴氏　吴任氏
祁阿氏　闰秀姐　刘张氏　张刘氏　童福寿姐
李王氏　李林氏　李吕氏　王李氏　孟孙氏
贺王氏　张谢氏　哈李氏　祁段氏　聂佛氏
索文氏　索柴氏　尕牙姐　吴李氏　领领姐
祁吴氏　会连姐　刘李氏　刘李氏　童三存
刘李氏　李张氏　张李氏　童花木姐　杨刘氏
张曹氏　田张氏　田年氏　赵张氏　哈仲氏
索赵氏　索李氏　金贵姐　吴刘氏　吴李氏
祁张氏　闰闰姐　刘段氏　阿祁氏　李全氏
阿祁氏　吴刘氏　李董氏　童六姐　高贺氏
谢佛氏　田吴氏　王蔡氏　赵全氏　张哈氏
索赵氏　重孙姐　吴王氏　吴宋氏　祁樊氏
梅兰姐　领兄姐　宋祁氏　柴刘氏　春梅姐
领兄姐杨氏孙女　苏崔氏　柴山氏　福秀姐　柴李氏
柴汪氏　柴张氏　汪孔氏　柴赵氏　窦索氏
尕存姐　四存姐　柴窦氏　杨更存　柴范氏
张赵氏　刘白氏　宋戴氏　九存姐柴氏女　平安氏
苏郭氏　柴王氏　柴郑氏　五存姐　柴吴氏
保　姐汪氏女　存梅姐　迎春子孔氏女　汪刘氏
桂桂姐张氏女　崔张氏　还　姐高氏女　徐更存姐

杨孝姐　柴李氏　徐菩萨姐　祁高氏　宋陈氏

汪赵氏　存存姐　苏刘氏　柴祁氏　重孙姐

喜存姐　柴王氏　柴李氏　柴阿氏　柴童氏

窦张氏　张王氏　赵刘氏　张童氏　双存姐

杨长寿姐　柴张氏　苏阿氏　祁　氏　连连姐

汪索氏　苏杨氏　苏阿氏　柴曹氏　尕主姐

柴贺姐　苏窦氏　柴陈氏　柴李氏　柴沈氏

窦文氏　张李氏　窦高氏　张柴氏　杨麻氏

柴窦氏　存存姐张氏女　吴存秀姐　喜　花高氏女

李　氏　玉　姐姚氏女　蔺王氏　王宋氏　毛贺氏

郑牛氏　申刘氏　刘赵氏　刘李氏　黄袁氏

于张氏　白张氏　李李氏　存姐子　刘胡氏

孙索氏　文尚姐　文阿氏　文蒲氏　梁赵氏

林马氏　陶吴氏　五　姐　白黄氏　毛张氏

郑赵氏　申苏氏　刘党氏　刘郭氏　王张氏

于张氏　白任氏　李赵氏　樊萧氏　刘存存

助姐子索氏女　尚李氏　文刘氏　孙文氏　梁赵氏

陈党氏　祁　氏　领兄姐并王氏女　蔺张氏　周张氏

张沈氏　赵马氏　刘樊氏　黄李氏　郑刘氏

于钱氏　连城姐张氏女　杨陈氏　长命姐萧氏女

曹马氏　孙张氏　尚杜氏　文赵氏　张文氏

梁陈氏　陈姚氏　张权氏　王鲁氏　王张氏

刘王氏　张杨氏　李李氏　更梅子樊氏女　黄王氏

陈达氏　白崔氏　袁姚氏　杨刘氏　刘刘氏

平安姐马氏女　双鳞姐张氏女　文白氏　尚王氏

张吴氏　梁吴氏　陈文氏　领兄姐　喜贵姐阿氏女

姜张氏　马刁氏　梁孟氏　邓蔡氏　蒲陈氏

陈李氏　赵王氏　全神姐　张戴氏　李赵氏

尚喜氏　黄白氏　王田氏　尚李氏　张李氏

李麻脑　李陈氏　李郑氏　顺　秀并文氏女　姜赵氏

姜梁氏　杨毛氏　梁窦氏　马刘氏　蒲赵氏

杨存姐　赵马氏　六姐子并阿氏女　李丁氏　李吴氏

更连姐喜氏女　绣连儿　存存子田氏女　李沈氏

李董氏　七月姐　李祁氏　姜文氏　姜刘氏　姜刘氏

李李氏　张赵氏　文赵氏　杨陈氏　徐八姐

赵玉秀　秦沈氏　高张氏　李李氏　毛姐子

张侯氏　严李氏　尚尚氏　李哈氏　李李氏

李李氏　长姐子祁氏女　姜赵氏　姜阿氏

姜赵氏　李林氏　毛董氏　文赵氏　殷李氏

陈尚氏　高王氏　关阿氏　郑白氏　李杨氏

尚陈氏　李白氏　宋田氏　连个子　花银梅

李王氏　李祁氏　刘顾氏　刘顾氏　刘段氏

顾刘氏　熊叶氏　丁包氏　段靳氏　唐存姐

王有存　刘香花　孟王氏　刘赵氏　熊苏氏

魏毛氏　马黄氏　唐刘氏　王郭氏　刘菊花

孟陈氏　刘李氏　熊白氏　韩张氏　文张氏

李唐氏　杜谢氏　刘邵氏　孟宋氏　孟王氏

段单氏　玉令儿　段刘氏　唐贺氏

段张氏夫名、父名均未详

以上十一年十月份

清光绪二十一年回乱殉难诸烈女皆雪沟堡大捏坝人

黎李氏　白张氏　侯黎氏　曹孔氏　苏伍氏

孙黎氏　陈杨氏

以上七人是为有名可指，其余各处死无姓氏者不啻千百。

总　跋

呜呼！从来祸乱之毒，一人肇衅，群生涂炭，其惨莫酷于边境。而大通一邑，在有清同光之难，烈士、节女总计已过万人，尤为惨中之极惨，可不痛哉！

大通县志·第五部

物 产 志

《易》象之言曰:“乾为天，坤为地。”《西铭》[1]之言曰:“乾称父，坤称母。”是天地乃一大父母，而万物之生于天地者，皆其子媳。人与物同生，盖子媳中之最灵而群物乃其相与焉者也。然唯天地能生物，故得成天地之造化。吾人能与物，凡以收吾之人资养。何则？物之分类曰体物，曰植物，曰动物。如金石珠玉，体物也，得以供吾人之珍玩货利矣。根株枝叶，植物也，得以供吾人之日用饮食矣。禽兽虫鱼，动物也，得以供吾人之盘餐寝处矣。夫天地之大，有一方之土，宜即得一方之物产。得一方之物产，即奉一方之人民以生、以聚、以居、以处。物产之系，其利亦溥矣哉！

体物表

旱　金	沙金山为旱金所产之地，居县城西北二百四十里,现经封禁。
水　金	北厂为水金所产之地,去县城东北二百里上下不等,岁出金约六千两左右。
石　煤	县属樵渔堡金娥山麓所产，其地去县城南三十里,岁出煤约千余万斤。
炭　煤	县属红山堡所产,其地去县城北一百二十里,现已禁采。

夫金，石之精也。煤，土之精也。天以气清而上浮，地以体重而下结。盖有地斯有土，有土斯有石。土之与石，皆附于地而成体，故其所产是为体物。体物之繁贵，非止一二，惟金与煤，则大通之至宝耳。

旱　金　产于山地。县治西北于沙金山、八宝山皆有之。但质较水地所产稍逊。且地已封禁，久不得采，故其金亦久不复见。

水　金　产于水地。分上下厂：上厂曰天蓬河，赛尔图，曰大梁。在县城之东北。北距山丹，西距野牛沟，皆产金之地。下厂曰金羌滩，本为镇羌滩，系茶马厅界。曰鸽子滩，曰柏木哇，曰宽沟，曰天桥沟，曰毛藏峡，皆产金之地。惟该二厂昔称旺盛，近产亦五六千两，纳课金百余两矣。

石　煤　出自县治樵渔堡，居县城之东南三十里许。其煤色黑如漆，性坚如石，遇火则燃，质细灰白，全湟赖以为薪焉。每年纳课金四两。

炭　煤　出自县属红山堡，居县城北。其性坚，其质细。生可代薪，熟堪熔铁。惟燃时烟头有磺气，燃过成灰，其色变红。然其煤之品则远不及樵渔之美也。

植物表

谷　类	梁〔粱〕谷一种　黍谷一种　麦谷六种 菽谷一种　麻子二种 以上共计一十一种。
菜　类	园蔬一十五种　野菜一十六种　药菜四种 以上共计三十五种。
草　类	卉草五种　花草八种　药草六十八种 以上共计七十六(八十一)种。
木　类	灌木八种　丛木三种　果木五种　野果木七种 药木二种　花木九种　山花木十二种 以上共计三十七(四十六)种。

植者，培而植之谓也。物类之繁滋，或植之于田园，或植之于平野，或植之于山林，必使达其萌芽，畅其枝干，稔其穗实。于是以生、以成、以获、以艺。饮食资之，疾病资之，器用资之。藏之于内，足以济已（己）；给之于外，足以备人。有一物之材，即有一物之利。功用之大，曷胜言哉!

谷　类

梁〔粱〕　俗名梁〔粱〕，谷米。

黍　一名穄，俗名糜子，有数种，统称黄米。

小　麦　种类最多。其色白者，名白麦，皆仲春下种，故又谓之春麦。别有冬种者，亦称冬麦。案《说文》："小麦，苣谷也。"《本草纲目》：一名小麦，一名来，亦作麸。

大　麦　俗名黑大麦。

青　稞　案王祯《书》[2]:青稞有大、小二种，似大、小麦而粒大皮薄，多面无麸。

玉　麦　较小麦尤微细，气香，性粘，夏种秋收。

燕　麦　案《尔雅》：蘥麦，郭注：燕麦也。

荞　麦　有甜、苦二种。其禾与诸麦不同，茎红而叶青，有似菽类。

豌　豆　有青、黑、白斑数色，白者又名藏豆。一种形锐圆似回回帽者，俗名回回豆，亦名桃儿豆。案

《本草纲目》：豌豆，一名胡豆，一名戎菽，一同鹘豆。

胡　麻　红、白二色。案《本草纲目》：胡麻，一名狗虱，一名油麻。

苴　麻　俗名麻子。二麻皆可压油，此间岁产油数十万斤，皆取于此。

以上共计谷一十一种。

菜　类

菘　有二种。一种初生名黄芽菜，秋末名京白菜。一种初生名白菜，秋末名箭竿菜。

菠　薐　俗名绿菠菜。一名菠薐，一名赤根菜，一名鹦鹉菜。

莙　菜　俗名甜菜。其根赤色，煮食尤甜美。

莴　苣　茎名莴笋，一名千金菜。彭乘《墨客挥犀》[3]：“莴菜自莴国来，故名。”

韭　韭黄，用暖炕烘成。春初韭白，最鲜嫩。夏时苔长尺余，风味殊美。

芹　案《群芳谱》[4]：芹，古作蕲。一名水英，一名楚蔡。有水芹、旱芹之别。水芹生江胡〔湖〕陂泽之涯，旱芹生平地。

芥　案《群芳谱》:芥，一名辣菜，一名腊菜，一名青菜。有青芥、紫芥、白芥之别。一名胡芥，一名蜀叶青，白色为茹，甚美。子如谷米，黄白色，味辛辣。

芫　荽　案《本草纲目》：胡荽，一名香荽，一名芫荽。

蒜　红、白二种，其苔俱佳。案《本草纲目》：蒜，一名小蒜，茆蒜，一名大蒜是也。

土　芋　俗名羊〔洋〕芋。一名土卵，一名土豆，蔓生如芋。

苦　豆　花开似莲，茎叶采之，阴干，用以糁饼，气味芬芳。

萝葡〔卜〕　根长四五寸，其色半红半白。案《本草纲目》：莱菔，一名芦葩，一名萝卜。

天鹅蛋　形扁圆，皮色鲜红，肉白。案《群芳谱》：莱菔，其根有红、白二色。其状有长、圆二种。

红萝葡〔卜〕　与萝卜同，惟体长而不圆，味甜而不辛。有红、黄二种，长五六寸。

蔓　菁　案《本草纲目》：芜菁，一名九英菘，一名诸葛菜。

以上共计园蔬一十五种。

蕨　案《尔雅·蕨鳖注》[5]：“初生无叶，可食。”状如雀足之拳，又如人手之蹶，故谓之蕨。

苦　菜　一名苦蕖，俗名蕖蕖。案《本草纲目》：苦菜，一名荼，一名苦蕖，一名苦荬，一名游冬，一名老鹳菜，一名天香菜。

蘑　菇　案《本草纲目》：蘑菇，一名肉蕈。李时珍曰："蘑菇，长二三寸，本小末大，白色而软。其中空虚，状如未开玉簪花，俗名鸡鹘蘑菇，谓其味如鸡也。"产于县属西北路，岁约百数硕。

蕨　麻　土名，茎红叶绿，茎叶平塌，根赤色，味甜。通邑皆产，亦大利源也。

龙须菜　俗名头发菜，黑色。

野胡萝卜　茎叶长三尺许，叶似防风，开白花，根皮黄色，味甜而辣。

旋马〔麻〕　土俗名。高四尺许，青色，茎开粹白花。叶有白毛，小刺咬人。

鸡冠菜　土俗名。生在山地，形似鸡冠，黄色，味如鸡肉，故名。

柳花菜　形似地耳，黄绿色。

树　菇　形似蕈，味稍逊，生在山之树根阴湿处。

湖窝茶　茎高尺许，叶如蕨麻，开黄花。采茎调饮，色味胜附〔茯〕茶。

苦肝菜　土俗名。叶似菠菜，开白花，结角似圆头铲，嫩时采叶食。

娘子菜　土俗名。茎方高五寸许，叶似竹叶，开白花，嫩时采食。

野韭菜　土俗名。叶如韭，开红花，味不及韭甚远。

野葱花　土俗名。叶似嫩小韭略圆，茎头开米黄花。采花以油炼调饭，味甚美。

野　蒜　土俗名。小如独蒜，无瓣，叶如细微蒜苗。味似葱，大如龙眼。

以上共计野菜一十六种。

芸　苔　案《本草纲目》：一名寒菜，一名胡菜，一名油菜。或云："塞外有地，名云台戍，始种此菜，故名。亦通。"

白芥子　案《本草纲目》，一名胡芥，一名蜀芥。保升曰："胡芥近道亦有之，叶大，子白且粗，入药啖之，其味最佳。"

莱　菔　案《本草纲目》：一名芦葩，一名萝卜。震亨曰："莱菔子，治痰有推墙倒壁之功。"李时珍曰："其功长年利气。"

葱　不一种，春初生而黄芽者，俗名杨〔羊〕角葱；茎叶曲折而生者，俗名龙爪葱；苗细而气亦香者，俗名香葱。

以上共计药菜四种。

注释：

[1]《西铭》：书篇名。宋代张载撰。原为《证蒙乾称篇》之一部。作者曾在陕西关中讲学，在学堂分别录写《乾称篇》，张帖在东西窗户

边，东面的为《砭遇》，西边的称为《订顽》。后程颐将它们改名为《东铭》《西铭》。《西铭》即《订顽》篇，主要讲述有关儒家天道伦理之说，主张知化穷神，存心养性，以为天人一体，大君乃天地之宗子，民为同胞，物则吾與。

[2]王祯《书》：王祯，元代东平人，字伯善。曾任旌德永丰县尹。著有《农桑通诀》《农器同谱》《谷谱》，总称《农书》。清乾隆年间修《四库全书》时，从《永乐大典》中辑出改编为二十二卷。

[3]《墨客挥犀》：宋代彭乘撰，对宋遗闻轶事以及诗话、文评引录详细。

[4]《群芳谱》：明代王象晋撰。全称《二如堂群芳谱》，三十卷。分为天、岁、谷、蔬、果、茶、竹、桑麻、葛苎、药、木、花、卉、鹤、鱼各谱，每种分列种植、制用、疗治、典故、丽藻等目，略于种植而详于艺文。

[5]《尔雅》：书名。相传为周公所撰，或说为孔子门徒解释六艺之作，实成书于秦汉间，出自众人之手。今流行晋代学者郭璞注本，主要解释汉语的语辞与名物术语，是最早的辞书。

草 类

苜蓿　案《群芳谱》：一名木粟，一名光风草，一名连枝草。春初芽嫩可食。

马蔺　土俗名马莲草。

蒉草　叶窄于韭，长约尺许，马、牛、羊俱喜食之。

骆驼蓬　一名绿菰。

灰　藋　土俗名灰条，一名金琐天。

以上共计卉草五种。

野黄瓜　土俗名，茎叶如商陆，黄花。结子形如鸡蛋，红色，小头三角，味甜。绿时味苦。

细子花　土俗名，六月开蓝花，大如银元，其色甚美。

面担尔　亦俗名。五月开白花，味甜，因形得名。

山丹荷　案《群芳谱》：山丹，一名连珠，一名红花菜，一名红白〔百〕合。

石　竹　案《花镜》[1]：名石菊，又名绣竹。枝叶如苕，茎细而〔色〕青。

边　麻　是土俗名。有黑、白二种。黑者开黄花，如金钱梅。白者白花。

紫　葵　茎叶俱如蜀葵，惟花皆单瓣而色紫，染色独用。

向日葵　一名百鸟朝凤，一名西番葵。高一丈余，叶大如蜀葵。开黄花，瓣大心小，其心如盘，随日回转。子最繁，状如萆麻实。

以上共计花草八种。

党　参　案《本草纲目》："党参须上党者佳。"《百草镜》云："党参，一名黄参。黄润净软，状实味甜者良。"通邑党参，色淡白而味甜，功力不及山西潞安、太原等处所产。

沙　参　案《本草纲目》：沙参，一名白参，一名羊婆姍。又名铃儿草，因花形似铃儿。陶宏景曰："紫参与人参、元参、丹参、苦参，是谓五参。其形不尽相类，而生〔主〕疗（效）颇同，故皆有参名。紫参，乃壮蒙也。"李时珍曰："沙参，色白，宜于沙地，故名。"

苦　参　案《本草纲目》：苦参，一名苦谟，一名苦骨，一名地槐。李时珍曰："苦以味名，参以功名，槐以叶形名也。"

黄　耆　案《本草纲目》：黄耆，一名黄芪，一名戴糁，一名本百，一名芰草，一名王孙。李时珍曰："耆，长也。黄耆，色黄，为补药之长，故名。"今俗通作黄芪，或作耆者，非矣。

甘　草　案《本草纲目》：甘草，一名蜜甘，一名美草，一名蕗草，一名灵通，一名国老。陶宏景曰："此草为众药之主，犹如草香中有沉香也。"《九域志》[2]："兰州贡甘草。"大通杨家寨一带有之。

贯　众　案《尔雅·泺贯》注：一名贯渠。《广雅》云："贯节，《本草纲目》贯众，一名草鸱头，一名凤尾草。"李时珍曰："此草茎叶如凤尾，其根一本而枝贯之，故草名凤尾，根名贯众。"吴谱《本草》作贯中。俗名贯中，又贯仲，管仲者，皆谬称也。

升　麻　案《本草纲目》：升麻，一名周麻。李时珍曰："其叶似麻，其性上升，故名。"

茈　胡　通作柴胡。案《本草纲目》：茈胡，一名地薰。李时珍曰："茈胡之茈音柴。茈胡生山中，嫩则可茹，老则采而为柴。"故名柴胡也。

前　胡　案孙愐[3]《唐韵》：前胡作湔胡。陶宏景曰："根似柴胡而柔软。"李时珍曰："前胡有数种，北地者为胜。"

防　风　案《本草纲目》：防风，一名铜芸，一名屏风，一名简根。李时珍曰："防者，御也。其功疗风最要，故名。"

羌活、独活　案《本草纲目》：独活，一名羌活，一名独摇草，一名长生草。李时珍曰："独活、羌活乃一类二种。"中国者为独活，西羌者为羌活，二物同一类。今人以紫色而节密者为羌活，黄色而作块者为独活。出西蜀者紫色，出陇西者黄色。

茅　香　案茅香一名香麻。李时珍曰："茅香有二种，此一种香茅也；其白者别是南番一种香草也。"

青木香　案《本草纲目》：木香，一名蜜香，一名青木香，一名五木香，一名南木香。李时珍曰："木香，草类也。本名蜜香，谓其香气如蜜也。因沉香中有蜜香，遂讹此为木香。"后人因呼马兜铃根为青木香。今人又呼一种蔷薇为木香，愈乱其真矣。

秦　艽　案《钦定续通志》[4]:“秦艽，本名秦纠。俗作秦胶。”出秦中。以根作罗文交纠者佳，故名。萧炳谓之“秦瓜”。

荆　芥　案《本草纲目》：荆芥，一名假苏，一名蔷芥。李时珍曰:“气味辛香，如苏，如姜，如芥也。”

薄　荷　案《本草纲目》：薄荷，一名吴菝蔄，一名南薄荷，一名金钱薄荷。李时珍曰:“薄荷，俗称也。(扬雄)《甘泉赋》作菝葀。吕沈〔忱〕《字林》[5]亦作茇苦。则薄荷之讹称可知矣。”

益母草　案《尔雅·萑蓷》注:“今茺蔚也。叶似荏，方茎白华，花（生）节间，又名益母草。”陆玑《诗疏》:“蓷，益母也，故曾子见之，尝为感思。”

茵　陈　案张揖《广雅》、吴谱《本草》：茵陈，亦作茵针。藏器曰:“此虽蒿类，然经冬不死。更因旧苗而生，故名茵陈。”

菤　耳　案《尔雅·菤耳》注:“《广雅》云：枲耳也。亦云：胡葈，江东呼为常枲，或曰苓耳。形似鼠耳，丛生如盘。”《诗·周南》:“采采卷耳。”幽州谓之爵耳。《本草》曰：葈耳，一名苍耳。唐李白有《寻鲁城北范居士失道落苍耳中，见范置酒摘苍耳（作)》诗。

麻　黄　案《本草纲目》：麻黄，一名龙沙。《广雅》：龙沙，麻黄也。狗骨，麻黄根也。《酉阳杂俎》[6]：“麻黄，丛生，子如覆盆子然。”

款　冬　案《尔雅》：菟奚、颗冻即款冬也。《本草》曰：款冬，一名虎须。寇宗奭曰：“百草中惟此不顾冰雪，最先春也。”

车　前　案《尔雅》：“芣苢，马舄。马舄，车前也。注：今车前草，大叶长穗，好生道边。江东呼为蝦蟆衣。”《说文》：“芣苢，马扁也。幽州人谓之牛舌草。”

蒺　藜　俗名刺颗。案《尔雅》：“茨蒺藜注，布地蔓生，细叶，子有三角，刺人。”《诗·小雅》“楚楚者茨”是也。

大　黄　案《本草纲目》：大黄，一名黄良，一名将军。陶宏景曰：“将军，取其骏快也。”李杲曰：“推陈致新，如勘定祸乱，以致太平，故名将军。”

莨　菪　俗名天仙子。《本草》曰：莨菪，一名横唐，一名行唐。李时珍曰：“莨菪，一作蔺蒻。其子服之，令人狂浪放宕，故名莨菪。”

恶　实　俗名鼠粘子。《本草》曰：恶实，一名牛蒡，又（名）蝙蝠刺。李时珍曰：“其实状恶而多刺钩，故名。”河南人呼为夜叉头。

葶　苈　俗名辣辣秧。皆似芥。一名狗齐〔芥〕。李时珍曰：“狗芥，即葶苈，有甜、苦二种。狗芥味微甘是也。”

蒲公英　俗名黄花郎。案《群芳谱》：蒲公英，一名金簪花，又名黄花地丁。色黄如金钱，茎叶花絮皆似苦蕖，断之有白汁。

赤　芍　案《小利志》曰：“此有赤、白二种，其花亦有赤、白二色。”《别录》：“白者金芍药。”《图经》：“赤者本芍药。”《尔雅·翼言》：“制食之毒，莫良于芍，故得药名亦通。”

骨碎补　案《本草纲目》：骨碎补，一名猴姜，又胡狲姜，又名毛姜，又名菴蔺。藏器曰：“骨碎补又名猴姜，或作骨碎布，讹矣。江西人呼为猴姜，象形也。”李时珍曰：“菴蔺主折伤破血。此物功同，故又有菴蔺之名。”

马　勃　案《本草纲目》：一名马疕，一名马䆿，又灰菰，一名牛屎。

龙胆草　案《本草纲目》：龙胆，一名陵游。马志曰：“龙胆，叶如龙葵，味苦如胆，故名。”

甘松香　案《金光明经》[7]：“甘松香为苦弥哆。”

黄　芩　案《本草纲目》：黄芩，一名腐肠，一名苦督邮。内实者名子芩，又名条芩。李时珍曰：“芩，《说文》作莶。”乃以根多内实，即今所谓之条芩。

紫　苏　案《尔雅》：“苏，桂荏。注：苏，故名桂荏。”《本草纲目》：一名紫苏。李时珍曰：“苏，味香辛。

今人谓紫苏者，以其别于白苏也。其面背皆白，即白苏，乃荏也。”

旋覆花　案《本草纲目》：旋覆花，一名金沸草，一名金钱花，一名滴滴金。李时珍曰：“《尔雅》，获〔葍〕，盗庚。庚者，金也。谓其夏开黄花，盗窃金气也。”

萹　蓄　案《尔雅》：竹，萹蓄。注：似小藜，赤茎节，好生道旁。《说文》作“萹筑”。《本草纲目》：萹蓄，一名萹竹。

谷精草　俗名谷龙头，即谷莠也。《本草纲目》：谷精草，一名戴星草，又名文星草，又名流星草。李时珍曰：“谷田余气所生，故名谷精。”

黄　蘖　俗名黄柏。

百　合　案《本草纲目》：百合，一名翻，一名蒜脑藷。

艾　案《本草》曰：艾，一名冰台，一名医草，一名黄草，一名艾蒿。医家用灸百病。《博物志》[8]言：“削冰令圆，举而向日，以子承其影，则得火。艾名冰台，其以此乎？”

菁　箱　《本草纲目》：一名草蒿，一名萋蒿，一名昆仑草，一名鸡冠苋。子名草决明，俗名牛尾蒿，误。子与决明同功，故有草决明之名。

大苏小苏　《本草纲目》：名虎苏、马苏、猫苏、刺苏，因其苗状狰狞也。又名鸡项草，因其茎似鸡项也。又名千针草，又名野红花，根皆甘温无毒。

射　干　《本草纲目》：射干，一名乌扇，一名扁竹，一名紫金牛，一名草姜。其叶丛生横铺，一面如乌翅及扁竹之状，而根亦如竹，又如茧姜。

狼　毒　李时珍曰："观其名，知其毒矣。"

白　芨　案《本草纲目》：白芨，一名连及草，一名甘根，一名白给。其味苦而且甘。根白色，连及而生，故曰白及也。

泽　兰　案齐人呼为风药。《本草纲目》：一名水香，一名都梁令。俗呼孙儿菊，与兰草一物而二种。其根可食，故又名地笋。

菊　《本草纲目》：菊，一名节华，一名女节，一名女华，一名日精，一名更生，一名金蕊。宗奭曰："菊有二十余种。"李时珍曰："菊之品凡百种。"惟九月应候而开者是也。

红蓝花　《本草纲目》：红蓝花，即红花。颂曰："其花红色，叶颇似蓝，故名。"

凤　仙　《本草纲目》：一名急性，一名小桃红，一名海蒳，一名指甲草。女人采其花及叶包染指甲。

夏枯草　案《本草纲目》：夕句，一名及东，一名燕面，一名铁色草。震亨曰："此草夏至后即枯。盖禀纯阳之气，得阴气则枯也。”

黄药子　按《本草纲目》：一名木药子，一名大苦，一名赤药，一名红药子。其味极苦，故曰大苦也。

白药子　三月始生，苗紫，似苦苣根，根皮白色，名曰白药子。

游　屋　一名瓦衣。李时珍曰：“其长数寸，即为瓦松也。”

胡卢巴　释名苦豆。

蠡　实　释名荔实，一名马蔺子。今人同茶治胃疾。此二药古方药不用，俗无识者。

垣　衣　《别录》曰：“垣衣生古垣墙阴或屋上。”一名鼠韭，又名昔邪。此药方经久不用，医家故无采者，其实即苔，盖在墙曰垣衣，在地曰莓苔，在水曰苔衣，一物而数名也。

野乌药、贝母、黄莲、丹参、木通、土茯苓　以上共六种，性、味、色、气皆与市中收用稍异，今并不采，尚待博物君子考订。

羊尿脃草　可通小便。

鸡翎草　独茎挺生，形色似骆驼蓬，治马瘙，功甚捷合。平路堡庙山坡及李家坡一带皆有之。

鼻拉他草　合茶叶白糖清马肺，止鼻脓吼喇，故曰鼻拉他。合上共三种，皆土俗名。按之《本草》方书，不知名为何药。然无实名而有实效，特录之似〔以〕供采用。

以上共计药草六十八种。

注释：

[1]《花镜》：清代陈淏子撰，六卷，图一卷。作者自号西湖花隐翁。该书内容为花历新栽、深花十八法、花木类考、藤蔓类考、花草类考、禽兽鳞虫类考，其中论课花方法，多得于亲身经验，为全书之精华。

[2]《九域志》：《元丰九域志》的简称，宋代全国性地方志书。宋神宗元丰八年（1085年）刊行，是书由曾肇、李德昌等在《九域图》基础上重新纂修的，王存负责主编。因不绘地形图，逐改本名。详细记载了四京、二十三路及化外羁縻州内的山川、地理、建置沿革、户口、土贡等。

[3] 孙愐：唐天宝中官陈州司法。重刊隋陆法言《切韵》，增加字数为《唐韵》。今书已佚，惟《广韵》中尚存愐所作《唐韵序》一篇。徐铉本《说文解字注》所附反语，系愐书音切。

[4]《钦定续通志》：清高宗乾隆三十三年（1767年）敕撰，凡六百四十卷。记载唐五代宋辽金元明清诸朝政治典章事。

[5]《字林》：晋代吕忱撰。按照《说文解字》部首，分五百四十部，搜求异字，补《说文》所遗漏者，凡一万二千八百二十四字。是古代中国著名的字典。

[6]《酉阳杂俎》：唐代段成式撰，笔记小说集，有前二十卷，续集十卷。所记有仙佛鬼怪、人事以及动物、植物、饮食、寺庙等，分类编

录，部分内容属志怪传奇类，另一部分记载各地、异域之事物，保存了许多有价值的史料。

[7]《金光明经》：著名佛学经典，全名为《金光明最胜王经》，由唐三藏法师义净翻译。

[8]《博物志》：西晋张华撰。中国古代汉族志怪小说集，分类记载异境奇物、琐闻杂事及神仙方术等，保存了许多古代神话资料。

木　类

松　案《格物总论》：松有数品。此则长大而直，诚栋梁材也。

柏　案《群芳谱》：柏，一名椈。木皆属阳而柏向阴指西，盖木之有贞德者。

榆　案《群芳谱》：一名零，一名□。茎有赤、白二种，叶圆如小钱，故名榆钱。

杨　案《群芳谱》：杨有二种，白杨叶似梨叶而稍厚大，淡青色。青杨身亦耸直，材可取用，叶似杏叶而稍大，色绿。

柳　案《花镜》：一名官柳，一名垂柳。

柽　俗名红柳。案《尔雅》：柽，河柳也。

桦　案《本草纲目》：桦木，一名櫄李。

竹　有大、小二者，俗名毛竹。此间所产则毛竹也。

以上共计灌木八种。

白　刺　土俗名。

黄　刺　土俗名。

黑　刺　土俗名。皆生山中，无甚取用，聊可备薪。

以上共计丛木三种。

楸　子　李时珍曰："林檎味酢者，即楸子也。"

李　案《本草纲目》《群芳谱》俱作"嘉庆子"。

杏　接杏大如梨，味最佳。面杏，山杏也，为下品。

樱　桃　案《本草纲目》：一名婴桃，一名含桃，又名荆桃。

沙　枣　不结实。

以上共计果木五种。

酸瓶儿　土俗名。树高六七尺，开黄花，结子如瓶，色黄绿，味酸，故名。

梅　子　土俗名。树高三四尺，五月开花，色红黄。七月子熟，深红，味甜。

野葡萄　土俗名。树高五尺许，形如白边麻。花紫色，结子状如豌豆，味甜。

马奶头　土俗名。树高七八尺，花红紫色，结子如马奶头，故名。

羊奶头　土俗名。树高四五尺，红花，结子如羊奶头。

野樱桃　土俗名。高丈许，树紫色开花，结子如桐子大，味酸甜。

石枣儿　土俗名。从生平塌，开粹红花。结子比豌豆略大，味酸甜。野人合婴粟熬膏食，

以上共计野果木七种。

杏　仁　案《群芳谱》：一名查仁，一名甜梅，其类甚多。

地骨皮　案《本草纲目》：枸杞根皮如厚朴，则入药。太〔大〕抵以西河者为上。

黄　蘖　俗名黄柏。《本草纲目》：按蘖木，一名黄蘖，根名檀桓。李时珍曰：“俗作柏，省写之误也。”

以上共计药木三种。

梅　树　案《群芳谱》：梅种类不一。此间所有者，俗名黄剌〔腊〕梅、红剌〔腊〕梅两种。

探　春　丛生，花似丁香，有紫白二色。

凌　蘖　一作林柏，一作凌波，一作纶帛。

荷花牡丹　案《花镜》：荷包牡丹，一名鱼儿牡丹。

枇杷花　土俗名。在山中，五月开白花，大如牡丹。

黄牡丹　土俗名。生山中，三月开黄花。叶有黄毛，不畏雪霜。至八月复开蓝花。

碧　桃　一名偷〔榆〕叶梅。丛生，花似桃，故名。三月开花而不结实。

狼麻花　土俗名。生在山中，四月开红花。

川草花　土俗名。

以上共计花木九种

地飘儿　土俗名。白花，结子红色，大如钮，味酸甜。

蓝牡丹　土俗名。花大二寸许，天蓝色，比纽子花略粗。

满天红　土俗名。独茎直立，高五尺。自一尺许开花，层层至顶，桃红色，满茎皆有，故名。

三娘教子花　土俗名。高尺许，蓝花，形如喇叭，平面远视，如人面，近视有三芷，一高两低。此三娘教子之名所由来也。

鬼见条　土俗名。干圆而皮方，枝头长穗，粹花如凌蘖。

胡儿条　土俗名。五月开花，白色。

缠　条　土俗名。三月开花，水红色，五瓣如梅。

皂角条　土俗名。树高丈三四许。白花，结子如豌豆大。

枸子条　土俗名。树高丈许，结子如红豆。

牛胫条　土俗名。五月开花，水红色，香气远射。

香　柴　土俗名。五月开蓝花，亦香气喷人。

以上共计山花木一十二种。

动物表

禽　类	家禽三种　旱禽四十二种　水禽四种
兽　类	家兽十种　旱兽二十三种　水兽一种
虫　类	穴虫九种　水虫五种　飞虫一十六种 走虫九种　盘虫二种　屈虫三种 介虫一种
鱼　类	有鳞鱼一种　无鳞鱼二种

动物具有血气，与人无异，然其性较顽。惟其顽也，故人皆得而利用之。非人初有心而利用之也，盖天地之生此类，凡以资人之利用，而人乃得因其利而利之耳。不然，犹是气也，犹是血也，何以彼皆受制于人，而人独不为彼所制哉?由是观之，可以知天地待人之厚矣，亦可以知天地生物之心矣。虽然，人亦物也，物与物交宜，不得不为之辨而亦不能不为之惜矣。

禽　类

鸡　案《钦定续通志》:“鸡，知时畜也。一名时鸡，一名烛夜。”《埤雅》[1]:“有鲁、荆、越诸种。越鸡小，蜀鸡大，鲁鸡又其大者。”

鹅　案《本草纲目》：一名家雁，一名舒雁。时珍曰:“有苍、白二色及大而垂胡者，并绿眼，黄喙，红掌，善斗，夜鸣应更。”

鸭　案《本草纲目》：鹜，一名鸭，一名家凫。《禽经》：“咽鸣呷呷，其名自呼。”《格物论》：“鸭，雄者绿头文翅，雌者黄斑色。有纯黑、纯白者。”此间岁产较胜他处。

以上共计家禽三种。

百　舌　俗名白玲。按《钦定续通志》：“百舌，一名反舌，一名鹊鹳。如鸜鹆而小，苍毛尖喙，好食蚯蚓。”

乌　《说文》名孝鸟。俗名鸦。案《小尔雅》：“纯黑而反哺者谓之乌。”《本草纲目》：慈乌，一名慈鸦，一名孝鸟，一名寒鸦。李时珍曰：“此鸟初生，母哺六十日，长则反哺六十日，可谓母慈子孝矣。北人谓之寒鸦。”

鸒　俗亦名鸦。按《尔雅》：鸒，斯鹎鶋。郭注：“雅乌也。小而多群，腹下白。”《广雅》：“小而腹下白。不反哺者谓之雅乌。”

鸀　俗名红嘴鸦。按《尔雅》：鸀，山乌。郭注：“似乌而小，赤嘴，穴居，出西方。”李〔拟〕雅乌而小，赤嘴、穴居者，山乌也。

燕　乌　俗名臊鸦。案《尔雅》：燕，白脰乌。李时珍曰：“似雅乌而大，白项者，燕乌也。一名白脰，一名鬼雀。师旷以白脰者为不祥。”

乌　鸦　俗名老鸦，亦名黑老哇，又名鸱鸱哇。大如鸡鹰，色纯黑，其鸣鸹鸹。案《本草纲目》：乌鸦，一名老鸦，一名大嘴乌。

鹊　《玉篇》名鳷鹊，俗名喜鹊。案《本草纲目》：鹊，一名喜鹊，一名干鹊，一名飞驳马。李时珍曰："鹊大如鸦而长尾，尖嘴黑爪，绿背白腹，尾翮黑白驳杂。"

练　鹊　案《钦定续通志》：练鹊，一名带乌,一名拖白练。似山鹊而小，头上披一带，尾长，色白。雌者短尾。《禽经》：带乌性仁。张华云："带乌，练鹊之类是也。"

鸴　俗名山鹊。案《尔雅》：鸴，山鹊。郭注："似鹊而文彩，长尾，嘴脚赤。"《酉阳杂俎》谓之"赤嘴乌"。

䴕　俗名剁木虫。案《尔雅》䴕，斫〔啄〕木。《本草纲目》：啄木鸟，一名䴕。李时珍曰："此鸟斫〔啄〕裂树木，取蠹而食，故名。"《异物志》云："啄木有大有小，有褐有班〔斑〕。褐者是雌，〔斑〕者是雄。"山中有种青黑色，头上有红毛，土人呼为山啄木，又名火老鸦。

斑　鸠　大小种类甚多，俗统名为斑鸠。按《本草纲目》：斑鸠，一名锦鸠。李时珍曰："今鸠小而灰色，及大而斑如梨花点者，并不善鸣。惟项下斑如珍珠者，声大能鸣，可以作媒引鸠。”

鸤　鸠　俗名种谷。案《尔雅》：鸤鸠，鴶鵴。郭注：“今之布谷也。”《本草纲目》：鸤鸠，一名布谷，一名获谷，一名郭公。《毛诗疏义》：“鸤鸠似鸽而带黄色，谷雨后鸣，夏至后止。”陈藏器[2]曰：“布谷似鹞，长尾，北人名播谷。”李时珍曰：“布谷鸤声，各因其相似而听之可矣。”

黄　鹂　案《韵会》：黄鹂，仓庚也，一名黄莺。《本草纲目》：莺，一名黄鹂。李时珍曰：“莺，大似鸲鹆，体毛黄色，羽及尾黑色相间。黑眉尖嘴，青脚。其音圆滑如织机声。”

画　眉　谨案《钦定续通志》：“画眉似莺而小，黄黑色，其眉如画，故名。巧作千声，清如百舌。”

雀　俗名麻雀，又名家雀。按《正字通》[3]：“檐雀，俗呼麻雀。”《本草纲目》：雀，一名瓦雀，又名宾雀。李时珍曰：“雀，羽毛斑褐，颔嘴皆黑，跃而不步。”

雈　似家雀而稍大，嘴脚微长，俗亦呼麻雀。按《本草纲目》：蒿雀，青黑。疑即此种。

翠　雀　似麻雀而小，羽毛翠蓝，项及腹绯色或黄色，嘴脚俱赤。按《尔雅》：鴗，天狗。注：小鸟也，青似翠。喙红，项下白，食鱼。《正字通》：名翠碧鸟。《翠鹬注》：似燕，绀色，出郁林。李巡[4]曰：“鹬，一名翠，其羽可以为饰。又一种赤足黄文曰鹬。”《山海经》:“符禺山鸟,多鸣似翠,赤喙。”未审与此相似否。

花　雀　似雀而小,翅尾青黑,飞时兼露白彩。案此疑即练鹊之类,但头未拖带耳。

鹁　鸠　似鸽差小,褐色无斑,其鸣声曰:“姑姑登”,俗因名之。案《尔雅》:鳺,哺叔,郭注未详。《通雅》:即鹁鸠也。

鸽　一名鹁鸽。案《说文》:鸽,鸠属也。《本草纲目》:鸽,一名鹁鸽,一名飞奴。李时珍曰:“处处人家畜之,亦有野鸽。名品虽多,大要羽毛不过青、白、皂、绿、鹊斑数色,眼目有大、小、黄、赤、绿色而已。”

黄　雀　俗名金翅。形似麻雀而小,色纯黄耳。

麻　鹨　状似金翅而毛色青黄,其鸣声清扬宛转,人多畜之。案《尔雅》:鹨,天鸙。郭注:“大如鷃雀,色似鹑。”《正字通》:“鹨,俗名告天鸟,其鸣如龠,声高多韵。”疑即此鸟。又案《集韵》鹨有“缪、留、聊”三音,今音从聊。

紫　燕　案《本草纲目》:燕,一名乙鸟,又名元〔玄〕鸟,又名天女。陶宏景曰:“燕有两种:紫胸青小者为越燕,斑黑而声大者为胡燕。”李时珍曰:“燕大如雀(而)身长,筣〔衔〕口丰领,布翅歧尾。”

鸶　似鹞而小。案《玉篇》鹓与鸶同,鹞属。《广韵》：鸢似鹰而小，能捕雀。

雀虎　似鸷而小，食雀，雀畏之如虎。

鸡豹　较鸡稍大，食鸡，身有豹文，故名。

鸱鸺　俗名夜鸹。案《本草纲目》：鸱鸺，一名角鸱，又名怪鸱，一名钩鸹，又名鵋鶀。李时珍曰："此物有二种，鸱鸺大如鸱鹰，黄黑斑色，头目如猫，有毛角两耳。昼伏夜出。鸣则雌雄相呼，其声如老人，初若呼，后若笑。所至多不祥。"《庄子》云："鸱鸺夜食，蚤察毫末，昼出而不见邱山是也。"一种大如鸲鸽，毛色如鹞，头目亦如猫，鸣则后窍应之，其声连转，如云："休留、休留。"名曰鸺鹠，乃鸱鸺之小者也。《山海经》："单怯山有鸟如雉，文首，白翼，黄足，名曰白鵺。"《尔雅·鵋鶀》郭注："今江东呼鸺鹠为鵋鶀，亦为之鸲鸹。"俗名盖本诸此。

鸢　俗名鹞鹰，又名饿老鸮。喜高翔，善捉肉食。《诗·小雅》"鸢飞戾天"，即此。按《尔雅》："鸢鸟丑，其飞也翔。"《疏》："鸢，鸱也。"鸱鸟之类。《本草纲目》：鸱，一名鸢，又名雀鹰。陶宏〔弘〕景曰："鸱即俗名老鸱者。"《尔雅》有鸱鸮、怪鸱、茅鸱。

胡燕　俗名沙燕，又名马燕。形如火燕而大，身褐色，群飞。案《花镜》：胡燕有黑斑，臆白而身大，状似雀而稍长。

动物

火　燕　一名火食架子。形如燕而尾不歧，有青、黄、丹、褐诸（色）。腹及翅下俱赤或杂黄色，喙黑脚红。

雉　俗名野鸡。案《本草纲目》：雉，一名野鸡。寇宗奭曰："汉吕太后名雉，高祖改雉为野鸡。"李时珍曰："雉形大如鸡，斑色绣翼，雄者文彩而尾长，雌者文暗散而尾短。"

鹭　鸡　俗名马鸡。似山鸡而大，嘴足皆赤。无冠，身灰褐色或青翠色。目上有长白毛如眉，其尾可为翎线。案《甘州府志》："马鸡如山鸡而大，重四五斤，赤嘴红足，身青翠色。"

半　翅　状类山鸡而小，嘴足赤红，身褐色而兼红彩，翅短，群飞，不能及远，多集山涧畔，案《安定县志》有此鸟，未详形状。

雪　鸡　案《本草纲目》："雪鸡生西陲，千百成群，栖止雪中。"《西域闻见录》："喀什噶尔雪鸡群飞，及〔极〕肥美，入药较雪莲尤效。"

鵰　一作雕，力能摧断牛肋。案《正字通》：皂鵰翮可为箭羽。案《本草纲目》：雕，一名鹫。李时珍曰："雕似鹰而大，尾长翅短，土黄色，鸷悍多力。皂雕即鹫鸟也。又有虎鹰，翼广丈余，能博虎。"猎人有见之者。

鹗　俗名鱼鹰。案《本草纲目》：鹗，一名鱼鹰，又名雎〔睢〕鸠，一名王雎〔睢〕。李时珍曰："鹗，雕类。

似鹰而土黄色，深目好峙，翱翔水土〔上〕能捕鱼。”《禽经》：王雎〔雎〕，鱼鹰也。

鹰 有黄黑二色，土俗名以其色而名之。案《本草纲目》：鹰，一名角雁，又名鷞鸠。《埤雅》：一岁曰黄鹰，二岁曰鵵鹰，三岁曰鸧鹰。

鸇 俗名鸽虎。案《尔雅·风鸇》郭注：鹞属。陆机云：“鸇似鹞，黄色、燕颔、句〔勾〕喙。因风疾击鸠、鸽、燕、雀食之。”

鹞 似鹰而小，爪目俱黄，俗名黄箭子。善捕雀。案《说文》：鹞，鸷鸟也。《尔雅》：鷣，负雀，郭注：“鷣，鹞也，善捉雀。”

鸮 俗名鸺鹠。形大如鹞鹰，头目如猫，爪如猫足，夜鸣。入人家则主不祥。案《本草纲目》：鸮，一名枭鸱，一名鵩，一名训狐，一名流离。李时珍曰：“鸮，枭，训狐，其声也。俚人讹其训狐为幸胡。鵩，其色如服色也。流离，言其不祥也。处处山林有之。少美好而长丑恶，状如母鸡。有斑。头如鸲鹆，目如猫眼，其名自呼。”《淮南子》云：“甑瓦投之，能照枭鸣，性相胜也。”据此，幸狐为训狐之讹，则俗名鸺鹠又幸胡之讹矣。

寒 号 释名鶡鴠，一名独春。《诗》作“盍旦”。《礼》作“曷旦”，又《说文》作“鶡鴠”，《广志》作“侃旦”，《唐诗》作“渴旦”。皆随借名耳。杨雄《方言》云:“自关而西谓之鹖旦，自关而东谓之城旦，亦曰倒悬。周、魏、宋、楚谓之独春。”郭璞云:“鹖鴠夜鸣，求日之鸟。夏月毛盛，冬月裸体，昼夜鸣叫，故曰寒号。”

以上共计旱禽四十一种。

鹳　案《本草纲目》：鹳，一名皂裙〔君〕，一名负釜，一名黑尻。寇宗奭曰:“鹳身如鹤，但头无丹，项无乌带，兼不善唳。”

鸿　雁　俗名毂辘雁。《玉篇》:“大曰鸿，小曰雁。”《博物志》:“雁色苍而鸿色白，雁多群而鸿少侣。”

鸳　鸯　案《本草纲目》：鸳鸯，一名黄鸭，又名匹鸟。李时珍曰:“鸳鸯大如小鸭，其质杏黄色有文彩，黑头翠鬣，黑翘皂尾红掌，头有白长毛垂之至尾。”

鸬　鹚　案《本草纲目》：鸬鹚，一名鷧，一名老鸦，李时珍曰:“鸬鹚似鸦而小，色黑亦如鸦，长喙微曲，捕鱼而食。”

凫　俗名水鸭。案《本草纲目》：凫，一名野鸭，又名野鹜。陆机云:“凫如鸭。”

以上共计水禽四〔五〕种。

注释：

[1]《埤雅》：书名。宋陆佃撰，二十卷。释鱼、释兽、释马、

释虫、释鸟、释木、释草、释天，凡八篇。原名《物性门类》，后改今名。

[2] 陈藏器：唐鄞人，精于医。尝以《神农本经》挂漏尚多，因广集药名，为《本草拾遗》。

[3]《正字通》：书名。明张自烈撰，十二卷，对明梅膺祚著《字汇》做了补充和修订。

[4]李巡：后汉汝阳人。灵帝时常侍。时宦官纵横，巡独守清忠，不争权威。见诸博士试甲乙科，争第高下，至有行赂定兰台漆书经字，以合其私文者。乃白帝与诸儒共刻五经文于石，于是召蔡邕等正其文字。五经一定，争者用息。

兽类

马　李时珍曰：马力在膊，以西北方为胜。牡马(曰)骘、曰儿，牝马曰骒、曰草，去势曰骟。一岁曰𫘤〔馬】〕，二岁曰驹，三岁曰騑，四岁曰駣。名色甚多，详见《尔雅》及《说文》。

驘　俗作骡。其形甚健，其力在腰。股有锁骨不能开，故不孳乳。其类有五：为驘、为駃騠、为駝駰、为驕驝、为駏驉。俗则通以骡呼之。

驴　案《钦定续通志》：“驴，长颊、广额、磔耳、修尾，夜鸣应更。”性能旋磨及驮负。一曰濮骊，一称蹇驴，一名为卫。有褐、黑、白三色。

牛　牛之壮者曰牯，曰特，曰犅，曰犒。牝者曰犨，曰牸。南牛曰犑，北牛曰犊。纯色曰牺，黑曰犏，白曰犁，赤曰牸，驳曰犁。去势曰犍，又曰犗。无角曰牛子。犊生二岁曰犊，三岁曰犙，四岁曰牭，五岁曰犕，六岁曰犓，七岁曰犕。

牦　牛　释名犛音氂牛。《尔雅》：犏牛。李时珍曰："毛与旄同，或作毛。"《后汉书》云：再〔在〕陇夷出牦牛，重千觔，毛可为旄。观此则牦牛之名盖取诸此。颜师古云："牦牛即犏牛也。"而叶盛《如未〔水东〕（日）记》云："毛牛与封牛合，则生犏牛，亦类毛牛，犏气使然，故谓之犏，又毛之遗种耳。"

驼　释名橐驼，一名骆驼。李时珍曰："驼能负囊橐，故名。方音〔言〕讹为骼〔骆〕驼也。"

羊　俗称棉〔绵〕羊。《典礼》云：柔毛。李时珍曰："牡羊曰羖、曰羝。牝羊曰牸、曰牂。"毛色分黑、白、黄三种，惟黑者甚少。此间北大通北岁产可千百只。

猫　案《本草纲目》：猫，一名家狸。李时珍曰："猫，苗、茅二音，其名自呼，捕鼠小兽也。有黄、黑、白、驳数色，狸身而虎面。"

犬　俗名狗。大小名类甚多，中有长毛黎色者，名狮子狗，最小者名哈巴狗。性既〔极〕灵警，狗、犬名通。若分而言之，则大为犬，小者为狗。

豕　俗名猪，又一种名山猪。案《本草纲目》：豕，一名豚，一名豭，一名彘，一名豮。李时珍曰："在畜属水，在卦属坎，在星应室。"

以上共计家兽十种。

虎　一名乌䖘音徒，一名大虫，又名李耳[1]。《尔雅》云：虎浅毛曰虦音栈猫，白虎曰甝音舍，黑虎曰虪音叔，似虎而五指曰貙音区，似虎而非真曰彪，似虎而有角曰虒音斯。

豹　释名程，一名失刺。李时珍曰："豹性暴，故名曰豹。"（陶）弘景曰："豹至稀而人用亦鲜，惟尾可贵。"

犛　牛　一名毛犀，一名猫牛，一名犛，一名犏牛、一名竹牛，一名犨。李时珍曰："犛牛出西南徼外，居深山中，野牛也，状及毛、尾俱同牦牛，牦小而犛大，有重千觔者。"

野　马　郭璞曰："野马似马而小，取其皮为裘，食其肉如马肉，但落地不占波〔沙〕土耳。"

狗　獾　李时珍曰："貒。猪獾、狗獾二种相似而略殊，狗獾似小狗，猪獾穴居似小猪。"

貒　俗作獾猪。《尔雅》：貒子，貗。注：貒，豚也，一名獾。

野　猪　李时珍曰："野猪，处处深山中有之，形如家猪。"

熊　李时珍曰："熊者雄也。熊字篆文象形。"但熊有猪熊、人熊、马熊、狗熊之殊，各因其形之相似以为别也。《述异记》[2]云：在陆曰熊，在水曰能，即鲧所化，故熊字从能。又狒狒亦名人熊。

羖 羱　案《尔雅·夏羊》注：黑羖羱。《集韵》：羖羱、山羊。苏颂曰："羖羊亦有褐、黑、白色，皆谓之羖羱羊。北人引大羊以此为首。"寇宗奭曰："羖羱羊生陕西、河东，尤狠健，毛最长。"

羳 羊　俗名黄羊。案《尔雅》：羳羊，黄腹。注：股下黄。《本草纲目》：黄羊，一名羳羊，一名茧耳羊。李时珍曰："其耳甚小，状与羊同，低小细肋，腹下带黄色，角似羖羊。喜卧沙漠，能走善卧而尾黑者，名黑尾黄羊。生野草内，或群至数十者，名曰黄羊。"《甘州府志》："黄羊似獐，淡黄色，角花黑。"

羱 羊　一作羦，俗名山羊。《尔雅》：羱，如羊。注：羱羊似吴羊而大角椭。《本草纲目》：山羊，一名野羊。苏恭曰："山羊大如牛，或名野羊。角堪为鞍桥。"吴端曰："山羊似羚羊，色青，其有挂痕者为羚羊，无者为山羊。"李时珍曰："山羊有二种，一种大角盘环，肉至百觔，一种角细小者，《说文》谓之苋羊。"

青 羊　一名石羊。大如棉〔绵〕羊，色青，亦有黎色者。查此亦山羊类。

麢羊　一名羚羊，一名麢音铃，又名九尾羊。王安石《字说》[3]云："鹿则比类环居，角外向以自防。麢则引身独栖，角悬木以远害，可谓灵也。故字从鹿从灵。"《说文》云："麢，山羊也，大而细角。"

鹿　见《药类·麋》释名。李时珍曰："陵〔陆〕佃曰：鹿喜音声。班固云：麋性淫迷，则麋之名，义取乎？《尔雅》云：牡曰麔音咎，牝曰麎音辰，其子曰麆。"

麂　一名虎，即古麂字。《字说》曰："山中有虎，鹿必鸣以告，其声几几然，故曰麂。大者曰麖。"

獐　按《本草纲目》：獐，一名麕。李时珍曰："獐似鹿而小，黄黑色。又似麝而无香。"麝似狐亦似獐，其脐香取之入药，可治疮毒，岁产可千百个。

舍　利　俗名草舍利。状似猢狲，长骽短尾，色苍白，皮可为裘。《钦定续通志》："舍利性吐金，故曰舍利。《西京赋》曰：舍利�颸，化为仙车。"《明一统志》："土豹，一名舍里。"《甘肃通志》："土豹皮，一名舍利孙。"

豺　俗名豺狗。《正字通》：豺，长尾，白颊，色黄。陆佃云："俗名瘦如豺，豺，柴也。豺体细瘦，故谓之柴棘。"

狼　案《说文》："狼似犬，锐头白颊，高前广后。"李时珍曰："其色杂黄黑，亦有苍灰色者。"

狐　案《说文》:“狐，妖兽也。鬼所乘之，有三德。其色中和，前小后大，死则邱首。”李时珍曰:“狐有黄、黑、白三色，白色者尤希。”皮可为裘。

狸　俗作狸。案《说文》:“狸伏兽，似貙。”《正字通》:“野猫也。”有数种，大小似狐，毛杂黄黑，皮可为裘。

兔　黑白二色，野兔多黄褐色。兔大如狸，形如鼠而尾短，耳大而锐，上唇缺而无脾，长须，前足短。

以上共计旱禽〔兽〕二十三〔二〕种。

獭　俗名崖獭，食猫。案《玉篇》[4]：獭如猫。《埤雅》：獭兽，西方白虎之属，似狐而小，青黑色，肤如伏翼。

以上水兽一种。

注释：

[1]虎，又名李耳：《尔雅义疏》：方言云：虎，陈、魏、宋、楚之间或谓之李父。江淮南楚之间或谓之李耳。

[2]《述异记》:以此名为书者有三种，一是古小说，南朝齐祖冲之撰，所记多鬼异故事，现已失传，有鲁迅《古小说钩沈》辑本；二是志怪小说集，南朝梁任昉撰；三是笔记，清康熙时东轩主人著，所记多清初轶闻，也有许多神怪故事。

[3]《字说》:北宋王安石撰，二十卷。为文字学类著作。作者认为汉字以音、形包含着万事万物的原理，故而不从许慎《说文解字》和传统说解而自创说，为“荆公新学”之一，其中有许多穿凿附会之处。

今已失传。

[4]《玉篇》:中国第一部按部首分门别类编排的汉字字典,南朝梁顾野王撰,收字16917字,每字下先注反切,再引群书训诂,解说比较详细。

虫类

鼠　俗名老鼠，多灰褐色。《本草纲目》：鼠，一名鼬鼠，又名家鹿。李时珍曰："此即人家之常鼠也。"一种大者俗名磨班。一种小者俗名条老鼠。

鼲　鼠　俗名黄鼠。案《本草纲目》：黄鼠，一名礼鼠，一名拱鼠，一名鼲鼠。李时珍曰："黄鼠，晴暖则出坐穴口，见人则交其足，拱而如揖，乃窜入穴。即《诗》所谓相鼠有体，人而无礼。韩文所谓礼鼠，拱而立者也。"

鼬　鼠　俗名黄鼠狼。案《尔雅·鼬鼠》注："似鼦赤黄色，大尾，啖鼠。江东呼为鼪。"《本草纲目》：一名鼪鼠，又名鼤鼠。《广雅》："鼠狼即鼬也。色黄如柚，故名。"

松　鼠　俗名鼺鼧。毛通体豹文，长三寸许。尾与身埒粗如谷穗。性最灵。案《安庆府志》：松鼠有二种，小者不过三寸，通身豹文，最灵黠。案《尔雅》：鼨鼠，豹文鼮鼠。郭注：鼨未详，鼮鼠，文彩如豹者。许慎

《说文》:“鼨，豹文鼠也。”

鼧鼥鼠　俗名哈喇。案《唐诗地理志》：兰州贡鼧鼥鼠。《本草纲目》注：“鼧鼥，言其肥也。”《正字通》：“鼧鼥鼠，生番山泽中，穴土为窠，形似獭，夸人掘食之。蒙古人名答喇不花。”《甘州府志》:“他喇不花，似獾，重四五斤。”余见《方言》。

鼫　鼠　俗名兔鼠。《本草纲目》：硕鼠，一名鼩鼠，又名鼢鼠。李时珍曰:“鼫鼠处处有之，居土穴，树孔中。形大如鼠，头似兔，尾有毛，青黄色，善鸣，能人立，交前两足而舞。好食粟豆，与鼢鼠俱为田害。鼢小居田，而鼫大居山也。”

鼹　鼠　俗名瞎老鼠。《本草纲目》：田鼠，一名鼢鼠。李时珍曰:“田鼠偃行地中，能壅土坌。”《颂》曰：“处处田陇间有之。”《月令》:“田鼠化为鴽者即此。”其形类鼠而肥多膏，旱岁为田害。宗奭曰:“鼹脚绝短，仅能行。尾一寸余，目极小，项又短，最易取。或安竹弓射取饲鹰。”

蛜　蝛　案《尔雅》疏：一名蟠，一名鼠负，或作鼠妇。俗名家虫。《诗》:“伊威在室。”

蝙　蝠　俗名夜蝙蝠。案《尔雅》：蝙蝠，服翼。注：齐人呼为蚭墨，或谓之仙鼠。扬子《方言》[1]:“蝙蝠自关而东谓之服翼，自关而西秦陇之间谓之蝙蝠。”《本草纲目》:“伏翼，一名蝙蝠，一名仙鼠，又名夜燕，天鼠。屎名夜明砂。”

以上共计穴虫九种。

水蛭　一名蚑，又名蜞马。弘景曰:“处处河地有之。”蚑有数种：有水蛭，有草蛭，又有石蛭生石上，泥蛭生泥中。二蛭头尖，腰粗，色赤。

水　黾　体狭小，有足三对，前短后长，常立于水面。

水　虿　为蜻蜓之幼虫。体分头、胸、腹三部。胸有足三对，能爬行。渐长则蜕化为蜻蜓。其卵产水中，能孵化为水虿，曲蟮也。李时珍曰:“蚓之行，引而后伸，其塿如坵，故名。”

蝌　蚪　案《尔雅》：科豆，活东。注：虾蟆子。《本草纲目》：科斗，一名元鱼，一名悬缄，一名水仙子，一名虾蟆蛋。李时珍曰:“科斗生水中，虾蟆，青蛙之子也。”

虾　蟆　一名蛙。《本草纲目》：螯蟆，种类甚多。古人谓：近庐舍无声者为蟾蜍，近水有声者为虾蟆。

以上共计水虫五种。

蜜　蜂　一作𧕟。《本草纲目》：蜜蜂，一名蜡蜂，又名䖥。李时珍曰:“蜂有三种，一种在林木或土穴中作房，为野蜂；一种在人家以器收养为家蜂，皆小而微黄，

动物

蜜皆美；一种在山岩高峻处作房，即石蜂也。为石蜜，其蜂黑色。”

黄　蜂　俗名黄虹。细腰黑色者，统名虹子。《本草纲目》：大黄蜂黑色者为胡蜂。一名壶蜂，一名𤬸瓠蜂，又名元瓠蜂，又名蠮螉蜂，又名细腰蜂。李时珍曰：“凡物黑色者名胡，其壶、瓠、𤬸、瓠，皆象形命名。大黄蜂色黄，𤬸瓠蜂色黑，一类二种。”一种蜂黑色，腰甚细，衔泥于人屋及器物边作房如竹管是也。

蛱　蝶　一作蝶，俗名蝴蝶。按《本草纲目》：蛱蝶，一名蛉蝶，又名蝴蝶。李时珍曰：“蝶，蛾类也，大曰蝶，小曰蛾，其种甚繁，皆四翅有粉，好嗅花香。”

蜻　蜓　俗名蝩蜎，有红绿二种。《本草纲目》：螳螂，一名虹，又名蜻蝏，亦作蜓。赤者名赤卒。韩保升曰：“蜻蜓好飞水际，六足四翼。”

螳　螂　案《本草纲目》：螳螂，一名蟷螂，俗名石螂，一名拒斧。

蝉　有二种：一种青绿色，俗名绿秋蝉。一种褐色有文，俗名麻秋蝉，或名蟣蛰。形状大小俱同，皆以翼鸣，声大而久。

促　织　小暑后以翼鸣，八月后止。案《陆机诗疏》[2]：促织似蝗而小，正黑色，有光泽如漆，有翅及角，善跳好斗，立秋后则鸣。李时珍曰：“促织，蟋蟀也，一名蛬，一名蜻蛚。”

皇螽　种类大小不一，性俱善跳。绿色者俗名眈眈哥，灰色黑斑，翅下及骽腹赤色，名跳蚂蚱。飞而以股鸣者，俗名夹夹斑。《本草纲目》：皇螽，一名负蠜，一名蚱蜢。李时珍曰："此有数种，皇螽总名也，在草中者名草虫。”

灯　蛾　俗名捕灯火。李时珍曰："蝶美于须，蛾美于眉。大曰蝶，小曰蛾。其种甚多，皆四翅。”

萤火虫　雌雄两种，雄者飞，雌者如小蚕。其火光均在尾。

蝇　俗名苍蝇。李时珍曰："蝇飞营营，其声自呼，故名。”

斑蝥　一名斑猫，一名盤蝥虫，一名龙毛。保升曰："斑猫所在有之，七八月大豆叶上甲虫也，长五六分，黄黑斑文，乌腹尖喙。”八九月在豆花上，即呼为斑蝥。九十月复还蜇地，即呼为地胆耳。

露　蜂　一名蜂肠、一名蜂窠、一名百穿、一名紫金沙。弘景曰："此蜂房耳。”

蜚　虻　一名鬼常。弘景曰："此即方家所用虻虫，啖牛马血者。”苏恭曰，"水虻、蜚虻、鹿虻、俱食牛马血者。”李时珍曰："虻以翼鸣，其声虻蝱，故名。”

蛹　蝶之幼时为食叶之青虫，渐长则被坚膜而民

〔名〕蛹，迨脱膜而出，则形已全变而成蝶。

樗　鸡　一名红娘子，又名灰花蛾。

以上共计飞虫一十六种。

蜗　牛　案《本草纲目》：蜗牛，一名蠡牛，一名蚹蠃，一名蜣蝓。韩保升曰：“蜗牛形似小螺，白色。头有四黑角，行则头出，惊则首尾俱缩于壳中。”壳未脱者名蛞蝓。

蜘　蛛　种类甚多。《本草纲目》：蜘蛛，一名次蠹、一名蝙蝓，一名蚍蜉，亦作龟螯。李时珍曰：“《尔雅》，鼅鼄，从黾者，大腹也。”草蜘蛛，在草上络幕者，一名蝰蝗，一名蛈蝪，一名颠当虫，即《尔雅》“土蜘蛛，土中布网者也”。

壁　钱　案《本草纲目》：壁钱，一名壁镜，皆以形窠命名。大如蜘蛛而形扁，斑色，八足而长。陈藏器曰：“壁钱似蜘蛛，作白幕如钱，帖墙壁间。”

蜣　螂　俗名尿〔屎〕爬牛，一名粪虫。《本草纲目》：蜣螂，一名蛣蜣，一名黑牛。《尔（雅）》一名铁甲将军。《庄子》：“结蜣之智，在于转丸。”

蚁　释　名玄驹，亦作驹，一名蚍蜉。李时珍曰：“蚁有君臣之义，故字从义。亦作螘。大者为蚍蜉，亦曰蚂蚁。赤者名蠪，飞者名螱。扬雄《方言》云：“齐鲁之间，谓之蚼蚁；梁益之间，谓之玄蚼；幽燕谓之蚁鲜。”

又有山蚁，黄色，结窠大如斗，冬月去之，蚁在土不在窠矣。

蛴　螬　一名蟦蛴，一名蜰蛴，一名乳齐，一名地蚕，一名应条。《别录》曰："蛴螬生河内平泽及人家积粪草中。"

壁　虱　俗名臭虫，以其气腥秽触鼻，故名。

叩头虫　形黑如大豆，以手按其身，其头能俯屈，剥剥有声。出南方者少而力微，出北方者大而力厚。小儿捕之为戏，取虫置桌，翻其背令仰，少顷便跳起。

壁　鱼　即蠹，俗名蠹虫。

以上共计走虫九种。

守　宫　俗名蠍蜉。案《本草纲目》：守宫，一名壁虎、一名蝘蜓。李时珍曰："守宫善捕蠍蝇，故得虎名。"

蛇　案《本草纲目》："蛇在禽为翼火，在卦为巽风，在神为玄武，在物为毒虫。有水、火、草、木、土五种，有黄、赤、白、黑、金、翠、花斑诸色。"

以上盘虫二种。

屈　虫

蚯　蚓　俗名曲蟮。按《本草纲目》：蚯蚓，一名螼螾，一名曲蟺。《玉篇》：名曰蟺也。

蛆　时珍曰："蛆行趑趄，故名蛆。或曰：沮洳所生，亦通。"又厕中粪蛆。《本草》亦名五谷虫。

蚰　蜒　《本草纲目》：蚰蜒与蠼无异。

以上共计屈虫三种。

石　螺　俗名鬼螺蛳。形如海蛳而小，夏在湿地青苔上，至秋常在墙脚石隙中。

以上介虫一种。

鱼　类

鲤　鱼　李时珍曰："鲤，鳞间有十字文理，故名鲤。"今东峡河有之，名微小耳。

狗　鱼　俗名。其鱼无鳞，头有肉须。

明　鱼　俗名。与狗鱼相类，但无须耳。

以上共计鱼类三种。

注释：

[1]《方言》：西汉扬雄著，全称《輶轩使者绝代语释别国方言》，今本十三卷，是关于汉语语言和训诂的名作。体例仿《尔雅》，类集古今各地同义的词语，大部分注明通行范围，是研究古代词汇的重要文献。

[2]《陆机诗疏》：三国吴人陆机著，全名《毛诗草木鸟兽虫鱼疏》，是一部专门针对《诗经》中提到的动植物进行注解的著作。全书记载草本植物80种，木本植物34种，鸟类23种，兽类9种，鱼类10种，虫类18种，共计动植物174种，对各种动植物做了名称、形状、生态及使用价值的描述，堪称中国第一部关于动植物专著。

大通县志·第六部

艺 文 志

日月星云，天之文也；山川草木，地之文也；言词语论，人之文也。盖文者质之表，质则文之本。昔人之言曰："无本不立，无文不行。"吾国自中天开化，尧曰："文明"，舜曰："文思"，文之见重久矣。周末，孔子参订六经，士人习之为艺。凡以文章华国，秦政忌而废之，传代不及二世灸〔久〕。汉复兴，召集诸儒，讲经于白虎观，校之天禄，藏之石渠。由是相如、子云、仲舒、贾谊，以及马迁、班固，诸大名家先后奋起，文教于以复振。进乃由晋而唐，而宋，而元，而明清，艺文一端，几于无体不备。小而言之，则以明事理之是非；大而言之，则以证古今之得失。此所以遐迩友邦，皆目我为文明古国。且由内地而极之边徼，举如舟车所至，人力所通，随在皆为洋溢。文之为化，可胜言哉！大通虽属偏隅，艺文亦渐美备。姑即其有名可采者，分而录之。

艺文表

传记叙	一、传计共七篇 一、记计共十三篇 一、叙计一篇
议论辨	一、议计一篇 一、论计共二 一、辨计一篇
碑跋诗	一、碑计共三篇 一、跋计共二篇 一、诗计共四十首
词颂赞	一、词计共八首 一、颂计一篇 一、赞计共二篇

上表总汇各种文集，分列于后，有出于往古者，有收于近代者，有得之外来之政客，并征之本土之文士者。惟或关于政治，或关于事迹，或关于风化，或关于地方人物、山水之胜。其体原非一致，其备亦非一格。凡皆搜诸省府各志，以及诸绅之所采访记者。逐类登载，勉

成一卷，以饷来者。至其收集之未备，采择之未精，则非所得而计矣。

传

秃发乌孤传 府志

南凉乌孤称武威王，〈循〉徙于乐都。以金石〈为〉生、时连珍[1]，四夷之豪隽；〈如〉阴训、郭倖〔幸〕，西州[2]之德望也；杨统、杨贞、卫殷、麴丞明、郭黄、郭奋、史暠、鹿嵩，文武之秀杰〈也〉；梁昶、韩疋〔匹〕、张昶、郭韶，中州之才令也；金树、薛翘、赵振、王忠、赵晁、苏霸、泰〔秦〕雍[3]之世族〔门〕〈也〉，皆内居显位，外充郡县，官方授才，咸得其所。时称乌孤能用人。盖乌孤名也，秃发氏也。本蕃姓，即西河之鲜卑。鲜卑人谓被为秃发，其先世原产于被中，因以为氏。世代与北魏同出诘汾。长子名疋〔匹〕孤者，神元间徙居河西，其后据凉州为国，僭称南凉。唐之吐蕃其苗裔也，世守其业。以逮乌孤据有雍凉之地，大通亦其所属。乌孤殁，其弟利鹿嗣位，使记室监麴梁明聘于段业[4]。业曰："贵先主创业启运，功高先世，(宜）为国之太祖，有子何以不立？"梁明〈对〉曰："有子羌奴，先王之命也。"业曰："昔成王弱龄，周、召作宰[5]；汉昭八岁，金、霍夹辅[6]。虽嗣子冲幼，而二叔休明，左提右挈，不亦可乎？”明曰：“宋宣能以国让，《春秋》美之；孙伯符委事仲谋，终开有吴之业。且兄终弟及，殷汤〈有〉之（制也），亦圣人之格言，高代之通式，何必系〔胤〕己为是，绍兄为非〈哉〉？”业曰：“美哉，使乎（之义也）！”

注释：

[1]《晋书》原文是：“金石生、时连珍”。“为”当为衍字。

[2]西州：古称凉州（甘肃武威）为西州。

[3]泰雍：应为秦雍。雍，古九州之一。有今陕西省北部及甘肃省西北大半部与额济纳之地。

[4]段业：晋宋间北凉主，京兆人，博涉史传，累官建康太守，沮渠蒙逊叛后凉吕光，推业为凉州牧，居张掖，史称北凉，业忌蒙逊雄武，寝疏远之，卒为蒙逊所杀，在位四年。

[5]成王弱龄，周、召作宰：成王，武王子，姓姬名诵，年幼登基为王。由叔父周公旦摄政，后归政于成王。周，周公旦；召，召公奭，他们曾助武王灭商，后又帮助成王治国。

[6]汉昭八岁，金、霍夹辅：汉昭帝刘弗陵（公元前94年—前74年），武帝子，年幼登基，由金日磾、霍光等大臣辅佐。

唃厮啰传 府志

厮啰，番羌别种。宋室时代，据有河湟，大通为其所属。善用兵，并识机宜。集众〔兵〕杀逋哥〔奇〕，徙居青唐，率类归顺，臣服于宋。景祐中，〈朝廷〉以厮啰为保顺节度观察留后，岁给俸钱，令秦州就领。〈循有〉元昊侵掠其界，由南渡陇，势甚猖獗，厮啰知众寡不敌，〈坚〉壁鄯州（不出）。遣〔阴〕间〈察〉〔元〕昊，颇得（其）虚实。值昊将渡，命插帜以志其浅。厮啰使人往移之，植其深处，以误昊。及战，昊溃而归，士卒视帜以渡，溺水者十居八九，卤获甚多。自是，数以奇计出之，昊不能胜，虽憾之，而亦不敢犯。厮啰殁，后人守其遗绪，终宋之世，故得雄称西服。

憨顿传 府志

憨顿，西羌〔域〕人。年方幼，其父为嘎尔旦所杀，祖绰库兔吴把什因而走死。时憨顿方骑羊射鸟以为戏，闻之，仓皇无所往。其祖部落名无素奈尔定合首气者，奔其前抱之大哭曰："故主骨肉尚在乎？"因收散亡，得百十人，择善马抱而东奔。至大通之金山，追兵至，其背负矢，有如猬刺，凡易四马，始得脱。四顾从者，仅五骑焉。旋至坤都鲁，遇祝囊，以少主托，自驰而西，号召同部，聚数百人，牛、羊、马、驼悉备。载其妇，绕道东行，抵坤都鲁，相其原野膏沃，爰教部落力勤牧养。憨顿既长，与绰力兔合首气女为婚，诸部视之重，而别部亦日归之。无素奈尔定合首气，内奉憨顿，外整部落，数十间众得十倍。初时，年未老而鬓发尽白。子二，长曰滚卜插罕，次曰滚卜力〔刀〕尔吉。皆力辅憨顿，称盛于西土。

海夷永邵卜暨怀阿尔赖传 府志

墨尔根黄台吉一手反挛，谓之瓜手子，永邵卜之孙也。兄弟四人，长墨尔根，次绰库尔〔兔〕，次滚卜插罕〔汉〕，次劳藏。墨（尔）根，部落三百余人骑，由青海畜牧于祁连山阴，与甘州红崖相接壤。劳藏掠红崖，杀游击，欲进取高台，曰：“吾欲乘势收河西地。”墨尔根（持）不可，曰：“失人心，开边衅，为大丈夫所笑。”悉驱劳藏所部出塞去。

怀阿尔赖，乃达兰太之子也。世牧青海上。初，卜儿孩〈嫡子〉称汉〔汗〕，既死，部落分，稍弱，达兰太复盛。已而，卜儿孩嫡孙盛，达兰太且死，怀阿尔赖与其弟滚卜，弟刀尔吉无分〈寸〉地，视卜儿孩子孙为最贫。及洪水开市[1]，兄弟（独）色喜，驱马数千，移穹庐于大通之野马川。引弓之民，已满三千，乃分为三部，兄弟皆狡犷而相得无间。初，河西诸回回叛，及败，刀尔吉诱至致三百余人，皆善火器。怀阿（尔）赖曰：“是善火器者，可不命〔分〕为奴，使教部落，有大用。”大草滩者，横截甘、凉二州，草丰美，南北百里，东西三百里，中有马〔焉〕支山，林木〈滋〉多，禽鼠（兽）繁盛。然在祁连山北，甘、凉喉吭，因〔三部〕入据之。

嗣收〔为〕青海蒙古游牧处。

注释：

[1]洪水开市：清顺治十六年（1659年）清廷派人“勘状”，规定西宁镇海堡、洪水等地为互市地点，其他地方不得任意往来。

麦力干传 府志

麦力干黄台吉，其祖卜儿孩继亦不剌据青海，有众万人。麦力干与诸父兄三分其军，皆为黄台吉。而麦力干分地在青海北，与庄浪、凉州接壤。麦力干刚躁多嗜欲，而其性复狡狯。初闻中国有事，乃合各部谋大举。诸父达赖黄台吉闻之，怒曰：“动即杀汝!”达赖雅为诸夷所信服，麦力干不敢违。因自开白塔儿地于北川口外，即今大通地也。中国之亡命、回回叛败者，尽招致而馆谷之，察其可用者分任之，或以自随；其不愿者，听。由是强胜，为青海、祁连诸部之最。常筑室于大通河源。其从兄达尔加黄台吉，从弟怀阿而〔尔〕赖辈咸依之为重。麦力干雅好结纳，以小利饵诸夷，故各部咸听命。既而修贡于嘎尔旦，益无外忧。乃更肆其力，以招叛亡。但性好酒，兼之耳不绝声、目不绝色。达赖喇嘛劝以少为贬损，麦力干善其言而不能制。常冀达赖黄台吉死，庶几一逞其志。无何，病，入凉州水磨川求医药，毳帐接于交衢，未几，死。

祝囊台吉传 府志

祝囊，麦力干妹倩[1]也。其少主憨顿避逃于坤都鲁，祝囊时相过从，循是〔去〕城绕祁连，所经辄有杀掠。一日，诸生有劳以羊酒者，祝囊喜曰："昔吾所过，不见有此，伊适何人？"左右曰："读书秀才也。"因抚之曰："秀才能知礼乎？天下者，天下之天下，非一人之天下耳。"诸生答曰："公言洵是，惟有德者居之。"曰："何谓有德？"生曰："不杀、不焚、不掳、不掠。"祝囊捧腹大笑曰："果如是耶？"策马去，传令戒其帐下，不得再逾边境犯一草一木。及见憨顿，因语之曰："学佛经，不若学汉人书。近边有秀才，可请为师傅。"憨顿从之。由是，诸部落多以厚币延诸老儒讲四子、五经。盖番夷之知学，祝囊之力也。

注释：
[1]妹倩：妹婿。

贾勋传〈第二〉 邑草志

勋字歧云，江苏上海举人，大挑一等国史馆汉誊录。光绪元年，铨大通县。父命之曰："治人不外情、理、法，律己当先清、慎、勤。"及居官，清兼自勖。振兴学校，重修崇山书院。建"正学"二字匾于讲堂，并撰一联云：“大学无他，明新〔德〕至善；通经有道，诗书雅言。”主讲进士来维礼、举人刘永椿亦皆受业于其门。栽培多士，文风为之丕振。在任五年，举如办教案、治哥会，判断明决；擒获逆首江湖三，解省正法；除暴安良，政平讼理，其他薄赋税，惩讼棍，禁罂粟，劝农功，各大宪皆器重之，加卓异调敦煌县。忽丁父艰，回籍服阕，到甘谭制军留省参谋。历任武威、秦州、泾州等处，皆有官声。著有《性理辑要》《训蒙诗选》《破荒论》行世。

记

柴家坟记　邑草志

坟占金峨山麓，清水沟中，南北两泉，左右环绕，合于明堂，交流而出。乃前明特进光禄大夫、柱国、少保，镇守甘、固、山海总兵官，中军都督府左都督柴公国柱暨诰封一品夫人李氏之墓。碑末载：“天启六年，岁在丙寅，男时秀、时华、时用、时恭勒石。”其上五碑，系诰封三代光禄大夫柴公某、柴公茂、柴公森并一品夫人王氏、某氏之墓。碑末载：“万历四十三年，孙国柱、国栋勒石。”碑高皆九尺，龙冠虎座。前建石碑楼一座，三楹，上书“钦赐祭葬恩荣一品”。左右列石人四，石马四，石狮二。国柱一代名臣，原有传载在《甘肃通志》并《西宁志》。本志列入将略。

陈氏祠记 邑草志

洪武二年，陈良归附，诰封武略将军副千户，又命明威将军，普定卫指挥佥事。二十六年，附〔良〕子敬袭职，英勇方略，征剿有功，擢銮仪卫，钦授陕西行都司指挥同知使，御赐惠贞公主朱氏以配之。永乐十九年，敬子通袭。宣德四年，通子熊袭。正德三年熊子濬袭。历清以来，永垂不朽。迄今子孙世世业农，春秋修其祖庙焉。

李氏祠记 邑草志

李氏祠居阳〔杨〕家寨庄北。其先李仲贤，乃湖广襄阳府人，始官西宁指挥佥事。明洪武十八年，子淳袭职，随魏国公徐达、鄂国公常遇春，东平海甸，南定苏州，西征昆仑，北取罕东，斩乌思巴，擒七北王，簕射铁木儿，兵伏咸水河，剿平铁门关，诛戮番滇等地，功绩最多。入京召见，奏对安边平贼之策，帝器重之，赐太子冠一顶，琼花一朵。敕封琼花侯，骠骑将军，世袭指挥同知。荣归后，又平定西那、隆卜、巴洼、匝蜜诸部落有功。正德十四年，诸部复叛，淳率兵进剿，直捣巢穴，诸部悉平。惟剿蜜那至景阳川寺沟，山险而狭，淳性勇直入，伏兵突起，致为流矢所中，遂终。事闻，上叹曰："此朕之忠勇臣也。"谥曰"忠勇"，钦赐祭葬，勑建祠于西宁东关，又赐祀田百亩。弟会袭职。二十六年，嗣升袭，永乐四年，升子智袭。宣德二年，智子节袭。嘉靖二年，节子秀袭。万历三年，秀子权袭。由明历清，春禴秋尝，享祀不忒。祠碑上书：“宋代名臣，李家大姓，生自潇湘，官封西地，乃及我朝，大振功勋。”其下字迹不复明矣。

姜氏祠记 邑草志

姜氏祠建于杨家寨。其先世名姜源者，安徽凤阳府人也。为元朝江宁防御使。明洪武元年归附，随征江水部有功，赐姓为姜，升千户。三年，随魏国公徐达、鄂国公常遇春平秦有功，升指挥佥事左参将，诏晋国都督同知，挂平贼将军印，赐蟒衣、玉带、明甲、凤盔、宝刀、田宅。洪武二十年，子得荣袭职，任镇海、威远中军，崇祯间赴援甘州，特授碾伯守备。其孙清，洪武二十四年，随元帅胡大海征永平、真定、保定、漂阳、湖广等处有功。永乐三年六月，特授西宁卫百户，劄付存记。逮有清之世，其裔姜龙于康熙三十五年，赐进士出身，官至兵部左侍郎，历刑部右侍郎，兼礼部侍郎，钦赐从一品翰林院大学士，蟒衣一袭，致仕，年八十一终于家，葬浑水沟寺儿庄。

陈氏祠记 邑草志

祠在清水沟。其先世陈朝恩，明嘉靖二十二年，在碾伯县大缸子沟征番，获功三次，授副千户。子治刚，万历十六年，在南川扁道沟征番阵亡，加封正千户，立专祠，迄今世世守之。

李王庙记 邑草志

金娥山麓有大沟焉，呼为庙沟。明千户李淳，战功丕著，后因征蜜那，至景阳川寺沟阵亡。朝廷嘉其忠勇，封“忠勇王”，立庙于此，沟以庙名，其由来也。迄今庙圮，遗碑尚存。碑首大书：“大明隆庆二年立”，以下小字模糊莫辨然。其后人独聚族而居于此。

张世才功德碑记 采访

清记名提督衔总镇府统领靖西[1]马步全军张世才，公正而好义。邑中自大寒山西至丹噶，即今湟源县，路径崎岖，行人苦之。世才督率该部兵勇，沿途修砌，化险为夷，树柳于旁以表其道。邑人感之，于光绪六年，竖碑阛门坡，以颂其功德。碑末书：“大<安>通县知县贾勋撰勒，癸酉科拔贡阿经儒书丹。”

注释：

[1]靖西：关名，在西藏札什伦布南，春丕峡中。其地土名吉玛，直隶四川省。

五峰山铁厂碑记 刘敏宽 明西宁兵备道副使

往者议和，边备久弛。塞上数苦兵输，率敝于道。田公[1]镇抚五郡，峙储简锐，主客骑步，各程其材。盐策屯田，靡废不举。介胄锋镝，炮石神器，战守之具也，而悉资坑冶。故事，陕西行省岁供甘州军需熟铁十万九百余觔，凤翔岁供西宁熟铁七千五百余觔。乏则复赍行李靄之关以东，稽程则数千里而遥，稽时则以月以岁。徒糜费，罢于征发转输已耳，且无能济缓急。公乃策诸监司，遍搜山泽，复征冶民于秦晋，得冶（氏）来襄其事。余不佞，备兵湟中，始得矿下马圈北山之麓，即今之五峰山。既得之大山峡，冶氏谓：北山矿广而坚，视大峡良便。其山嶆崒，间〔涧〕中石粼粼积无算。逾数里，山木蕃殖，薪樵者报曰："可以冶铁"。余躬诣相度，乃即北山下置官厅六楹，铁炉二座，营舍五十间，跨山为墩，上建墩棚四楹，周围墙堑足备不测。台简西宁各营步卒四百，供版筑之役，择指挥卢忠爱督厥成功。仍选士习其艺，复令如《周官》所载，物其地图而授之，煅者、采者各择其人，为长久计。是役也，有五利焉：河西乃用武之地，朝冶而夕效，取之源源，一利也；无运输数千里之劳，民获休息，二利也；随取随给，无岁月之淹，三利也；工役则取诸坐食之步卒，炭石则采诸无禁之山林，下不扰闾阎，上不烦公帑，四利也；以五郡之材，资五郡之用，旁郡额供止输，折价以备储器之需，五利也。况迩者彼数内畀，数为我兵所衄，为之咋舌，称“铁壁”云。今复闻在此坑冶，宁复有不逞志？坚甲利刃，烈火迅机，行且凌昆仑，沸青海，建万世无穷之利，公可谓忠于国矣。昔管子以策试齐，遂表东海。管子，策士耳，富强之说，不足述也。顾齐以管子霸，乃今用事，岂少管子哉？即局促因循，而以纲纪经画为迂且扰，奈国事何！诚能度不费之利，兴不怨之劳，事半而功倍于古人，务久远以裕国计，当保世世无疆场之忧。余惟前事者，后事之师也，因伐北山之石而纪之若此。田公名乐，戊辰进士，任丘人。

注释：

[1]田公：田乐，字东洲，任丘（河北中部白洋淀东南）人。隆庆二年（1568年）进士。任甘肃巡抚，沉毅有谋，破海酋永邵卜，建奇功，收复松山千余里。升太子太保，兵部尚书。卒谥文襄。

五峰山记 杨应琚

山距湟中八十里。五峰林立，形如举掌，萦青缭白，烟云生指甲间。山小而高曰“岑”，锐而高曰“峤”，小而众曰“岿”，有穴曰“岫”，此山咸备焉。右胁有泉悬出，左泉穴出，余泉若线，细者若酒器，微者不具载焉。

分流抵平地，汇而南走。两水中坻，厥草繁茂，广处可造屋十数楹。鸦矢布满陲巖龈齶间，山僧椽插而居。沿流多椵柽木，簇生交荫，上有鹯莺声。余性喜游，而湟中无山，非无山也，皆濯濯章〔童〕阜耳。兹山高而锐，峰众而多。穴有泉流，以益其奇。烟云以助其势，草木禽鸟以致其幽。虽无层岩大壑，亦具体而微。旧寺已颓废，因易其浅陋，达其蔽塞，又于泉侧作精舍三楹以为观游。所憩息，山无名，余以数名，寺无名，亦以山名。所谓目治也。濒行谓山僧曰："水抵〔坻〕高平，弃之与禽鸟，反悬崖置屋，促膝鞠躬，可〔何〕以人而不如鸟乎？"山僧粲然皆笑。

戊午六月六日记。

重建大通卫署[1]立碑记　杨应琚

国家之制，郡有守，州县有牧令，沿边有卫所，以武科补用，因其有备边民事之责焉，又属于郡守，而以监司统治之。大通，故青海地也。雍正元年，世宗宪皇帝平定厥戎，以其逼近湟中，联络诸羌，割为内地，立卫设官。余承乏湟中，延师往教其俊秀者。后摄藩篆，请于上，岁取文武子弟各一，科取文生一。休养生息，风俗移易，迄今二十余年矣。惟是厥初，未审其宜，卫署建于镇城，远隔高山，百姓苦于跋涉。前官催科听讼，就向阳堡民居，而寓外无寸垣，日谋于野。孙备捷莅任以为忧。余巡历至此，闻其言而是之。第建新城，恐格于部议。堡南隔河乃白塔营，城有已裁守备旧署，率往经营，绘图以闻大府，请于朝，制曰："可。"（卫人便焉。）然所请帑廪，仅可补苴罅漏，不足以壮观瞻。孙备又捐己俸，扩而新之，并增屋四十三楹。城中易营仓一区，移乡仓九楹，又建新仓三楹。自乾隆九年某月至某月，为日若干，功成。四民皆如茨如梁，如跂如翚，举欣欣然而有喜色，而不知费不出于国，劳不及于民，不以传舍为传（舍），其贤于世吏远矣。有士者起问："衙署成，卫名不可不示于后。公识古，并为吾侪志之。"余曰："《禹贡·地理释略》云：'雍州之域，西据黑水，东距西河。'汉武分雍州，置凉州，即今甘肃一省。黑水今俗名大通河，其源本出伊州，东南流至鄯州，又东南流入黄河。以余考之，伊州今哈蜜，鄯州今西宁。大通河源在青海界内，夷名乌兰水，经西、碾二邑，与湟水会而入于黄河。宋筑大通城于河上，而河因城名。亦犹宋改鄯州为西宁州，遂呼湟水为西宁河。此即《水经注》所谓浩亹水非黑水也。镇城临河，故其卫名'大通'。"皆曰："然。"官民因请余记之。夫改前人之率慢以逸其民，劳一己之经营以安其众，因其城池则事举，实其仓廪则无虞。边备修而民事益。此良有司之善政，亦国家设卫之本意。夫遵制奖善而辨其山川者，皆余之事也。

故为之文，俾刻之石，用以告后之为卫者云。

注释：

[1]大通卫署：明时军队之编制有卫有所，往往冠以所置之地名而称之。大通卫署设地即今城关，原名白塔营。

学约记　杨应琚

古者党庠之设，所以教养人材，俾之德修举〔学〕殖，以备国家器使。隶其地者，必各敦黾勉，共就甄陶，方能三年小成，七年大成，文行卓卓，著为人望。尔大通卫地居塞外，人杂番戎。自雍正三年，始设义学，已历一十三载。迄今学不加进，业不加修，良由尔父兄狃于姑息，子弟乐于怠荒，故卒无成效。今于乾隆元年冬，另建书院，敦延名师，俾昼夜维勤，寒暑无间，以仰副圣天子兴贤育才之至意。比岁以来，闻诸生读书渐有进益，已详请制府兼中丞阳湖刘公题准：该卫每科岁考取文武生员三名，暂附府学，可谓千载一时。若作辍不常，去来无定，将何以应试，又将何以立身？自兹以往，不能不严立条规，稽考文行。尔诸生各宜尚志，以慰余望。

一、大通避处荒徹〔缴〕，地瘠民贫。凡编氓子弟，自宜戮力耕耘，为俯仰之藉，然皆事田畴，不知礼义，逸居无教，愚野堪忧。今定一家三子，择俊秀者一人入学肆〔肄〕业；或止生一子，气禀孱弱，力不能任稼穑者，尤宜读书勤学，奋志青云。

一、子弟入学院肄业及在义学读书者，须遵《朱子白鹿洞规》《论定程董学则》，及《分年读书法》。今各录一册，揭之楣间，庶触目惊心，感发兴起。

一、书院肆〔肄〕业诸童，欲知行文，宜谋篇法，单题首应专攻。次如上下、偏全、长短、理致、故典及全章大节各题式，不可枚举。总之，俱宜择先正传文熟读数百篇，以为矩矱，庶极情尽致，下笔时不至茫无畔岸。尤贵明理养性，为世通儒。

一、诸生须立志宏远，不可以读书为取利禄而已也。朱子曰："而今贪利禄而不贪道义，要作贵人而不要做〔作〕好人，皆是志不立之病。"又云："非是科举累人，人累科举耳。若高见远识之士，读圣贤之书，据吾所见，为文以应之，得失置之度外，虽日日应举，亦不累也。"所言最为谆切，学者必勘破此关，读书乃有进步。

一、子弟五岁以上，即令向义学念书。《四书》本经须令与注小〔小注〕同读。经书读毕，仍讲明小学，然后送至书院肄业。

一、大通卫新疆甫辟，文运初开，师儒（秉铎）尚无专席。该卫抚治斯邦，父母师保是其兼责。应于月终请院长将各童所读何文，所讲何书，条列各童名下。每遇朔望日，赴该卫衙门，听令背诵宣讲。如讲诵无讹者，该卫赏给纸笔，以鼓勇往；不能讲诵者，责以示惩，不得姑恕。

一、凡在书院及在义学者，如家中果有大事，须父兄据实诉明，师长方准给假。倘托故逃学者，师长移送该卫，即惩父兄以姑容之过。

一、师严道尊，子弟负笈从游，学业固资教诲，即饮食语言，皆为诸生之观法，令之朝夕薰染，渐归纯正。今将朱子《童蒙须知》[1]抄发一册，以为矜式。先生既拥皋比[2]，谅有婆心，顾名思义，尤所厚望。

一、每遇朔望，随师长礼拜先师毕，即首向师长行礼，次向学长行礼，然后各人相与对揖。严朔望之仪，谨晨昏之令。如此教以事父事兄，则长幼尊卑，秩然有序，庶礼让之风可成。

注释：

[1]《蒙童须知》：南宋学者、理学家朱熹写的一篇启蒙读物，收录于《东汀雨堂刊书·儒先训要十四种》。该篇分衣服冠履、言语不趋、洒扫涓洁、读书楔子、杂细事宜等目，对儿童生活起居、学习知识、道德行为、文明礼节等均做了详细规定。

[2]皋比：音gāopí，虎皮。《左传·庄公十年》："公子偃……自雩门窃出，蒙皋比而先犯之。"杜预注："皋比，虎皮。"《宋史·张载传》："尝作虎皮讲《易》，京师听从者甚众。"后来常指学师的座席，称任教为"坐拥皋比"。

劝宁郡诸生进学记　杨应琚

窃以会文讲学，固宜淬砺其英华；而养材育能，先当造就其器识。本道初莅再任，十有三年。开馆延师，难更仆数。殚心分俸，敢云培植士风；日就月将，惟望敦崇实学。乃屡举宾兴之典，未闻《鹿鸣》之歌，窃有愧心。载申前志，凡宁属诸生，务模范圣贤之法则，毋破矩而消规；屏除世俗之轻浮，须履仁而由义。莫视公府为捷径，致贻笑于猴冠；毋借儒服为护符，使兴嗟于虎翼。须达《诗》《书》之精义，以明忠孝之大端。闭户潜修，同人砥砺。笃敬于君亲师友，大节无亏；着信于家族里闬，闲言尽释。立身克己，先德行而后文学；志道穷源，黜浮辞而探理窟。晨窗伏案，午夜篝灯。四书之精奥既明，五经之至理宜柝〔析〕。士子之明一经，犹民人之专一业；业专则技巧，经明则学醇。顾深于《易》者，洁静精微而不杂；深于《书》者，疏通知远而不诬；深于《诗》者，温柔敦厚而不愚；深于《礼》者，恭俭齐庄而不怠；深于《春秋》者，属辞比事而不乱。更欲法有准绳，宗濂、洛、关、闵之精义；论无枝叶，熟左、国、史、汉之雄文。蕴于心而发于言，存诸内而形诸外。品高者识卓，学富者理纯。立局自先审题，扼要在于取势。材由经史，讵比空疏；体本成洪〔弘〕，目无滋蔓。何必夸张流洒，衿风云月露之篇；切莫隐避新奇，炫牛鬼蛇神之异。修词〔辞〕莫如尚意，求稳不须好高，固运用之无方，亦神明之独得。至于诗赋一途，淹雅不废；况馆阁命题，辄先声韵。平时不为研究居稽，他日何以对扬殿陛[1]?夫诗歌创于汉魏，律体始自初唐，代有名家，清新俊逸，各擅所长。然诗以言志，惟心意和平，性情中正，亦各抒其所得而已。赋有古赋、律赋之别。今之应制，惟用律赋。起自六朝，盛行唐代。限以声韵而尚以骈俪，对宜精工而机宜流动。果使金声掷地，纸价争昂，固翰苑之先资，亦文人之乐事。总之，修省于暗室厄漏之际，指示其严；切磋于一堂晤对之余，直谅为益。日新时习，期去伪以存诚；身体力行，务先本而后末。见真儒于此日，卜硕辅于他年。匪独献替大廷，展理学为匡济；抑且表仪乡国，挽浇薄为淳良。况今府县广文[2],皆属经明学博，立有月课，务宜遵行，诸生勉之。本道卧病搦管[3]，一片苦心，毋付充耳。

注释：

[1]殿陛：宫殿上和石陛下。比喻君子与臣子相见之际。

[2]广文：唐玄宗创广文馆，设博士官，被看作清苦闲散之职。明清时的儒学教官，处境与广文馆博士相似，因而“广文”便成了教职的别称。

[3]搦管：搦，音nuò。执笔、握笔。南朝梁简文帝《玄圃园讲颂序》：“搦管摛章”。

花海记 问昙

花海接金羊岭，积水空明，水中浮石，状若莲花。黄鸯鸳翔集其中，与波上下，实大通之一奇观也。无如人不爱惜，往往以弹铅相震，以致鸟去水竭，莲花亦隐而无迹。地遂变为阻洳，污泥一片，人不得近。呜呼！良足慨矣。夫地不爱宝久矣，人能宝地之宝，不终弃其宝，不贪取其宝，则宝亦随地而增长。金羊之金杂于砂砾，此宝之不可终弃者也；花海之物灵于陂塘，此宝之不可贪取者也。自来中地多诈，边地人多愚。诈则失其情，愚犹安其性。故至宝奇珍，不产于中地，而产于边地。惟中地之人诈，而常扰其宝，边地之人愚而能安其宝，此宝物择地而藏，良有以也。且天地之大，何物不有，如青海之龙马，花海之金石、鸯鸳，皆理气之所发，原无如足怪。自人怪之而物不保其常，斯物亦隐，天下事类如是矣！

厮啰风俗记 府志

怀恩惠，重财资〔货〕，无正朔。市易用五谷、乳香、硇砂，罽毯、马牛以代钱帛。贵虎豹皮，用缘饰衣裘。妇人衣锦，服绯、紫、青、绿。尊释氏。不知医药，疾病召巫觋视之，焚柴声谓之逐鬼。信咒诅，或以决事，讼有疑，使诅之。讼者上辞牍，籍之以帛，事重则以锦。亦有鞭笞、扭〔杻〕械诸狱〔具〕。其人喜啖生物，无蔬、茹、醯〔醢〕、酱，独知用盐为滋味，而嗜酒及茶。居板屋，富〔妊〕以毡为幕。好为鞦韆〔秋千〕戏。贡献谓之“般次”，自言不敢有二，则曰“心白向汉”云。

叙

大通县草志叙[1]　问昙

县宜有志，盖所以纪民风土俗与夫地方之人材、物产，使越世有足征也。大通自雍正三年设卫，乾隆二十六年改县，原无志乘。道光六年，昙司训是邑，欲为创修，乃以枵腹孤掌，难卜成功。旋于课士勤咨之下，得《西宁府志》，披而阅之，有大通卫，分载于其中，采集旧闻，备得建县之所由始，因得作此一卷，备为实录，凡于立论、寓意无取于文。盖以羌番边徼之地，得承皇清列圣之恩，衣冠文物，渐与华同，不可不辨也。非敢望若康对山[2]之志武功，韩苑洛[3]之志朝邑，文简而精，惟于山川人物，略为表著。凡以俾入斯邑而阅斯志者，远近皆知其略。犹愿士民男女能取前言往行以为楷模，由是持其性情，作其气志，敦其风俗，由质而文，进至五伦之常，交相劝勉，仰答我朝休养教训之至意，以礼义终，以功名显。此则作志者之所殷殷厚望也。至其简略未详之处，尚俟后之君子补其不逮焉。

注释：

[1]问昙《大通县志》序为《创修大通县志序》，并非《大通县志叙》。此叙对原序从标题到正文多有更改。

[2]康对山：明文学家康海(1475—1540年)的号叫“对山”，陕西武功人，字德涵。明弘治十五年（1502年）状元，修志名家。

[3]韩苑洛：名邦靖，朝邑人。所撰《朝邑县志》，总约不过六七千言，分总志、风俗、物产、田赋、名宦、人物、杂记七门。志乘之简无有过于此者。

议

屯田议　张铼　明时人

自古英贤之君，奇智之士，当诸侯割据，华夏分争之代，以师行而粮从，馈运不继，相其临戌〔戎〕广野，使戍卒耕稼其间。耕而有获，十以一二输官，以（十）八九自赡。由来以为良法美意者，屯田是也。赵充国以二羌反叛，屯〔广〕田金城，期年之间，使先零坐毙。曹操以征伐四方，屯田许下，垦荒积谷，无远运之劳。诸葛亮与魏将严拒，乃从（容）渭滨分兵屯田，司马懿畏而敛避。邓艾与吴为邻，开河渠溉〔寖〕田，通于江、淮，大为伐吴之资。嗣是历世因之，其法寝备，其利寝溥。于今强敌陆梁，非兵无以御敌，非粮无以养兵。百计集兵，千方足食，而独不及屯田者，何也？我太祖体国经野，屯田遍天下：而西北边最多。开屯之例：军以十分为率，以七分守城，三分屯粮。垦田之令：边方闲田，许军民开种，永不起科限田，输租者，为额内之田，不起科者，为额外之田。然法久弊生，弊久法尽。瘠田荒芜不治，腴田为豪强兼并，为官校侵夺，为巧慧移邱易亩，汩〔汩〕没于中〔田〕，混乱其籍。征输徒有其名，刍粟不为国用。至于招商开市，责令募兵垦田，保五屯聚，视功力给牒，予盐酬值，初时上下同利，今复为蔽商蛊坏，泥而不行，然经界在田中，开列在纸上，非高远难行之事，无幽隐不可究之理。但求忧国敏事之臣专任责成，待以不次之位，其规画措置，一切听其自为。直以期年为限，使田额如旧，课程如旧，无占种影射包赔如旧，随处有田，随处行师，刍粮如峙，内省币〔帑〕运，外省民输。有卒徒将领以足兵，有沟洫陇畛以助险，有树艺园林以护耕。转盼之间，变荒碛为丰壤，易流莩而康乐，阜民足国，未有善于此者。昔唐德宗问李泌复府兵之策，以兵多食少，欲减京西戍兵。泌请发左藏积缯，因党项易牛〈马〉，铸农器，粜〔籴〕麦粮，分赐缘边军镇，垦田〔夏秋耕荒田〕而种之。沃土久荒，收入必多，戍卒获利，则愿耕者众。既因田致富，则不思归。及戍期将满，下令有愿留者，即以所开田为永业；家人愿来者，本贯给食而遣之。其〔是〕后收入既腆，耕者愿留，家人愿来，变关中之疲敝为富强〈焉〉。泌之一言，即日行之如彼其速，即年获效如彼其厚，矧在今日大修屯政，简付得人，今年举之，则明年报功，决食其利矣。其他筹边远略，十百千万，无如此事〈之〉为急要也。

论

马政论 赵时春 明时人

天有天驷，天子有牧仆之职。自轩辕以来，坟典经史不绝书，逮周始详。穆王征西戎，责以不享，在今平凉之域得八骏焉。孝王命秦非养马，汧渭大蕃息。宣王中兴，比物闲则北至太原，南平荆蛮，大搜郑圃，皆以车马之盛〔为言〕。秦乌、羸〔嬴〕谷量牛马，即乌氏人[1]。而汉、文景时，阡陌成群，六郡良家，驰射是利。〈惟〉马援之边郡，田牧数年，得畜产数万。唐人养马亦于泾渭，近及同、华[2]，置八坊。其地止千二百三十顷，树苜蓿茼麦，用牧仆〔奚〕三千，官寮无几。衣食皮毛是资，不取诸官。盖令〔合〕牧（而）散畜之，牧专其事，不杂以耕，而太仆张宜避〔万岁〕、王毛仲，官职虽尊，身本帝圉，生长北方，惯〔贯〕历牧事。躬驰抚阅，无点集追呼之扰，科索之烦，顺天因地，马畜滋殖。宜避〔万岁〕至七十万六千，毛仲至六十万五千六百有奇。

色别为群，号称云锦。地狭不容，增量河西。史赞其盛，图〈相〉传至今。（夫）岂有它术哉？法简而专，诚而不二故也。元〔玄〕宗既以嫌诛毛仲，后遂以付安禄山。禄山统北方三道，又使兼掌京西牧马，地既隔越，而职守难专。重以匈胡叛逆覆命，蹂践唐室。其余存者，犹足以资肃宗之中兴。宪宗命张茂宗监牧，茂宗不能远略，乃藉汧〔汧〕陇民田，人争言其不便，牧事遂废，唐亦丧乱。由此言之，人事得失，马政盛衰，益昭然矣。自宋以来，马藏民间，泾原为边陲重镇，日不暇给，然颇能贸易蕃马，以给战士。金、元悉从民牧，兵兴，随宜取用，官以无事。

皇朝远稽周、唐，大振马政。自大将军得李思齐、李茂之骑，继破王保保，掳马驼杂畜数十万。御史大夫丁玉，凉公蓝玉，四征西番，部族悉服。乃制金牌合符，番人以马充差，朝廷以茶为赉，体统正而名义严，马日蕃庶。始置苑马寺，联以监苑，巡以御史，日久法弛。洪〔弘〕治[3]末年，遂命都御史杨公一清董治之。公振肃纪纲，增置官属，搜括垦田，益市民马，一时观美。然三年二驹，其计利深矣，数年之后，所利不补所费，何哉？岂非官多牧扰，法烦弊生，缙绅衣锦，难御边塞之风霜，而肩舆驺从，点集追呼，非孕字重累之所能堪乎？且牧地十七万七千余顷，养马一万四千余匹，牧军才三千三百余人，田重牧轻；皮肉收银三两有奇，公用银三千余两，责之三千三百余人，物轻输重。每岁各各入贺，监督参谒不绝，迁代岁月繁促，南北习俗异宜，道路往来劳费，牧人之不支如此。州、县地不逾二万顷，为粮、估〔站〕徭二〔一〕十余万，轻重之相悬如彼。嘉靖三十七年，平凉通判嘉定陈应祥，举籍平、固以北皆为牧地，民村落室庐，皆度为牧，代之养马赏〔偿〕驹，遂号二税。按制，（先）定州县田税，后以隙地为牧，本地〔自〕相间，安得齐一？应祥〔详〕务虚名，而民重疲〔被〕病，牧既少获，种马日削，责民市马，吏椽〔掾〕为奸，民不堪命矣！世之君子，其思有以善后哉？今粗举其大端云。

注释：

[1]乌氏人：乌氏地方的人。乌氏，古地名，在今甘肃省平凉市西北。

[2]同华：地名。同，今陕西大荔地区；华，今陕西省华县地区。

[3]洪治：应作“弘治”，明孝宗朱祐樘年号，为避清高宗弘历名讳，故写作“洪治”。

破荒论 贾勋

客问于予曰：“《传》有之：‘天灾流行，国家代有。’曰‘流行’，曰‘代有’，似木饥水毁，天运恒然，无关人事。乃历观史策所载，饥荒未有自鲁而晋而豫而秦千万里之遥，一二年之久，死亡相籍，罗掘一空，甚至人类相食如今日者。此灾天为之耶？人为之耶？如谓天为之，则上帝好生，何不早垂变异？如谓人为之，则下民作恶，不应靡有孑遗。吾子究心象数其有确论否乎？”予乃悄然思，喟然叹曰：“天道远，人道迩。人固不当以饥荒诿诸天，况《书》曰：‘天作孽，犹可违；自作孽，不可活。’孽而至不可活，其为自作可知。”客曰：“数省之民所作何孽，而若是其广且久耶？”予曰：“是莫如种鸦片烟土。予闻晋、豫等处近年民田不种禾、麻、菽、麦，专种罂粟。秋莳春收，制成‘小土’，较西洋原来之鸦片，货低则易染，价贱则易销。民间吸食，甚至妇女、儿童无不寝馈。以此世俗多称日食为‘白饭’，而吸烟为‘黑饭’。及至成瘾，则一家之‘白饭’可不顾，而一身之‘黑饭’有必需。岂非吸烟之作孽而不可活乎？岂非种烟之作孽而人人不可活乎？夫五行惟土厚载；土爰稼穑，稼穑作甘：天之所以养人独在稼穑。今不种禾、麻、菽、麦，而种罂粟，是以其所以养人者害人。古称‘争地杀人’为‘率土地而食人肉，罪不容于死’。乃不杀以兵刃而杀以烟，非亘古未形之奇祸欤？且彼不顾‘白饭’而但需‘黑饭’，天固知其早不欲活矣。惟其不欲活而不活之，此因物付物之巧。试思，不惜五谷，天雷殛之，若以不种较不惜，罪宜加等。奈方方皆是，诛之不可胜诛，因而善降之罚，使之‘白饭’无，‘黑饭’亦无，相率以归于饿鬼道，非谓报应耶？嗟乎！人至于饿死，亦惨极矣。然饿而死，不过一死；饿而死、瘾死，则有二死。方怜一死之稍迟，而二死之已速；不料一死之犹少，而二死之较多。天意盖以若辈尸居余气尩瘠残生，留于世为无用之徒，入于冥得超升之路。况于千万之遥，一二年之久，转输不继，攘敚无从。不吸烟者尚能走四方，吸烟者无非填沟壑，盖自新之路久绝矣。于此而欲其自新，则惟使鸦片断种，阿芙蓉划光，从此晋、豫之郊，依然一片干净土。非即天心之仁爱耶？”客曰：“晋、豫之民自作孽，诚有然矣。然今出土之区为川土、象土、台土、云南土、贵州土与西土、陕土并驾齐驱，何不尽罚？”予曰：“天意未可知，然天之降灾有先后，人之被灾即有轻重。因思咸、同年间，发捻扰乱，东南各省杀人如麻，而西北则否。天固以大兵之后必有凶年，而分派大河南北耶？但谓饥荒不系烟土，则如西洋大土，皆出印度，售之英国，贩入中华。闻前年印度灾荒死者数十万众，英以银、粟贷之，则亦可知天之降罚，中、外如一已。”客曰：“然则各省之民，种土致荒，将何以为补救法？”予曰：“予之言，天原为补救法，而补救不必大且难也。但使地方百姓以前之不种禾、麻、菽、麦而种罂粟，自害害人，酿成大害。自今以后，更不制土，更不吸烟，如稼穑之艰难，不敢自暇自逸。并由地方有司到处查察，再有制土者，治之以毒药迷人之罪；再有吸烟者，严之以乡里不齿之条。务使民闻耕三余一，耕九余三，陈陈相因，虽有水旱洊饥，不至饥馑相望。岂不可为〔谓〕补救乎?”客曰：“烟土流毒海内，溺而不返，无虑百亿兆人。似亦天意使然，未必复能禁绝。”予曰：“世间毒物如砒霜、鸩酒，入口即毙，人不敢尝，故鲜死焉。烟土之毒，以渐而深，人每不觉，苟观吸食生烟，七窍流血，卒之不救，则如烟土亦如砒霜、鸩酒之不可尝而爱惜身命，不禁自绝矣。”客曰：“小土禁绝，而西洋土不禁绝，恐流毒亦无已时。”予曰：“洋土初入中华，予不解其何意。观道光年黄鸿胪疏云:‘咬嚁吧本轻捷善斗，红毛制造鸦片，诱使食之，遂疲癃受制。’又，红毛人有自食鸦片者，集众环视，系其人于篁上，以炮击之入海；暎咭唎国食鸦片者，亦以死论。观其诱人食而不自食，则处心可见矣。乃或者谓：“贩土无非图利，故天不加诛；即吸食，亦自愿吸食非强使吸食。”嗟乎！此中国人之丧身亡家，至死不悔，并无怨及西洋之荼毒生灵，是真大愚极恶也！大愚恶极而出于中国服习礼义之人，是尤天所必诛也。况闻西国近已悔其害人，屡约中国严申禁令，西国方议革除而不贩来。中国乃任蔓延而不禁食，岂不贻笑外商？是以立法不罚贩烟，而罚吸烟，使吸烟者人人视犹砒霜、鸩酒之不敢尝，彼之捆载而来，必将贾用不售，西洋土亦不禁自绝矣。当初黄鸿胪请禁烟，原为釜底抽薪之计，非扬汤止沸而徒禁设馆开灯也。”客曰：“昔闻洋土藏虫，故瘾；小土无虫，不甚瘾。李时珍《本草纲目》载罂粟为‘御米’；徐文定《农政全书》亦入‘谷’部，备救荒。似大小土不无分别。”予曰：“予不吸烟，不知大小何别。惟二公皆前明人，虽有罂粟，未有烟土。烟土之性有毒、有瘾，但观世人吸烟久瘾，乃一旦立志痛戒，精神陡长，死而复苏，未有不悔恨者。如不悔恨，则死灰必将复燃。故知瘾者疾之，隐于心而假手于物，不系乎毒之浅深矣。”客不能难，唯而退。爰名之曰《破荒论》。

辨

昆仑、积石二山辨 俞安期 明时人

按《后汉书·〔志〕·郡国〈志〉》云：“临羌有昆仑山。”班固《汉书·〔志〕·地理〈志〉》其金城郡临羌县下疏云：“西北（至塞外）有西王母石室、仙海、盐池，

(……) 西有弱水，昆仑山祠。”至唐而吐蕃自云昆仑山在其国中。长庆中，刘元鼎使吐蕃，称其〔三〕山中高四下，曰紫山，古所谓昆仑，亦曰闷摩黎山。潘昂霄《黄河志》云：吐蕃朵甘思东北鄙有雪山，即昆仑。国初〔明〕洪武三年，西平侯沐英，九年，征西将军邓愈追羌人至此山，咸云昆仑。是昉于西凉张骏时马岌附〔傅〕会之（訑）。马岌为（凉）酒泉太守，上言酒泉南山即昆仑，周穆王见西王母〈于此〉，谓此山宜立西王母祠，以裨朝廷无疆之福。骏从之，西王母（既）祠〈既立〉。厥后范晔遂以昆仑载之临羌。而疏班固《地理志》者，亦炳〔约晔〕书〈而〉张大之。（酒泉之南山，非临洮之西北乎?）然〈而〉《禹本纪》云：“河出昆仑。昆仑（其）高二千五百余里，日月（所）相避隐为光明也。其上有醴泉华〔瑶〕池，去嵩山〔高〕五万里，地之中也。”《龙鱼河图》云：昆仑山，天中柱也。《水经》云：“昆仑墟在西北，去嵩高五万里。河水出其东北陬。《淮南子》云：高万一千里有奇，上有〈若〉木〔禾〕、珠树、沙棠，琅玕在其东，绛树在其南，碧树在其北。佛图《西域志》云：阿耨达大山，其上有大渊水，即昆仑山。（康泰《扶南传》云：天竺恒水之源，乃极西北出昆仑山。）《穆天子传》云：天子自昆仑山入于宗周，里西土之城〔数〕，自宗周瀍水[1]以西，至于昆仑侧瑶池上，万有一千一百里。郦道元〈注〉《水经（注）》按是数说，参以《山海经》，谓里至互殊，难以详究。盖考之《山海经》而不悟昆仑有海内、大荒之别也。〈且〉《山海经》之《海内西经》云："海内昆仑之墟，在西北，帝之下都，（昆仑之墟）方八百里，高万仞，（……）百神之所在。（……）水出其东北隅，（……）入禹所导积石山。"〈又，〉郭璞注（云："言海内者，明海外复有昆仑山。"）（又）《山海经》之《大荒西经》云："西海之南，流沙之滨，赤水之后，黑水之前，有大山。名曰昆仑之丘。（……）其下有弱水之渊环之，其外有炎火之山。（……）有人，（戴胜、）虎齿，（有）豹尾，穴处，名曰西王母。"是有二昆仑焉。盖穆天子所登，《山海经》所谓海内之昆仑〈也〉。班固《西域传》所载，南北有大山，中央有河，东西六千余里，南北千里。东则接〈则〉玉门、阳关，西侧限以葱岭。计其里至，度其所在，是介葱岭、于阗之间矣。葱岭以西为天竺国，又西有大昆仑，是为天柱，是为地中。《山海经》所谓大荒中之昆仑，《西域志》所谓阿耨达大山，《禹本纪》《水经》所谓去嵩〈山〉〔高〕五万里，（《水经》所谓）河水出其东北隅〔陬〕，屈而〔从其〕东南，流入于阗"，是其重源也。张骞寻河源至于阗、葱岭，以为河源。而司马迁遂有乌睹昆仑之论，不信夫《禹本纪》《山海经》之载，并言“九州山川《尚书》近之。而《尚书》，亦有织皮昆仑、析支、渠搜[2]之纪乎！”又《水经·河水》：“(河水）由葱岭迳西域十三国而注泑泽[3]。”班固《西域传》云：河有葱岭、于阗两源，合而东注蒲昌海，一名盐泽，即泑泽也。去玉门、阳关三百余里，广袤二〔三〕百里。其水冬夏不增减，潜行地下，南出积石山，为中国河。范晔云：“西域内属诸国，自玉门阳关西至葱岭六千余里。”其纪河源同。夫汉自敦煌西至盐泽，列起亭障，戊〔戍〕己校尉屯于车师，都护之府置于乌垒，介西域之中，督察动静。是葱岭、于阗之流入于蒲昌，汉之官卒目所经见，班固记之，谅非绵邈计度之辞。《水经》所载十三国，郦道元亦引固书入证，往往吻合，是非诞妄。至云盐泽之水，洄湍电转为隐渝〔沦〕之脉，当其环流，飞禽上经，无不坠之，是即河水所潜出于积石，亦岂臆造！由汉以来彰彰较著。嗣后，唐咸亨元年，薛仁贵征吐番，败绩大非山〔川〕。二年，乃以河关为静边镇置积石军。久之，遂讹河关两山夹峙河出其间者为《禹贡》所导之积石，矧又辅以马岌西王母之祠、范叶〔晔〕临羌之纪，昆仑即〔既〕在河关之上，以〔益〕为积石明证（矣）。不思《水经》云：河水南至积石，〈山〉下有石门，河水冒以西南流，郦道元谓之重源。东方朔《十洲纪〔记〕》云：昆仑南接昆仑圃，实昆仑之支辅。与《水经》南至积石山之文合。《山海经》云：“积石之山，其下有石门，河水冒于西南流。（是山也,）万物无不有。”郭璞注云：山在河南金城河关县西南羌中。《后汉书》云：段颎为护羌校尉，追烧当羌，北斗且行，（昼夜相攻,）割肉餐〔食〕雪，四十余日，遂至河首积石山，出塞二千余里。隋置河源郡积石镇[4]，命刘权镇之，统远化、赤水二县。在古赤（水）城，又在曼头城西，宇文述追破吐谷浑处，所谓“(又）得地东西四千里，南北二千里，置郡县镇戍，徙天下轻罪居之”者也。注云：有积石山，河水所出。又有乌海。〈唐〉贞观中，诏李靖、侯君集等西征吐谷浑，军次乡州，始议所向。后战于曼都山，穷追出塞，登汉哭山，复战于乌海，破天柱部于赤海。君集、道宗行空荒之地二十〔千〕里，乃次星宿川，达柏海上，望积石山，观河源。自是以观〔上〕，曷尝云积石在河关也？〈然〉唐置军而更名积石，借其嘉称，犹之征吐谷浑，近在青海，而以君集等为积石道、鄯善道、赤水道、且末道、盐泽道是也，然岂实隶其地耶？置河源军于鄯城县，又非河（源）郡之故地，盖可证也。逮至（东北隅）开元中，张守节作《史记正义》云：“河州有小积石山，（……然）河源（从西南下,）出大昆仑，……入盐泽，（即）东南潜行入吐谷浑界大积石山，又东北流至小积石山。”指河源所出者为大昆仑，似以临羌山为小昆仑矣。又以河源关为小积石，吐谷浑界为大积石，其名迹未尽混也。肃、代之季，吐蕃据有河湟，中外隔越，既易五朝历数十年，邈无经载。长庆中，刘元鼎使吐蕃，胡怪乎以河关为石积〔积石〕、紫山为昆仑，以积石冒出之流星宿川为河源也。而杜佑之《通典》、欧阳元之《潢记》、马端临之《通考》，以至邓展、都实、潘昂霄辈，不悟置军名所由起，寖〔寖〕假相延，遂坚执元鼎之说，极诋《山海》《水经》以及班固、郭璞、郦道元之俦。呜呼！曲士拘儒，经见不广，（及于知识未逮者，）辄为荒唐。诚如谚所谓“少所见，多所怪”，妄鼓笔札，而令前人（之说）与古迹受诬千载，直如长夜〈耳〉。至于昂霄之《志》，一行奉为指南，而本朝按河关（者，）建立禹庙，祀在有司，积石之讹，盖〔益〕莫可辨。昆仑之墟，终古下移，深可慨矣！

客有难予者曰：《尚书》昆仑、析支差次叙之，所在相去似不甚远〔应遥〕。《后汉书》称金城（之）西南，滨于析支，则临羌之有昆仑，独不可以理推（之），而乃信不可知之载牒，以置辨乎？余曰：不然。《水经》云：河自朔方东转径渠搜北。盖渠搜在今榆林北。（析支、渠搜亦盖次叙之，相去大远。又）析支即河曲羌〈人〉所居，〈析支、渠搜亦差次叙之，相去大远。况析支〉盖都实所称九渡水是也〔已〕。又云〔称〕：由九渡至昆仑，行二十六日程，始至昆仑南。《经》叙昆仑在析支之上，又岂应山在析支下哉？蒲昌之水潜出积石，既有经证（于汉），而昆仑流入葱岭，独无是理乎？矧《尚书》亦称道：沇水东流为济，……溢为荥，东出于陶邱。北沇水亦既潜而复见。《尚书》亦诡诞矣。余赋黄河，悉陈群籍，究其原委，会通其故。乃备列之，以发千百年之覆云。

注释：

[1]瀍水：水名，源出河南省洛阳市西北，东南流入洛水。

[2]织皮昆仑、析支、渠搜：郑康成《尚书今古文注疏》卷三："衣皮之民居此昆仑、析支、渠搜三山之野者，皆西戎也。"

[3]泑泽：古湖泊名，即今之新疆维吾尔自治区罗布泊。

[4]河源郡积石镇：隋大业五年（609年）置郡，辖境相当于今青海省共和、兴海、同德、玛沁等县地，治所赤水城（兴海县东南）即积石镇。

碑

清赐建广惠寺[1]碑　清　雍正

黄教之兴盛于西土，其道根源天竺。演说因果，觉悟群生，使为善者知劝，作恶者思惩，与"作善降祥，作不善者降殃"之理默相符合。所以易俗移风，裨助于王化为益洪矣。西宁旧有郭莽寺，地处通途，为边塞古刈〔刹〕，从西藏进口之喇嘛皆于兹托足，即佛家所谓十方院也。自罗布藏丹津悖义作逆，兹寺奸顽喇嘛与相接连，煽动部落，遂使修行之区，转为藏奸之薮。是以大兵进讨，除其众而毁其寺，所以遏恶止乱，非得已也。迩来氛翳廓清，疆土宁谧，宜振兴黄教以抚番夷。爰发帑金，遣官往为重建，佛殿、经堂、僧舍、山门，规模复旧，丹雘一新。常住之僧，以二百为限，俾其宣扬妙法，且使往来僧众有所栖憩。董役之臣请易嘉名，赐额曰“广惠寺”。所望重建之后，遐迩番夷一心信奉，敦崇善行，以延庆祐，永享我国家亿万载太平之乐。是朕赐福拯民，跻诸仁寿之意也。纪文勒石，用昭示于久远焉。

注释：

[1] 广惠寺：藏传佛教格鲁派寺院，又称“郭莽寺”，转音为“公芒寺”，地在今大通回族土族自治县桥头镇东北三十里东峡衙门庄。

古边城与威远营马厂分界碑　采访

文曰：大通县正堂靳、威远营都阃府陈，为刻勒石碑，以垂久远事。案奉府正堂庄札关，今将人民〔民人〕王重鼎等在督宪辕下呈控营书刘任等仗势霸地一案，遵奉府宪断案，在于大小盆子了壑内分立界限，刻列四址于后：

大盆子　威远营马厂东至边墙及朝藏生产地垦为界，

西至白土窑及新立界墩为界，南至草山巅为界，北至民田地塄及朝藏寺地塄为界。查丈就大盆子生产一处，自南草山岭起，至北阳坡了壑止，横长计一千二百五十四弓。上：东西斜，自新立界墩起，至边墙止，计宽三百八十弓。中：东西斜，自众民熟地塄起，至边墙止，计宽五百五十弓。下：东西斜，自众民熟地塄起，至边墙及朝藏寺地边止，计宽四百九十四弓。

小盆子 民人王重鼎等牧地东，上至边墙，下至新立界碑墩为界，西至民田地塄为界，南至大山为界，北至白土窑为界。查丈就小盆子生产一处，自南大山边墙起，至白土窑止，横长计七百九十弓。上：东西斜，计宽一百五十六弓。

以上各留牲畜出路，载明大、小盆子四址，嗣后不得互相占争。此碑。

元朔山火烧台[1]禁番僧修寺碑 邑绅

窃以火烧台者，雍正初年，郭莽寺僧随罗布藏丹津叛逆，被官兵焚毁而弛禁者，已百六十余年矣。今番僧拉洛尕曲僧率众僧又在火烧台禁地偷修寺院，适有绅民祁德恭、王受玉等向僧理阻不允，遂同西宁阖郡绅士孙士彦等具禀西宁钦宪豫、道宪邓、府宪倭案下蒙饬勘验情形，于光绪十四年三月初七日，提集原被人证讯明，出堂断云："查大通县属广惠寺，原名郭莽寺，雍正元年，该寺僧众随罗布藏丹津叛逆，被官兵焚毁。雍正十年，奉旨重建，赐额‘广惠寺’。此寺之重建，既系奉旨，则火烧台被毁之寺决属禁地无疑矣。若不奉旨弛禁，何敢私修？前寺因寺僧不守清规，累及神佛。今该僧等于百余年后并不禀官请示，擅敢私修禁地，实属大干法纪。岂谓代远年湮，地方官皆不能明旧案乎？此旧址不得重修佛寺，并饬大通县楼令立碑封禁，以昭炯戒。”等因，兹特镌石，俾众周知，以垂不朽云。

注释：

[1]火烧台：在元朔山西麓。

跋

东鲁许仲玉先生西平出塞图 杨应琚

恬淡之士，志在林壑；慷慨之士，志在边疆。矫矫先生，须眉怒张，腰横一钮〔剑〕，秋水深藏，磨之十年，未试锋铓〔芒〕。岁在辛丑，西戎跳梁，家严从军，挽运刍粮。先生慷慨，伏剑匡襄。西峡关外，六月飞霜；大漠草枯，连山水竭；人马相依，重裘似铁。先生散人，夫何至此？愿历〔历尽〕崎岖，以报知己。今几何时？六载于是。家严蒙恩，开府百粤。先生来游，揖为上客，追忆畴昔，爰会〔绘〕此图。戴笠披毡，雨雪载途。鸿鹄之志，志在远举；瘴海层冰，不知其苦！

跋孟忠毅公[1]奏议　*杨应琚*

余总角时，闻吾乡孟少保督 三秦有大功。稍长，耳孟〔益〕熟。迨历任内外，于役两河，见公生祠遍山谷，始备闻李贼残虐，根株窜伏，随斩随蔓，而逆回因之扰害，犯我五州，晋中又复乱作。公于时勿亟勿迟，决胜败，算成效于俄顷，以镇定走贺珍，以宽容平戍守龙之乱[2]，以正兵复固原，以奇兵得龙安，以胜兵解蒲围。声生势长，然后积粟厉〔砺〕兵，出入耕守。用忠厚正直，得吏民心，以为规取全蜀之策，而公疾作矣。（因思）慨慕其人，更〔宜〕得其著述于湟中北川官家，仅为奏议抄本。留之月余，朝夕讽咏。计公督秦凡十年，其章疏卓然可传者数十百事。要之，以得人材为主，以安反侧为先，以乘机应会为奇，以恤民节饷为本。奋励〔厉〕感发，奏恳至再〔至〕三，忠诚之心流于楮墨。于奉上无疑行，其御下无烦扰，故得行其素志而永绥秦土。凡夫销萌杜衅，当必见机于先，防患未及，斯有备无害。至如向者，泾源、汉川之间，势成沸羹，历久而后定，由前者之无备也。公原文所云：“然赖庙胜之略，群叛授首。”尚有功麾下简拔之将，如张侯勇、赵将军良栋、王将军进宝诸公，国家复得其力于十数年之后。进宝于公虽没，犹未亡也。夫我朝定鼎之初，人材林立。当时是，战胜攻取，海内向〔响〕平，有封疆之任者，皆必有非常之材。相与弥纶于其间，而求其忠毅完全，受历朝褒誉如公者，未可一二数也。谨书数语于后，而归其书本人。雍正十二年七月四日。

注释：

[1]孟忠毅公：孟乔芳，永平（今河北省卢龙县）人。明副将，罢职家居。清太宗皇太极时降清。拜兵部右侍郎，总督陕西三边四川军务。因功进兵部尚书，加少保，卒谥忠毅。

[2]戍守龙之乱：应作“胡守龙之乱”。顺治初西安人胡守龙举行抗清起义，被孟乔芳捕杀。

诗

游元朔山汇《诗品》 四言古 钱维伦

大道日往，妙极其微；饮之太和，独鹤与飞。
巫峡千寻，走云连风；天地与立，神化攸同。
是有真迹，如不可知；要路愈远，幽行为迟。
碧山人来，横绝太空；超以象外，得其寰中。
娟娟群松，下有泉流；载行载止，空碧攸攸。
脱巾独步，时闻鸟声；所思不远，大河前横。

月出东斗，好风相从；太华夜碧，人闻清钟。
金樽酒满，共客弹琴；海之波澜，山之嶙峋。
大风卷水，林木为摧；箫箫落叶，漏雨苍苔。
少有道契，终与俗违；如将白云，清风与归。
生者百岁，相去几何；何如尊酒，日往烟萝。

示从征群臣　五言古　隋炀帝

肃肃西〔秋〕风起，悠悠万里行〔行万里〕。
万里何所行？横渠〔漠〕筑长城。
岂台小子智，先圣之所营。
树滋万世荣〔策〕，拯〔安〕此亿兆生。
岂〔讵〕敢惮焦思，高枕于上京。
北河秉武节，千里卷戎旌，
山川互出没，原野穷超忽。
纵〔枞〕金止行阵，鸣鼓兴士卒。
千乘万骑动，饮马长城窟。
秋昏塞外云，霞黯〔暗〕关山月。
缘岩驿马上，悬空烽火发。
借此长城候，单于入朝谒。
浊气静天山，神〔晨〕光照高阙。
释马〔兵〕仍振旅，要荒事方举。
饮至告言旋，功归清庙前。

咏赵充国　龙膺　清乾隆中西宁监司[1]

本营〔营平〕何赳赳？垂老事戎行。

金城上方略，料敌如探囊。

乘夜追〔退〕三校，衔枚渡河湟。

先零骜无道，狡焉侵西疆。

引兵诛不义，穷寇走且降。

斩虏十余万，战士不离伤。

罕幵感威德，故地归靡忘。

释兵〔甲〕固死守，瓦解夷〔虏〕与羌，

弛兵留屯田，浚渠治津梁。

乘塞饬斗具，列队〔隧〕遥相望。

便宜十二事[2]，剀〔恺〕切陈未央。

天子下群议，佥谓谋谟臧。

用是克西戎，振旅承宠光。

羌为酒泉守，衿〔矜〕功急鲜阳。

玺书命出塞，诡辞谏中郎。

起难固匪哲，保躯岂云良？

阃外望〔忌〕中制，贤者计久长。

懿哉中〔忠〕谠言，可以悟明王。

功成乞骸骨，勋伐垂旗常。

注释：

[1]清乾隆中西宁监司：此处实误。龙膺于明神宗万历三十八年(1610年)任整饰西宁兵备道副使一职。非清代人。

[2]便宜十二事：赵充国上宣帝《不出兵留田便宜十二事状》。

古柳 廖傒苏

古娄堡三岔口中古柳二株，围皆三丈，高各十数丈，不知始于何代。视皮色之枯润，可占晴雨，亦灵物也。感而成韵。

大造有灵根，移向此间植。
春秋不知老，霜雪何取蚀。
物自有本心，世岂无真质!
根稳干不摇，外美中尤实。
鸣条相晤对，苑彼应声律。
理数历先知，阴晴故可测。
高耸出霄汉，星辰共罗掘。
日月伏胸臆，风雷听可叱。
世说沧海深，吞之不盈吸。
世说昆仑高，量之不盈尺。
群伦岂容藐，奇英不世出。
真材谁不爱，大道由来直。
非无工师顾，斧锯不堪入。
非无用世心，运会待所值。

岁晚节弥贞，心雄气所结。
用以支大厦，期之在独力。
用以作天柱，灵鳌皆失色。
乾坤共一肩，物理两奇特。

南城踏雪望永寿山[1]遣兴 七言古 廖徯苏

北风飕飕百草摧，雪花飞霰平城堆。
百雉嶙嶒揳如齿，一峰轩敞临其隈。
琳狼宫矗山之顶，琉璃光射云无影。
郫筒相对倾醍醁，镇日酣歌惟酩酊。
醉中偶作《逍遥游》，巍峨揖客如低头。
山灵仿佛向我诉，呢喃呜咽声啾啾。
目作眦睚身崱屴，光怪陆离形莫测。
为状天心殊暖昧，变态辘轳悬片刻。
自搴薜荔穿巉岩，摩挲劫运储灵胎。
物理糠秕无足议，人世蜉蝣诚可哀。
鲸鲵横海翻潮绿，蜃市蛟楼互相逐。
从他野彘恋芄茼，向彼蜗牛问蛮触。
名场客，恒河沙，风尘飘泊无津涯。
策马冰渊网珠玉，浮空叆叇成朝华。
何物椰榆触我怒！手卷髭髯吞永寿。
任从霹雳震层霄，尚有孤延力能斗。

诗

边风吹气入云天，紧逐邪魔化碧烟。

归去呼僮勤煮酒，长鲸吸尽百川泉。

注释：

[1]永寿山：在今大通回族土族自治县城关镇城南里许。原山顶建有雷祖庙、文峰楼，光绪间毁于兵乱。后人建塔，名“文峰”。

咏古镜 五言绝句 李淳

昆仑一片光，

磨作倚天剑。

若得试一用，

太平立可见。

咏狮子岩[1] 杨应琚

两崖怪石多，

中挂瀑布水。

崖雨阴忽晴，

涧云低自起。

注释：

[1]狮子岩：在今大通回族土族自治县西北，山势嶙峥，状如狮子，故名。

和杨松门观察[1]六月六日游五峰山原韵

七言绝句　吴四古　清乾隆中人

城隅直北胜〔世〕人间，别有幽栖可趁闲。
风景清妍松桧老，软红飞不到空山。
秀削芙蓉向晓看〔晓起看〕，奇〔峰〕峰如掌列云端。
此中清景堪游赏，盛夏犹嫌积雪寒。
返照深林树杪红，老僧趺坐听松风。
是非那得来方外？应笑劳劳尘世〔数〕中。
水冲断涧石无声，骢马经过路不平。
我未相从陪杖履，飘零空博酒徒名。

注释：

[1]杨松门观察：杨应琚，字松门。清代称道员为观察。

前　题　张本涵　清乾隆中人

胜地宁悭边塞间，自来化导有忙闲。
我公敷政优优早〔化甚〕，行部还寻旧识山。
烟崖〔岩〕月壑恣采〔探〕看，奇秀须教〔软〕绘笔端。
相见低徊千仞上〔冈〕，振衣长啸晚风寒。
安石流风只屐〔妓〕从，何如弄月与吟风？
惟公〔公惟〕笔砚溪山对，纸落云烟骑马中。
携柑欠负听鹂声，游岳心期追向平。

可惜五峰好山水，无缘登览一留名。

东山归隐感怀 七绝十二首 赵遐庆

长祝高堂福寿延，安知巨祸降从天。
苍苍夜半妖星现，屺岵室瞻泪涌泉[1]。

手足原期到白头，春来花萼共登楼。
一朝风雨悲声恶，孤雁哀鸣天地愁。

兰桂枝枝绕砌芳，彩衣阶下舞春光。
无端摇落西风急，冷透繁英叶满霜。

和睦乡邻等一家，开轩煮酒话桑麻。
而今飘泊知何处，三月东风感落花。

吟风山径夏生寒，瞥眼榴花泪不干。
回首天伦行乐处，隐然如向梦中看。

荒村薄暮感苍凉，往事低徊几断肠。
天半夕阳西岭下，可曾约略认家乡？

柏陇松阡挂纸钱，无边草色尚嫣然。
清明三月春如梦，隔断云山不见天。

流落年年慨此身，每逢佳节倍思亲。

遥知骨肉幽冥地，无限伤心不少人。

湟水狂流尚未平，跳梁群丑更何情！
唐家应有汾阳在[2]，痛扫妖氛慰众生。

奇峰叠叠水汤汤，林壑森然比武当。
身外云烟心上事，偶逢山鸟话斜阳。

林光蔚翠路横斜，古木凌空集老鸦。
尽日怕闻人世事，禅机恭访晤僧家。

名利浮云散碧空，生涯求我有童蒙。
桦皮写遍燃松读，更煮山茶当酒供。

注释：

[1]屺岵：屺，音qǐ，无草木的山。岵，音hù，有草木的山。《诗经，魏风，陟岵》："陟彼岵兮，瞻望父兮。……徒彼屺兮，瞻望母兮。"抒写行役之子对父母的思念之情。

[2]汾阳：借指唐代将领郭子仪(697—781年)。郭子仪是太原人，安史之乱爆发后，率军平叛，因战功累封汾阳郡王。诗人借此希望河湟战乱得以平息。

诗

次新城望元朔山 五言律 杨应琚

端岩双水曲，斜影数峰晴。
过客停骢马，秋风满石城。
沙头起雁语，天际落钟声。
白道如丝细，层层草木清。

道朝藏寺[1] 赵遐庆

路接朝藏寺，荒城过古边。
云环峰四面，寺绘佛三千。
峡险频留月，松高不计年。
楼檐鸳瓦覆，屋柱虎皮悬。
梵语和经语，茶烟带石烟。
山翁知鸟性，樵子傍鸦眠。
僧院令〔今〕何在？灵崖尚故然。
华山休访问，此处好参禅。

注释：

[1]朝藏寺：俗称“却藏寺”。在今互助土族自治县闇门峡内却藏滩，为青海著名藏传佛教格鲁派寺院之一。

杨松门观察筑亭于五峰山落成，因题四韵寄之

七言律 张廷枚 清乾隆中甘肃驿传副使

五峰佳境傍边城，别有逍遥物外情。

亭枕清溪堪洗耳，宅依古〔深〕树好潜名。
淡浓山色窗前画，远近泉声座里笙。
何日趋陪同眺赏，青鞋布袜杖藜行？

元朔山谒太元宫 谢陛　清乾隆中人

振衣高叩碧琳宫，石磴盘虚〔云〕曲曲通。
仙杖〔仗〕绕庭临帝座，雄图控虏借神功。
天垂北斗悬梯〔旂〕上，云压西山挂殿中。
万里壮心思出塞，长驱青海欲从戎。

前　题 秦株　清乾隆中人

绛殿穹窿冠岭开，清秋高倚集灵台。
覆崖树〔雪〕色山中满，入峡河声塞外来。
飞骑随人穿石往，抠衣谒帝拂云回。
挥毫遍埽〔拟〕苍苔壁，深愧登高作赋才。

冬日过新城望元朔山感事 廖徯苏

朔风卷地雪生寒，一道庄康未是难。
古树藏鸦偏笑客，征途驻马且加餐。
云开峡口朝金阙，日挂天腰见玉峦。
隔岸迎人如作主，印心明在镜中看。
奇峰万仞立嵯峨，峭壁连天信手摹。
遣兴和莫嫌边外，远看山原让客<中>多。
但须巨眼悬空际，何事□亲附曲阿。
我自胸中有元朔，值来相证更无讹。

雪沟差务毕途中即事　廖徯苏

履亩勘畦一日终，夕阳鸦背涨新红。

晴空雪净留清霭，归路云飞唱《大风》。

舆藉人肩平胜马，梯缘山转曲如虹。

荒城注目无多远，更喜林稍月正东。

通城[1]夕眺　廖徯苏

孤城一角雪初晴，初景鲜明画不成。

水贯峡流如抱带，山撑天出未知名。

荒村墨点寒鸦静，夕照红铺粉雉平。

风定尘清沙草白，诗情无限眼中生。

注释：

[1]通城：大通城，即今大通回族土族自治县城关镇。下面“孤城”亦当指此。

道返湟中次新城漫兴　廖徯苏

斑马萧萧咽朔风，征途西去复从东。

争巢分噪枝头鹊，避地孤行海上鸿。

积雪压墙欺粉白，寒灯射斗透星红。

残冬远客边城宿，对酒敲诗旅店中。

向北山光屋本开，奇峰万仞压楼台。

云撑石角连天出，风卷松涛涌雪来。
无路相逢话元朔，仙洲何事问蓬莱。
明朝马上吟鞭促，恰似身从五岳回。

词

八景词 廖傒苏

花海鸳鸯[1]

海镜浪翻花，抹净尘沙。东风吹影绿参差。羡煞鸳鸯成对对，以此为家。流水纪年华，行乐交加。浮沉随分即生涯。身外风波都不管，那个如他!

雾山虎豹[2]

雾暗碧天东，丹嶂空濛。一声长啸谷生风。更有管窥班不见，隐在其中。势力自熊熊，比类皆同。文征炳蔚变无穷。待看出山行被素，莫与争雄。

画屏秋净[3]

山势画屏开，六曲平裁。西风无限送秋来。落尽猩红山径晓，霜叶成堆。此境隔尘埃，点绝莓苔。天峰倒影入楼台。一片浮光都扫净，小胜蓬莱。

古塔春阴[4]

孤塔傍城楼，颓址犹留。绿杨堤上踏青游。万丈春阴凭地起，天际云头。蜃气已潜收，何处凝眸？东风摇落感千秋。安得文章争结构，五凤添修[5]。

鸾堞翔风[6]

粉堞锁边墙，排列千行。争传灵物此中翔。一簇天章云五色，声是鸾锵。威凤剪朝阳，百鸟来王。和鸣争上碧梧岗。好趁长风梳健翮，仪羽飘扬。

龙洼嘶月[7]

洼水夜嘶声，皎兔精莹。月中人似镜中行。恍惚谁家吹玉笛，响遏云横。入耳更关情，幽咽凄清。碧波翻作老龙鸣。恼杀村鸦眠不稳，啼到天明。

朝阳涌翠[8]

旭日挂东山，翠涌斑斓。岚光浮上碧云间。一幅襄阳老图尽，挂入仙寰。老衲住层峦，烟锁禅关。绕钟敲断自清闲。领略阿弥空是色，景驻童颜。

夕照流金[9]

南望好山多，秀绝金峨。夕阳横落浅深坡。照澈芙蓉红有晕，玉面婀娜。诗景费摩挲[10]，采入樵柯。一肩归去竟如何？呼得老妻烹酒醉，终夜狂歌。

注释：

[1]花海鸳鸯：此景在北大通金羊岭，现属海北藏族自治州祁连县。

[2]雾山虎豹：据本志《地理·山脉》，雾山在北大通，即今海北藏族自治州门源回族自治县之祁连山脉一支。

[3]画屏秋净：画屏山，据本志《地理·山水》，即宝库五间房山。

[4]古塔春阴：城关镇东面一里左右，有白塔，所以城关镇旧名“白塔城”。

[5]五凤:称同时有才名的五位文人。宋太宗太平兴国八年(984年),宋白、贾黄中、李至、吕蒙正、苏易简五人同时官翰林,扈蒙赠诗称“五凤齐飞入翰林。”

[6]鸾堞翔风：鸾鸟城之景。鸾鸟城在今海北藏族自治州祁连县境内。

[7]龙洼蜥月：泉约在今大通回族土族自治县青山乡。据《志》为龙泉水曲。

[8]朝阳涌翠：涌翠山，即今海北藏族自治州门源回族自治县境内的祁连山脉中的一峰。

[9]夕照流金：景在金峨山。俗称“娘娘山”，由今大通回族土族自治县新城西入庙沟进山，即是景处。

[10]摩娑:摸索。《聊斋志异·狐嫁女》:“时值上弦,月色黄昏,门户可辨,摩娑数进,始抵后楼。”

颂

赵充国颂　扬雄

明灵惟宣，戎有先灵，先零猖〔昌〕狂，侵汉西倾〔疆〕。汉命虎臣，惟后将军。整我六师，是讨是征〔震〕。既临其域，谕以威德。有敢〔守〕矜功，谓之弗克。（谓）奋其〈师〉旅，于西〔罕〕之羌。天子命我，从之鲜阳。营平守节，屡奏封章。料敲〔敌〕致胜，威谋靡亢。遂克西戎，还师于京。鬼方宾服，罔不来王〔有不庭〕。（昔周之宣，有方有虎，诗人歌功，乃列于《雅》。在汉中兴，充国作武；赳赳桓桓，亦绍蹶后。）

赞

秃发赞 《晋书》

秃发兄弟〔弟兄〕，擅雄群虏。开疆河外[1]，清氛西土。傉檀奇杰〔杰出〕，腾驾时英。穷兵黩武，丧国颓声。

注释：

[1]河外：先秦时称黄河南为河外，秦称河东为河外，西汉时称陕西大荔、华阴等地为河外。

吐蕃赞 （新）唐书

唐兴，四夷有弗率者，皆利兵移之，蹶其牙，犁其庭而后已。唯〔惟〕吐蕃、回鹘号强雄，为中国患最久。赞普遂尽盗河湟，薄王畿为东境，犯京师，掠近辅，残馘华人。谋夭〔夭〕虓帅，圜视共计，卒不（得）要领。

晚节二姓自亡，而唐亦衰焉。[1]夫外抚内宁，惟圣人不让。元〔玄〕宗有懿德[2]，而拓地太大，务远功，忽近虞，逆贼一奋，中原分裂，讫二百年不得复完，而至陵夷。然则内先自治，释四夷以泯外患〔为外惧〕，守成之良资也。

注释：

[1]晚节二姓自亡，而唐亦衰焉：唐朝后期，吐蕃、回鹘因内部变乱，自行衰亡，而唐朝也衰败了。

[2]元宗有懿德：元宗，唐玄宗李隆基，清人为避康熙皇帝玄烨的名讳，往往把“玄”字写作“元”。懿德，美德。

附录

大通县志[1]

[清]问昙　著

马忠　点校

目　录[2]

创修大通县志序

县宜有志。大通自雍正三年设卫,乾隆二十六年改县,缺志。道光六年,昙司训此邑,欲补修,而腹枵掌孤。课士勤咨,访得《西宁府志》,披阅之,有大通卫分载于中,采录而以见闻所及,与建县后之事迹增焉。素谫陋志,为实录体,即立论以寓意,何必文。盖西番青海之地,承皇清列圣之恩,衣冠文物,渐与华同,不可不志也。非敢望若康对山武功,韩苑洛朝邑志之简而精,然于山川人物,略为表著。俾居此县,阅斯志者,远近皆知。士民男女,益持其性情,作其志气,淳其风俗,由质而文。明君臣之义、父子之亲、夫妇之别、兄弟之序、朋友之信,交相劝勉。仰答圣天子休养教训之至意,以饱暖终,以功名显,此则修志者之所殷殷厚望也。至未详处,俟后之君子补焉。

道光九年中秋月

西宁府大通县训导问昙撰

八 景

雾山虎豹 花海鸳鸯 画屏鸟管 蜃塔云楼

龙洼嘶月 鸾堞舞风 朝阳涌翠 夕照烁金

天 文

《府志》引《晋·天文》:“金城入东壁四度。”《文献通考》云:“河湟入壁三度。”西宁亦古金城地,大通属西宁,星野同。

地 理

秦、汉、三国、晋为西羌地,南北朝、隋为吐谷浑地。后周置达化县,隋属浇河郡,唐属廓州,后陷吐蕃,废。唐、五代为吐蕃地,宋为唃厮啰地,金、元为吐蕃地,明为海夷麦斯干所据。

大清顺治五年,逆回丁国栋等拥众大通河岸,威胁湟中。冯如京、张世耀击败。雍正元年,蒙古罗布藏丹津等谋逆,年羹尧、岳钟琪俘执渠魁,青海平。三年,筑大通、永安、白塔三城,设兵分守,置大通卫。守备李亩设二十二堡,创义学。乾隆元年,移卫于白塔城。二年,西宁道杨应琚题准,大通卫每岁科取文武生员三名,暂附府学。十一年,卫守备孙捷立社学。二十六年改县。化外之回番得隶中国矣。

按:为治岂择天文地理?然观天文思政,顺天之时;察地理求政,因地之利,固为治之要道也。

疆 域

卫界闇门，改县拨闇门南西宁县十八庄堡益之，合为十堡。县在府西北百一十里。东至燕麦川西宁县界百二十里，西至黑林口闇门六十里外，系扎萨克罗藏插汉公蒙古住牧，接青海地界。南至长宁堡西宁县界牌五十里，北至大通营大雪山百二十五里，山通大草滩接凉州界。东南至威远营闇门西宁县界九十里，西南至西川拉课闇门西宁县界七十里，东北至大雪山二百二十里接凉州界。西北至扁都口大石碑甘州张掖县界三百九十里。山川回环，保障甚固焉。

今西北生番远徙界六百外古佛寺。

山 川

元朔山　县南三十五里，石峰林立，下绕河流，北有巨石，高二丈余，甚奇伟。监司龙膺题曰“海藏”。又北有洞为虎窟，游僧来居，虎徙去，俞安期题曰“慈藏”。多野芍药，石缝松密且茂。六月六日，士民游赏，号北武当。今祀关帝于上，称老爷山。

昆仑山　在县西北，吐蕃甘朵思东北，有大雪山，炎夏不消，然非古昆仑。

覆袁山　隋炀帝征吐谷浑至此，在县北。

金　山　县南二十里，号金娥山。

西　山　县西三十五里，乱峰壁立。

大寒山　北四十里，亘二百余里，高数千仞，鸟道盘错，泉流石磴，为行旅所必由，谓之打坂山。

雪　山　东北百五十里，自南而北计三百余里，俗名冷龙山。雪六月不消，东接甘凉地。

八宝山　与雪山连，西北入青海生番地。物产甚多，松柏大者经数千岁，水东流入甘州界。

拨科山　北五十里，中多溪涧，岭多树林，宜畜牧。

圣姥山　北三十里，脉发东峡，北折至硖门，计五六十里，中多沟涧，利民耕种，有庙，号娘娘山。

雾　山　北九十里，《水经注》云："湛水东南，流至雾山。"

硖门山　北二十里，两山对峙如门，树影扶疏，水声激沸。

古娄山　北五里，土原可垦，东山连大塞〔寒〕山，号下打坂。

涌翠山　东北百八十里，有加尔多寺，林木蔚然。

沙金山　西北百八十里，奇峰剑列，下产金，昔采后禁。

燕麦山　东六十里，多松。

红　山　大通营东，下可耕牧。

画屏山　北四十里，地名五间房，系南北通道，多野牧丹、啼鸟。

插汉山　永安营北，号插汉阿坝。

照壁山　大通城南，多松。

松柏塘　大寒山北，松草石泉，望如画。

西峰山　永安城西南，有泉，号西河台。

狮子崖　在永安营西北。

白　岭　雾山北。

金羊岭　握〔掘〕地得金如羊形，接景阳岭，距永安四十里。

分水岭　即大寒山，诸泉水北流入浩亹河，南流入拨科河。

黑石头湾　大通营西北四十里。

柏树峡　永安营西北二道沟，两山如门，遍生柏木。

拨科峡　拨科山东，径通青海。.

东　峡　县东，多雉。

黑林峡　西六十里，山中断若门，水双流似带，青海蒙古盐货从此入。初设防，今禁。

白岸谷　雾山西北，湛水有二源，西出于白岭下，东发于白岸谷，合道一川，东南流至雾山为浩亹河，亦曰閤亹河。

三兜谷　北临凉州，汉护羌都尉傅育战处。

浩亹河　大通营南五里，发源于青海界，绕永安、大通东南，经宁、碾二县界。

湛　水　即浩亹河。

卧牛河　景阳岭西，注浩亹河。

拨科河　发源于拨科山，自北而南，过喇嘛桥与县城北水合注于閶门峡。

东峡河　出雪山，自东而西约六七十里，会拨科河。二水皆可灌田。

黑林河　县西，源出青海。从黑林峡入，流虽细四时不涸，民引渠灌溉，余波绕城北，近隍东流入拨科河。

插汉河　出插汉山，经甘州扁都口入黑水。

躲龙沟　红山东，谓之红山嘴牧地，可为田。

雪　沟　县东，泉入拨科河。

老河沟　大通营西北，注于浩亹河。

花　海　近永安营，一片波光，石蕊成花，黄鸳鸯游戏于中。今水少鸳鸯不见，俗号乱海子。

环　涧　五间房画屏山下，曲折如环。

燕麦川　水经威远营水关。

覆袁川　覆袁山下。

野马川　距永安营一百四十里，地可牧。

星　泉　永安城北，近花海，多穴，大小星聚，俗号乱泉子。

黑　泉　县东向阳堡,源出马兰滩。

峡门山泉、古娄泉、半山泉　出古娄山。

甘　泉　出寺嘴。

煤洞泉　出煤井旁。

樵泉、渔泉、松林泉　俱出樵渔堡。

红石泉　东七里。

科科泉、上泉、兔泉　俱在古娄堡。

鄯泉、青泉　西北十四里,又号达鄯尔山泉、柳树泉,与东石素扁五泉俱近县。

花豹泉　城东南。

祁家泉　城西北。

林　泉　在多隆堡。

燕　泉　在燕麦川。

广惠泉、寺前泉　俱在衙门庄。

按:大通之疆域山川徼塞接连,土石回环。峻岭钩于西北,闇门锁于东南,天造地设,保障关隘甚巩也。收其版图,列为县邑。清朝德威远被,有大通县则西宁府固,西宁固而河湟之地方皆靖,所系信不小矣。

城　池

县在白塔城。旧有塔,蜃灰白之,久塌,又名毛百胜。雍正元年平西海，毛姓将百战百胜。官于此。城高二丈，根厚一丈八尺，顶厚一丈二尺，周回五百五十八丈，设东西二门，濠宽三尺，深五尺。

东南四十里永安城，在北川，南距旧城五里，名新城，明时移。西北百一十里大通城，又二百一十里永安城，地通甘凉。四城有兵防守，生番不敢内侵矣。

堡 寨

临城百胜堡 土汉各半，有回。

河西逊让堡 西南五里，土亦有汉。

扬化堡 西北五里，土。

多洛堡 西二十里，土。

极乐堡 东南四里，多回有汉。

良教堡 东十里，回六汉四。

雪沟堡 东二十里，汉间有回番。

樵渔堡 东三十里，汉土各半。

河东古娄堡 北五里，土多汉少。

祁家堡 北五里，土。

硖门堡 北十里，汉少土回多。

新庄堡 北十五里，回多汉少。

旧庄堡 北十七里，回多汉土少。

凉州堡　东北十八里,回汉间有。

河州堡　东二十五里,回汉间有。

向阳堡　东三十里,汉多番少。

东峡李家堡　东南三十里,汉。

阿家堡　南三十五里,汉。

元墩堡　东北四十里,番。

多隆堡　东北五十里,番。

燕麦川庄　东六十里,汉回各半。

滥泥沟堡　东北五十里,汉回各半。

闇门外十八堡合为十堡:

永安堡　东南四十里,汉间有回。

庙沟堡　东南四十里,汉。

杨家堡　东南五十里,汉。

黄家寨　东南五十里,汉。

东流堡　东南五十里,汉。

毛贺堡　东南四十五里,汉。

石山堡　东南七十里,汉。

柴家堡　东南四十五里,汉。

平路堡　四十五里,汉。

新添堡　五十里,汉。

西北红山堡　九十里,回多汉番少。

按:城池小,堡寨不多。民皆土房,为四合宅,或数家或一二十家成巷。依山傍水，高低不等，车路相通者多，固宜收入中华，使沐养教之泽也。

水 利

河东渠　从峡口庄引拨科河水灌田。支渠三，至向阳堡止。

祁家堡　自祁家寺磨河引流灌田，至古娄堡止。

河西渠　自黑河引流灌田，分支渠五。多洛、阳化、逊让、百胜、极乐、雪沟、良教、樵渔兼引山沟水灌田。

东峡渠　自衙门庄广惠寺河内引流灌田，至阿家堡止。

新城南渠　引拨科河水，分支渠灌田。

水磨共五百零八盘，每盘出税银二钱四分。

物 产

鹿茸、麝香、大黄、蘑菇、蕨麻、煤炭。花如萬苣莲类，亦可观。木有松、柏、柳等皆可用。牛、驴小、羊、马大、黑白羔、野牲皮俱出。

按：物产因水利，水利厚则物产多。大通水随山高，物与地宜。惜人因寒冷，不设机引水而秃山多。今地较暖，知广栽植，则内地之花果瓜菜皆可渐成，而禽兽亦得蕃滋于中。虽经理由人，实天地自然之利，故设官以顺导之。

户 口

雍正三年，原额编审人五千八百六十二丁。乾隆二十一年察审丁一万一千八百三人，例不收丁粮。道光九年察审，共户一万二千二百五十六，共口七万八百九，分三十三堡，六族。

田 赋

雍正三年，新归番民耕种水地六千二百四十三段，旱地二万四千五百一十六段，续报开垦旱地六十二段，实在水旱地三万八百二十一段，实在应征仓斗番粮三千九百五十七石八斗六升四合内支寺喇嘛一千二百三十一石。番贡番民六族：隆旺、兴马、那楞、向化、归化、新顺，安置附边地方，使驻牧贡马贡马二十四匹，每匹折贡银八两。道光九年，土汉回番共种番贡地三万一千四百三十八段，共额征番贡下色仓斗粮四千一百五十八石八合五勺。共种屯科地四百八十顷八分六厘，共额征屯科仓斗粮一千九百九十五石八斗三升九合五勺，共额征屯科七斛，小草五万八千九百三十三束内又支各寺衣单口食仓斗下色粮三千六百三十八石,折钱二千三百六十千。

按:大通初为西海地,户口惟土番,杂以官籍,田赋多归于喇嘛寺。自皇清设卫改县,东方汉民或耕垦或商贾,有金厂,黑林口之货物往来交易,得以劳心力而获利。娶妻生子,入籍者踵相接。我朝德威之远,足超千古也。由是户口隶焉,田赋贡焉,喇嘛给以衣单口食之粮而已。顾田赋有定而户口日增,列圣天子轸念民依山边涧旁任开辟而不加税敛,居此者于土坡之可耕勤耕之,于石穴之可树广树之,以助户口田赋之资。固教养士民者之切望也。

风 俗

耕牧,性情质朴,愚而不刁,重释教。土番有子二人,一子送喇嘛寺。丧祭念佛经,偶有行儒礼者。食麦、青稞、大豆,饮酪,衣褐,穿皮靴、鞋。土番衣服与汉同,女与汉异。嫁娶以牛马为聘,无鼓乐。不甚讲男女之别,大脚女能骑马过高涉深。

学 校

设卫始知读儒书,改县岁科文武进六名,廪二名,增二名。初仅有一二十名童生,今有四五十人。多设学馆,风气可骎骎日上。惜无名师,又少书籍。据《府志》有义学二,一在城,一在向阳堡。今西关有,向阳堡废。

按：正风俗在兴学校，虽今之教与古异，然通四书之义，为文有理法，则为人恂恂。有律度，人性善。有子弟肯使读书，则风俗自儒雅，所关岂浅哉？

庙 坛

文庙、文昌宫、魁星阁　东关，有知县王旭题联。

明伦堂　庙东，有王旭、训导问昙对联。

厫神庙　东关。

雷神庙　城南原上。

龙王庙　城东南原。

火神庙　城内。

关圣帝庙　城内西关、东关。

城隍庙　西关。

城隍行宫　东关。

菩萨庙　东门外南原。

社稷坛、风雷云雨坛　东关依南原。

先农坛　东关，有房垣。

藉田雩坛　农坛外内。

厉　坛　西关外。

后土祠　古娄山内，邑人抬神龛巡村落，祈雨禳雹。城西断土山如箭射，可共议修金母殿、社神庙，春祈秋报，且补县脉。

民信神庙，多载奉祀上香者。

官　制

知县、训导、典史、白塔营都司、把总，外委大通营游击把总，外委永安营游击、把总，外委北川营都司、把总，外委土千户。

按：祀神以隆祈报，设官以布德政，皆为民也。神佑民，民贡国。官能尽忠于国，致敬于神，而使民皆安业，斯不负其职。故春秋奉祀，朔望上香，非遵行故事已也。

仓　廒

常平仓五　城内一、东关二廒神庙在内，大通城一，北川城一。

兵　马

白塔营　马步守兵共二百七十七名，马七十九匹。

大通营　兵六百四十六，马百四十六。

永安营　兵五百三十九，马一百六十。

北　川　兵百二十三，马三十二。

孳生厂　原额马千二百匹，每九马报一驹。

向阳、长宁驿　马十匹，夫五名。

按：仓廒、兵马皆为民设。有仓廒养兵马，有兵马卫仓廒。水旱不能灾，寇盗不敢夺，民得耕牧贡赋以安其业，皆政之甚有关系者也。

荫　袭

杨芝连　雍正十二年把总，征罗卜藏丹津阵亡。元孙杨生春于嘉庆九年袭恩骑尉世职。

刘　威　乾隆十五年把总，征巴里坤阵亡。曾孙刘兆祥承袭。

柏文景　乾隆三十八年千总，征金川阵亡。子柏长青承袭。

马金玉　系征金川阵亡。把总马顺之子，乾隆四十五年承袭，征川楚贼阵亡，子马得功于嘉庆十年荫云骑尉世职。

邵殿元　乾隆四十六年经制外委，剿逆回阵亡。子邵廷璋承袭。

陈伏得　乾隆三十七年经制外委，剿逆回阵亡。子陈荣承袭。

杨国任　乾隆三十八年把总，剿逆回阵亡。承袭孙春从捕逆回,叙补守备。

王和林　嘉庆三年经制外委,征川陕贼立功,病故。子王芝荫八品监生,遇千把总缺,拣补。

王佐伏　嘉庆三年把总,征川陕教匪立功,病故。荫八品监生,候拣补千把总缺。

郭希顺　嘉庆五年千总,征邪匪立功,病故。子郭升荫八品监生,候拔补千把总缺。

杨　春　于乾隆五十八年拔补把总,征西藏病故。弟杨成荫八品官。

洪　义　乾隆十年经制外委,征金川带伤故。曾孙洪兆吉请未奉部复。

节　烈

胡孙氏　夫亡,事孀姑抚幼子。乾隆二十八年旌。

宋刘氏　夫生员怀玺亡,留二子皆幼。勤针指〔黹〕易食养子,长子入学拔贡。嘉庆二十一年旌。

宋贺氏　夫拔贡砚亡,事寡姑抚幼弟,无子守节。家贫,闭户勤女工以给衣食。嘉庆二十一年旌。一门双节坊,建东关。

李贾氏　夫亡,二子俱幼,辛勤抚养。长子又先氏亡,次子琮请建坊,道光六年旌。

任王氏　夫亡，抚子殿元入庠。道光八年旌。

马朵氏　夫亡，抚子孙廷魁入庠。道光八年旌。

张张氏　夫张祥换防死。氏闻讣，营葬痛哭，族有逼其再嫁者，即投井殉夫。众悯其志申报，道光九年旌。

道光六年冬夜，大通营城外小庄有土人妇为贼逼逐，投崖死。可见节烈之性不分汉番，惜无由访姓氏。即此类推，贫苦守节，湮没者不少。

孝　子

陈焕声　父死，年仅四龄，母存。家徒四壁，哀几骨立，顺致心欢。刈蔬得金，天垂怜，负粮逢劫盗不犯。乾隆三十九年旌。

按：荫袭由于义勇，节孝出于性情，皆持守纲常以死者也。即或迫于势之不获已而死与生；裨益风化，为朝廷所旌表，子孙蒙泽而受荣，后之人仰观坊碑，慕厥梗概，姓氏藉以常留。视世之贪生而终不免死者，不大愈乎？

贡　举

贺　璋　焦俊士　宋砚拔　谈从善

贺毓儒　赵宗儒　黄应召　杨可荐

伊功学　汪三经　王名重　朱蕴章

蒲建栋　严寅捐　王永吉武举

袁廷魁　于　慈　吴俊兰　侯延芝

柴如桐　阿文蔚捐　贺　仪

监　生

前不备载,录现在者。

张文达　张继贵　马天福　王永庆

李善继　梁大品

议　叙

王复元　由稿房叙选浙江昌化县典史。

李生春　叙选广东三水县典史。

徐　绾　叙授额外外委。

李滋荫　叙选直隶东光县典史。

王　盛　议叙典史。

孙士杰　叙选福建顺昌县典史。

郭志贵　议叙典史。

汪有麟　叙选巡检。

赵玉检　叙授西宁营千总。

宋兆祥　叙选巡检。

李　芳　叙授大通营外委。

沈　祥　叙补把总。

按:贡举出于生员,议叙加于书吏。所以广取人材也,而皆沐儒泽。选后守经术者,知法令之贵,通乎时。守法令者,知经术之不迂乎世,则援古律,今不失随材器使之意焉。

番　寺

广惠、朝藏、老佛、祁家、张家、班固、奴木气、窝尔错、加尔多九寺,喇嘛共一千三百二十三名。有红、黄二教,土番敬信,生子送寺,家供衣食,口外番来布施,银至数百。寺藉山临水,房多且大,游者递哈达以为礼。无父母妻子而贪吝,故民多穷困而喇嘛富足,伦外之教,衣单口食国家示羁縻之意而已。

古　迹

鲜谷塞尉故城　西北,临甘州。

威戎军故城　西北,唐开元年置。

古　城　大通营西南。

沙金城　永安营西北,依山临河。

三角城　永安营西一百四十里，元时筑。黑水径其南，谓之额济柰水，源出金羊岭西，会诸水至张掖，势渐大。西南二十里，系一思门、青骆驼、哈隆乌素、八步、哈拉戈伦五处隘口，皆通青海要路。西由把子墩、八宝山、古佛寺达陶赖川，通透赤金之捷径。北由羊胸子墩至扁都口六十里，进口为肃州之马营墩、永固、黑城、红水诸营。东北由鸾鸟口过山即甘凉内地。山西南林木丛杂，水草畅茂，地土平坦，名野马川。

鸾鸟口　永安城北六十五里，通凉州。汉置鸾鸟县，属武威郡。《寰宇记》：昌松县有鸾鸟城。前凉张轨时有五色鸟见。因筑城以美之，后魏改神鸟。

观番寺之多，知人生化外；考古迹之在，知地统寰中。我朝收入版图，设文武官化理而弹压之，则番寺不敢夺民田，古迹皆得通旅路，洵斯地之大幸也。

文　员

载今近者

知　县

周映紫

盛　莲

应曙霞

古院香道光四、五、六年署，题补高台县

张若龄八年署

张于淳九年任

训　导

赵　洽道光二年任

问　昙六年任

典　史

薛延燧道光七年署

傅乔英八年任

武　弁

都　司

孙　荣道光元年任

冉　贵四年任，征逆回功升游击

把　总

尚文全任

刘汉廷任

大通营游击

卢　亨任

永安营游击

李有忠署

把　总

韩　璋

按:文治士民,武练将卒,上体朝廷分职之意,下慰闾阎望治之心。不废事亦不滋事,不徇情亦不矫情,此县庶可永得其安矣。

名宦、乡贤、忠孝、节义祠俱无。

按:立此四祠,藉以劝后。人心不古久矣,即有芳躅在前,未必步武,况耳目无所见闻乎?欲创建节孝祠以相劝,未知此愿得遂否?

艺　文 (缺)

按:艺文不足。重艺文有裨于县治,乃贵附《花海记》《课士〔文〕告示》,质拙,非敢补艺文志也。

花海记

闻花海接金羊岭,积水数十顷。石浮莲蕊状,黄鸳鸯随波上下,实大通之奇观也。欲往游,而又闻有持铳相震者,鸟沉水减莲象无,已为沮洳,不得近,此亦过宝山而空回之,足慨与夫!地不爱宝久矣。人宝地之宝,不终弃其宝,不贪取其宝,则宝随地增长而不穷。大通之金杂于沙砾,此宝之不可终弃者也;大通之石灵于波塘,此宝之不可贪取者也。自来中地人多诈,边地人多愚。诈则失其情,愚犹安其性。故金玉不产于中地,多出于边地。乃中地之人诈而愚,既扰其宝之性，边地之人愚而诈，难安其宝之情，是以地之宝皆隐藏而不见。且天地之大，何物不有，如青海之龙马，花海之金羊，皆理气之常，无足怪者。自人之怪而物不保其常，天下事类如斯夫。

课文告示

窃惟文章所尚，理气为先。非理则气无由行，非气则理不能畅。清真雅正，贵得其宗，精大轻新，宜探其旨。峰锋风词当就范，绉瘦透语必合规。故审题命意，由平日穷理之功深，而布局措辞，在临时运气之法密。诸生即游藻芹之泮，须撷囊帙之华。即不能推波助澜，大其观于长篇之内；决不可安床架屋，失其体于短幅之中。小题读明文选评，以遵其矩；大体参钦定房稿，以扩其胸。一一了然于心，了然于口，而后了然于手。不敢剿说雷同，则文风骎骎日上，是所切望切谕，须至告示者。

补　拟

圣庙大成殿三献歌乐之章

大哉孔子！德参天地，教养群生，陶成庶类，性道有宗，文章皆备，在圣之中，独居其至。

圣哉孔子！道贯古今，唐虞述德，文武宪心，水归蓬海，山峙泰岑，普天瞻注，莫罄高深。

大哉至哉孔子之圣，受其范围，正厥性命，帝王之师，宇宙之庆，俎豆万年，谁敢不敬。

右乐诗三章，春秋丁祭歌之。

问昙撰次

道光六年，惺斋问老师任大通司训。课生童，善改文诗。因从学朝夕就正，获食郡廪饩。师讲书多精新义，论文遵程墨式。所作古今文诗诸体皆出自心裁。因大通无志修之。辞简事该，望士庶者甚切观斯志，各宜体其苦衷也。

受业张继良识

补　增

元墩堡药水泉能治胃疾、洗头泉、洗眼泉三泉俱注东峡河。

杨家城在寺嘴山。俗传宋将屯兵于此城。今犹有旧址。

衙门庄周郭氏夫周有智早亡，家贫。氏守节抚子应元。后子亡，辛苦抚幼孙中魁。今六十四岁，待旌。

柴家堡之先祖柴国柱，万历朝为山海关总镇，子时秀为甘州总镇。原籍山东，徙居于此。著有劳绩，明朝旌以“父子元戎"匾额。卒,赐葬祭银。墓在金娥山下,子后缺。

注释:

[1]清道光九年(1829年),大通县儒学训导问昙编著《大通县志》一书,为大通建县以来有史可查的第一部地方志书。后人多以为失传。2006年,大通回族土族自治县退休老干部鲍永年向县志办公室捐赠家藏的木刻本《大通县志》,使该志书重新面世,现收藏于大通回族土族自治县档案馆。

[2]原本前后缺页,目录据内容增录。

采录大通县乘帙稿[1]

〔民国〕佚名　纂

马忠　点校

目　录

舆　图点校者按：有目无图

沿　考

大通县考

大通县古戎羌地，踞湟水上游。引极甘凉，控临青海，内屏西宁，外关番夷，环属四百余里。地有灰垩古塔，故谚谓“白塔儿”。前清顺治五年，逆回丁国栋等拥众大通河岸，威胁湟中，冯如京、张世耀合击败之。雍正元年，蒙古罗布藏丹津等谋逆，大将军年羹尧、岳钟琪等幕下有毛姓百战百胜，俘执渠魁，故又号毛佰胜。

溯自周时，地属猃狁；秦汉为匈奴右地；晋迄三国、南北朝，诸羌出没湟中，郡县兴废，率皆或置或弃；隋开皇世，为吐谷浑地；唐贞观间，以米川县置米州，十年废，米州复为米川县，属河州；永徽中徙属廓州，后陷；五代为吐蕃地；宋为唃厮啰地；元因之；明为海夷麦力干所据；国初因之，为青海蒙古部落；雍正二年，削平西戎，式廓河湟，筑大通、永安、白塔三城。见以属境论，大通距东北，永安距西北，白塔即县城。当初设官分防，大通置总兵官，附卫备摄中衡，统白塔参将、永安游击两营。十三年大通改设副总兵，白塔改设游击，隶西宁镇。乾隆九年，移卫驻白塔城。其大通城临大通河，其水即《禹贡》之黑水，今谓为大通河。盖因其河而名其城,即因其城而名大通卫。二十六年改卫为县,并典捕〔补〕儒学。因割西宁县属北川营、城及村堡十八处,为大通县境,属西宁府邑治。嗣于白塔,名仍其旧。后又改白塔游击,置都司,仍用县城,乃复其始名白塔营,改大通副总兵置游击,原距县北,故益其名为北大通营,皆隶西宁镇辖。第邑志阙如,然就所传闻者,考列如左〔右〕。

疆 域

按府志,乾隆二十六年改设县治。拨来西宁北川居民一十八庄堡,今谓外十堡是也。治在府(北)一百一十里,东至燕麦川西宁县界一百二十里;西至黑林口闇门六十里;外堡系札萨克罗藏插汉公蒙古住牧,接连青海地界;南至北川长宁堡,西宁县界六十里;北至大通营大雪山一百二十五里,其山通大草滩,接连凉州府界;东南至威远营闇门,西宁县界九十里;西南至西川拉课闇门,西宁县界七十里;东北至大雪山二百二十里,接连凉州府界;西北至扁都口大石碑,甘州张掖县界三百九十里。大河绕其外,高山介于中,联络甘凉,隔阂羌狄。

山　川

复〔覆〕袁山　在县治北，隋炀帝征吐谷浑至此。旧志云："在宁邑西北，临凉州界。"今县地是也。

金　山　在县治南二十里，起于宁邑，止于通地黑林口，首尾百里。山麓稍平处，民间多开垦种植。俗谓之"金娥山"。

元朔山　县南三十五里，石峰林立，下绕河流。北有巨石高二丈余，甚奇伟。监司龙膺题曰"海藏"。又北有洞，昔为虎窟，有游僧来居之，虎乃徙去。俞安期题曰"慈藏"，太元宫居其上。夏间野芍药甚多，岭峻松密。每年六月六日，士民倾城往游。俗谓之"北武当"云。

昆仑山　在县治西北，故临羌县境。《汉书·地理志》注云："昆仑山在临羌西北，有王母祠、石室、仙海、盐池，西有弱水、昆仑山祠。"唐长庆中，刘元鼎使吐蕃云：上山中高四下，曰"紫山"。古所谓昆仑，夷曰"闷摩黎山"。元潘昂霄《黄河志》云："吐蕃朵甘思东北鄙，有大雪山即昆仑。自山腹至顶皆雪，炎夏不消，远年成冰。"洪武间，西平侯沐英、征西将军邓愈，追羌俱至此山，非古所谓昆仑也。自酒泉太守马岌傅会立西王母祠，故得是名。

拨科(山)　在县北五十里，群山环绕，中多溪涧，以为畜牧之地，巅多林木。

圣姥山　在县北三十里，发脉于东峡，折而北，直至硖门，计五六十里。中多沟涧，县民多耕种于此。山腰有圣姥庙，故名。俗谓之“娘娘山”。

雾　山　在县治北。《水经注》云：“湛水东南流至雾山，注浩亹河。”按浩亹河，自西北塞外入县境，折而东南，往宁碾二邑界，入于湟水。按旧志云：“雾山，在宁邑西北三百里。”今在县境无疑。

湧翠山　在县东北百六十里，其下有寺，番名“加尔多”，又谓之“加尔多山”。隔河之南，其上多产林木，夏秋望之蔚然。

画屏山　在县北四十里，有地名五间房。因初辟县地，此系南北通道，起屋五间，以为行旅栖止之所。今亦寥寥十数家耳。

松树堂　在县北大寒山根，青松茂草，怪石流泉，雪后雨前，望如图画。

狮子岩　永安城西北，松门杨氏有诗云：“两岸怪石多，中挂瀑布水，岩雨阴忽晴，涧雪低复起。”见者深以为然，俗名“狮子口”。

金羊岭　掘地得金如羊形，接景阳岭，距永安城四十里。在西北分水岭，在县治北，即大寒山岭。诸泉水北流者入浩亹河，南流者入拨科河。拨科硖去县城百里，在拨科山之东，径通青海。

黑林硖　在县西六十里，山中断而若门，水双流而似带。青海蒙古入内取道于此，常置重捍以防焉。

白岓谷　在县治雾山西北。《水经注》云："湛水有二源，西水出白岭下，东源发于白岓谷，合为一川，东南流至雾山，注閤亹河。"阚骃曰："浩读閤也"，故亦曰"閤亹水"，两兼其称矣。

三兜谷　在县治北，临凉州境。汉护羌校尉傅育战处。

浩亹水　在县治大通城南三里，今谓之大通河。《水经注》云："浩亹出西北塞外"，又云："径西平鲜谷塞尉故城南，又东径养女山山北。"今按此水发源青海地界，正在县之西北，绕过永安、大通城东南，径宁碾二邑，注于湟水。按养女山，今在宁邑界。其鲜谷塞尉故城应在县治。西宁道杨应琚巡历其地，见故城基址，亦多因沦没，青海虽久，不能辨其何处也。按府志有之。

卧牛河　在县治永安城西北，景羊〔阳〕岭之西，流注浩亹水。

拨科河　在县东北七十里，发源于拨科山，自北而南，过喇嘛桥与县城北水合注于闇门硖。

黑林河　在县西，源出青海，从黑林硖入。流虽细，四时不涸。

雪　沟　在县治东，地尤寒于宁邑，每冬积雪盈沟，故名。兼有泉水东注拨科河，内有民居，谓之"雪沟堡"。

花　海　在县治西北百三十里永安城北。一片波光，有黄鸳鸯两两游戏于中。边荒得此，令人有濠濮间想。今水少，鸳鸯不见。俗号"乱海子"。

环　涧　在县北五间房画屏山下，曲折如环，水声盈耳。

燕麦川　在县六十里，民耕种其间，路通宁邑威远营闇门，水径威远营水关。

覆袁川　在县治，隋炀帝西征，困吐谷浑于此。

野马川　在县西北，距永安城一百四十里。草荐水甘，地宜畜牧。

星　泉　在县治永安城北，与花海相近。地多穴，大小星聚，各有甘泉溢出，四时不竭，俗谓之"乱泉子"。

硖门泉　在县治北二十里，出纳林沟，味甘，又名曰："山布拉泉"。

极乐泉　在县治南十里，出极乐沟，俗名曰："诺尔布泉"，味甘。

广成(泉)　在县治东北五十里东硖内，又名曰："药水泉"，居民有疾饮之则愈。

天　泉　在县治东四十里，出大河滩，味甘。

鼎足泉　在县东南二十里良教堡。三孔，各宽五尺，竞泻争流。

煤洞泉　在县东南三十里樵渔堡，味甘，上即煤洞。

花豹泉　在县东北四十二里阿家堡。

广惠泉　在县东北五十里广惠寺。

观音洞　在元朔山阴，深二丈，高八尺，宽二丈余。面临东硖水，相对有慈藏洞。又山阳有朝阳洞，深八尺，高丈许，阔九尺。

按大通之疆域山川，关塞接连，土石回环。峻岭钩于西北，闇门锁于东南。天造地设，保障其巩也，收其版图，列为县邑。

建　置

县治分为三十三堡，而乡村团〔田〕里具合为堡焉。

临城百胜堡　汉、回、土杂居。

河西逊让堡　西南五里，汉少土民多。

阳化堡　西北五里，汉多土民少。

多洛堡　西二十里，汉少土民多。

极乐堡　东南四里，汉少回多。

良教堡　东十里，汉少回多。

雪沟堡　东二十里，汉回杂居。

樵渔堡　东三十里，汉土各半。

河东古娄堡　北五里，汉少土多。

祁家堡　北五里，汉、回、土各半。

硖门堡　北十里，汉少土、回多。

新庄堡　北十五里，汉少回多。

旧庄堡　北十七里，汉、土少回多。

凉州堡　东北十八里，回民。

河州堡　东二十五里，回民。

向阳堡　东三十里，汉民。

东硖李家堡　东南三十里，汉民。

阿家堡　东南三十五里，汉民。

元墩堡　东北四十一里，汉、番、回各半。

多隆堡　东北五十里，番民。

丰稔堡　东六十里，汉民。

永安堡　东南四十里，汉多回少。

庙沟堡　东南四十里，汉民。

杨家寨　东南五十里，汉民。

黄家寨　东南五十里，汉民。

东流堡　东南五十里，汉民。

毛贺堡　东南四十五里，汉民。

石山堡　东南七十里，回民。

柴家堡　东南四十五里，汉民。

平路堡　东南四十五里，汉民。

新添堡　东南五十里，汉民。

北大通一堡红山堡　一百二十里，回多汉、番少。

按城池小，堡寨无多，民皆土房，或数家，或二三家，或数十家为一村，依山傍水，车路相通，固宜收中华使牧养教之泽也。

城 池

县 城 即白塔营城也，乾隆九年由大通移驻白塔故名。北去府治一百一十里，南去大通城一百二十里，旧青海地。城中自东至西大街一道曰“市”，在西关厢。前清雍正三年筑城一座，高二丈，根厚一丈八尺，顶厚一丈二尺，周回五百五十八丈，设东西二门，城楼二，角楼四，腰楼二，月城二，月城楼二，炮台八，壕宽三丈，深五尺。乾隆二十六年改卫设县。

北川营城 去县治东南四十里。永安堡在宁郡之北川，南距旧城五里，名新城，明时移。周长一百九十六丈，高三丈，根厚二丈五尺，顶厚一丈六尺。设东门一，瓮城一，道三面，共长三十一丈，高二丈二尺，根厚一丈六尺，顶厚一丈；月城一，道三面，长五十六丈，高一丈六尺，根厚一丈五尺，顶厚八尺。现瓮城、月城均已颓坏未修复。

大通营城 旧青海地，原设卫官驻此。去县治一百二十里。雍正三年筑城，高二丈二尺，根厚二丈六尺，顶厚一丈四尺，周六里，计一千一百丈，设门四，城楼四，角楼四，月城楼四，炮台十六座，壕宽四丈，深六尺。

永安营城 西北去县治二百一十里，以地通甘凉，雍正三年，筑城一座，高二丈二尺，根厚二丈，顶一丈二尺，周长六百丈，设东西二门，城楼二，腰楼二，炮台八，壕宽三丈，深五尺。

四城有兵防守，生番不敢内侵。

公　署

大通县知县署　在白塔城内东街北，乾隆九年由卫守备移驻，二十六年改设县治。

县　库　在大堂侧。

县　狱　在县署西。

草　场　在县署西北隅。

训导署　在东关文庙左侧。光绪二十一年回匪变乱，城外衙署、庙宇、书院尽被焚毁无存。

典史署　在县署之南巷。

白塔营都司署　在县西中街北。

右〔左〕哨把总　在县署十〔什〕字街古楼左侧。

右哨把总　在署古楼右侧。

营　库　东大街南巷口。

演武场　城西里许。

小教军场　在白塔营署西，俗谓之“箭道”。

新城北川营都司署　在新城东街。

把总署　昔有今无。

大通营游击署　在大通城中西街北。

千总、把总署　昔有今无。

演武场　城东一里。

营　库　一座，在城东南隅。雍正三年建，共计四十间，于光绪二十一年回叛，城陷焚拆，现存地基。

永安营游击署　在永安城中街北。

中军千总　在游击署西街。

把总二员署　一在永安城，一在永安城东黑石头塘。

学　校

雍正元年，新辟戎疆，番回厝杂，并未设立学校。乾隆二年，经佥司〔事〕杨应琚，署守备李恩荣、孙捷，捐俸于卫城及卫属之向阳堡，创建义学二处。延浙士周兆白教课，令民及兵家子弟入学读书。因人文未广，详请题准，每科岁考，取文武生员三名，暂附入府学，俟文风广盛，再为请设教授一员，专司训迪。乾隆三〔二〕十六年，大通卫改设县治，又拨西宁县北川一十八堡居民一千一百九十余户，俱隶大通县版籍。其文武童生，照甘省小学之例，岁科试取文武童生六名，廪增二缺，学生六年一贡，设训导一员，专司课士。建修文庙如制，训导署随泮宫一并兴修。自此以后，风气渐开，继修书院于训导署左侧。旋至同治四年回叛，人民流离，城池失陷，同治十三年，大军西扫，回寇初平。宰斯者土知县黄仁治，就地捐款重修书院，设立义学五处，栽培士子，养育人材，延远方博雅之士，供诸生之膏伙〔火〕之资。光绪十六年，实任县令楼汝济请加学额，岁考取文武生八名，科考取文生五名，举宾兴之典，严考课之法，城乡士子始知欣欣然读书学武之有荣矣。不意光绪二十一年夏，回匪蜂起，大施猖獗，幸赖军民御堵，保全城池，城外乡间庙宇、民宅、书院、义学焚毁殆尽。惜乎！先人之心力俱废，后世遗爱难忘也。二十二年春，逆回戡定，署任县令史文光，捐给士勇逃亡未领饷银三百两，统带祥字营何得彪捐银六百银；光绪二十三年，署任县令张廷武，请拨县治西关叛业铺面九间，后院一处，每年收租银若干，以作书院经费；二十六年，实任县令万钟禄，详请款项，移建小学堂一处于城外西关回民大寺地基，并捐俸银四百八十两；又本地绅民筹捐备卖汉书经史并时务各样书籍二百五十种，合价银四百七十五两四钱，添捐期帖银四百一十七两；署任县令姜振南由发款内拨给钱一百二十五串文。现在改设高等小学校，即此所集之项，发商生息，以资经费。

关　梁

新城永安营　县治东南，所管三里有西闇门，六里有东闇门，俱系极要。

黑林关　县西六十里，两山如门，青海蒙古出入由此，即黑边榨〔栅〕是也。

永安关　在大通城南十五里，为南北孔道。

聂儿坝口　在县西南十里，通青海，路但狭侧耳。

伍什沟口　在县西南四十五里，径通青海。

拨科硖口　在拨科山之东，亦可达青海焉。

白塔营　所管四路：六十里至黑林边，极要；又西北四十五里有哈麻尔打坂卡汛，又九十里有拨科硖卡汛，极要。

大通营　所管东南四十里有阿尔炭山卡汛；又二十里有阿尔炭山顶卡汛；又十五里有小尔炭卡汛；迤东五十里有木龙沟口卡汛；又东北二十五里有木龙沟脑卡汛，俱系极要。

永安营　所管西北四十里有二道沟口塘；正西三十里有测尔兔卡汎〔汛〕；西南三十里有哆啰打坂卡汎〔汛〕；正南三十里有黑沟口卡汎〔汛〕，俱系极要。

新城永安桥　在县城东三十五里闇门滩。

东硖桥　在城东三十五里，不详建从何年。俗传闻得：先年某寺院由僧倡首督修，费银巨万，迄今为县属名盛之桥。此桥建浮于拨科河、黑林河、东硖河三水汇宗之处，通渡广远，民无病涉。

硖门河励桥　在城东北十里，硖门山左，俗谓之“窝桥”，又谓之“喇嘛桥”也，不详建始。历年久远，风雨摧损，于光绪三十年，众士庶复修而今固。因其势从山而登桥，由桥而履平，悬涯玄妙，远视恍如太空之虹。于今大为名盛，外省外县之人，闻名无不游观。此桥下流者正拨科河之水也。

大通渡　在县北大通城南，即浩亹河也。每岁冰解备官船，以济往来。

伍什沟大桥　在县西五里。

通化桥　在县东北半里，俗谓之“大河桥”。

永济桥　城西里许。

和裕桥、太和桥　东城外。

以上三桥，皆在城北，系先年永济、和裕、太和三位商民修建，因以名之。

祠祀

文庙、文昌宫、魁星阁　以上三庙皆在东关，二十一年被叛回焚毁无存。

关帝庙　一在县城中街北，大通、永安、新城三处各一。

龙王庙　在城外东南原，今无。

火神庙　城内东南隅。

廒神祠　城内仓院。

城隍庙　在城外西关，重修。

城隍行宫　城外东关，今无。

雷神庙　城南永寿山顶。

百字宫　在城内武庙左侧。

马王庙　在武庙右侧。

菩萨庙　东城南原，今无。

社稷坛、风云雷雨坛、山川坛　东城南原。

先农坛　东门外里许。

耤田雩坛　农坛内外。

厉　坛　西关外。

圣姥庙　在县北三十里圣姥山腰。

昭忠祠、节孝祠　在东关，今无存。

寺　观

广惠寺　在县东北七十里，原名郭莽寺。雍正元年，随青海谋逆，被官兵焚毁。雍正十年，奉旨重建，赐额“广惠寺”，敕赐碑文。原领度牒喇嘛七百四十五名。

窝尔错寺　在县东十五里，原领度牒喇嘛三十一名。

他阳寺　俗谓“张家寺”,在县北二十里,原领度牒喇嘛一百八名。佛沟寺喇嘛附。

老佛寺　在县东三十五里,原领度牒喇嘛二十九名。

朝藏寺　在县东六十里,原领度牒(喇嘛)八十九名。

加尔多寺　在北大通营城东, 距县城一百五十名〔里〕,原领度牒喇嘛二十九名。

班固寺　在北大通营东,距县城一百六十里,原领度牒喇嘛四十三名。

祁家寺　在县城西北八里,原领度牒喇嘛一百七十八名。另有平安寺、逊布尕寺儿喇嘛并附祁家寺。

奴木气寺　在县城西南五里, 原领度牒喇嘛七十一名。

以上九寺院喇嘛,每届朔望,焚修经典,每年列支衣单口粮仓斗青稞三千六百三十八石二斗五升,在于额征番贡粮内动支。

贡　赋

每年额征番贡仓斗四千一百五十八石八合五勺。

额征屯科仓斗粮一千七百八十五石五斗六升一合。

额征屯科耗羡仓斗粮二百六十七石八斗三升四合二勺。

额征屯科草五万二千一百三十二束九分三厘二毛〔毫〕。

额征磨油课银一百五两八钱二分五厘,现征银七十五两四钱。

额征牙税银三两二钱,现征银一两六钱。

额征番贡马银一百七十三两六钱。自同治十二年平靖后,因番民流离未归,请奉部复豁免一半外,实征银八十六两八钱。

续增征煤税银四两。

仓　廪

县城仓　在城内西南隅,乾隆间建置。现存廒座盛、庆、永、增、积、绥、新七字之廒七座,各五檩一口,共计廒房二十四间。

北川仓　在北川营城内东北隅,乾隆间建置。现存廒座增、新、裕、丰、稔五字之廒五座,各五檩一口,共计廒房一十五间。

北大通仓　在北大通营城内东南隅,不详年所。现存吉字廒一座,五檩计六间,门二口。

兵　防

白塔营　原设都司一员，把总二员，经额二员，现时额兵一百三十五名。

永安营　原设游击一员，千总一员，经额三员，现时额兵一百七十名。

北大通营　原设游击一员，千总一员，把总二员，经额三名，现时额兵二百另八名。

北川营　原设都司一员，把总一员，经制一名，现时额兵七十名。

白塔、北川二营，岁支兵粮、马料在于大通县仓额征屯耗粮估拨供支。大、永、白、北四营例马草束，每岁供支，春冬二季在于大通县北川廒额征屯科草内供支。

以上各营兵马粮料草束数目，每年或扣缺旷建旷，数目不定，是以未分胪列。

水　利

北大通河，古名浩亹河，由西宁县属仙米硖，顺硖而下流，至碾伯县界享堂与湟水合流。河东有拨科河，又名硖门河，引灌河东一带田地；河西黑林河，引灌河西一带田地。东硖河引灌东硖李、阿家堡一带田地。其三河由东硖桥，又名普济桥下会宗,合流北川,引灌北川外十堡屯科田地。其〔共〕有浇灌田地支渠二十八道。

驿　传

大通卫,乾隆元年新设驲马三匹,夫一名。乾隆二十六年,改设县治。同治十二年,前督宪左,统兵西征,戡平回逆,在于抚回呈交马匹案内,拨给添设现供驲马十匹。本城向阳驲,按驲夫三名,驲马六匹;长宁驲按驲夫二名,驲马四匹。二驿共岁支工料银三百零六两,外备站价银四十两。二共银三百四十六两。

物　产

野菜类

苦麻菜生于野,春暮掘取,其根大者如指,白色味佳　白蘑茹〔菇〕、蕨麻俗谓寿果。

鸟兽类

有鹿、熊、麝、山羊、狐、狼、猞猁、绵羊、牛、马、野鹅、鸳鸯、野画眉。

谷　类

有小麦、大麦、青稞、大豆、豌豆、燕麦、胡麻油、菜子

〔籽〕油。

蔬　类

有萝卜红白二种　白菜、甜菜、菠菜、窝笋、芫荽、沙葱、蔓精〔菁〕、野韭、茄蒜。

花　类

有牡丹、芍药、菊花、虞美人、石主、金莲、金盏、龙柏、探春、鹤定、葵萱。

树　类

有松柏、杉树、桦木、白杨、柳树、红柳产于溪涧，细如筋，长五六尺，性柔可为。

果　类

有山樱桃、李无子　杏有花无子。

药　类

有党参、黄芪、羌活、升麻、麻黄、大黄、管仲、扁蓄、乌药、紫胡、甘草、防风、荆芥、薄荷、车前、石羔、狼毒、透骨草、茵陈、白芨、赤芍、益母草、白芥子、苍耳、蒲公英、罂粟。

矿　类

有金、石煤其黑如漆，其坚如石。

风　俗

汉人风俗，俭啬朴实，以耕读为本，业商贾者十之一二。

土人无土司，有土民俗尚，亦朴实，说土话，俱通汉语。男服大领长袖，亦有汉服者。妇女戴帽辫发，用红棉绳贯青铜钱垂脑后，耳坠大环，或银铜不一，无多首饰。足穿腰袜〔靴〕，衣服无论粗细布绸，杂五彩，束以大带。务农为本，男妇并耕。崇信佛教，子弟多送与僧为徒。近来渐知读书明经，茂才亦间有之。

番人风俗，质朴，人情守旧，通汉语者多。番服、汉服俱穿，身长袖小，惟男子、妇女皆戴帽，辫脑后，有绣花辫套一对，长与衣齐，亦有饰珊瑚、宝石、金银，衣用上束大带。务农为本，男妇共作，崇信佛教。近日亦重儒书，胶庠列名者尚有其人。

回人生性勤俭，能耐劳苦，然狡诈凶暴者多，是以屡次为乱。不喜读书，子弟均入经学。喜作零星贸易，兼充经纪牙侩。年壮者多入金厂佣工。县属家道殷实，回为最焉。

以上四种人民有分类者，有互相杂居者。

古　迹

县城北山旧有白塔一座，蜃灰垩之，系雍正三年间修，绿营即以此名。

县属永安营，旧有花海，古名金泉，又名泰兴。昔时有鸳鸯两两游戏，今水小不见。

武〔威〕戎军故城，在县治西北，唐杜希望收吐蕃置。

鲜谷塞尉故城，在县治西北，西平之鲜谷塞是也。

古城，在县治西南一里，遗垣高峙，不知何代建筑。

沙金城，在县治西北，不知何始。

三角城，在县治西北一百四十里，元时筑。

鸾鸟口，在县治西北六十五里，昔时有五色鸟见，后魏改为神鸟。

祥　异

乾隆七、八、九、十、十一年岁连熟。

咸丰五年，城西十里塔坡山崩。八年七月初间，天降大雪约厚三尺，压折树枝，谷皆冻秕，不收。

同治元年夏六月，雨雹，冰丸大如鸡卵，田禾尽伤，园蔬不留，遂成饥馑。四年二月，本地回匪大乱，城池失陷，杀戮汉民七千有零。十二年十月，湘军刘锦棠统帅，攻破西宁小硖口，回败进城，又杀汉民三千余人，前后共杀汉民一万有零。十三年正月，王师荡寇，人民咸乐。

光绪五、六、七、八、九、十年，五谷丰登，万民胥安。二十一年二月初三日丑时，天红，辰时天色方正。六月回叛。十月初间，城北六十里广惠寺川龙见，人谓太平有日矣。十二月三十日，天东连响数声如炮，大星如斗坠于西南方，随后青烟一道，人皆见说天炮。二十二年正月初七日，官军西扫，回寇皆退。二十五年七月初七日，雨雹，收成不佳。二十六年初秋，城西七里，作斯图山崩，贺家庄山裂。

庙沟堡耆民〔老〕伊广谱，齿德兼优，子孙繁衍，耕读传家。生子二，长子辅邦入庠，孙九，五孙家政入庠，元孙六，曾孙二，五世同堂，一脉所传。堪谓盛世人瑞。光绪二十七年，寿终，享年八十八岁。

县属迤东，即东硖克麻儿沟一带，原呼为滥泥堡。后于光绪元年，秦州杨潮曾为大通训导，因公到克麻儿，闻呼为“滥泥堡”之名，谓曰：“此名虽呼多年，然而听之不雅，且无滥泥，何故称之？”遂教民更为“兴隆堡”。有兴起人文祥瑞之意，而今即呼为兴隆堡也。

县属东硖毗连朝藏寺界，有民村焉，向呼“燕麦川”，即燕麦堡也。于光绪二十三年，前县王宝镛因公下乡至彼。旋有绅士邵某某面请：此地因俗呼燕麦堡，其实每年耕耘五谷，地内多杂燕麦，意者其名不祥之故欤！祈请更正。王宝镛即更为“丰稔堡”，使民呼称，似觉效应，而今燕麦稀少，谷粮秀实，今即呼以“丰稔堡”也。

县属迤东南为河西界，有良教堡上乱泉庄、下乱泉庄，系往来顺道，通经大路，均为回民居地。前县王宝镛因闻，何以称之？既乱岂无一治，今而后即更为上治泉、下治泉，永志以呼。取其兴治之道，民皆欢欣，顺口呼为治泉庄也。

多洛堡新兴庄农民，土人杨禄生发妻马氏，于光绪三十三年十月二十四日一产三男。

名宦

邑侯黄仁治，湖南人，同治癸酉莅任大通，适值全湟克复之际，地方凋敝，生民涂炭。仁治婆心辣手，督办善后，井井有条，剪除元凶，如江湖三马(福)寿、苏有成等，余匪悉平，四境得安。并按〔安〕插田赋数千石，户口十余万丁，三十三堡灾黎，俱登衽席。振兴学校，劝捐文社一万余两，创修书院一所，建立城乡义学五处，择其俊秀者训之。其励精图治，兴养立教，政声卓著，士民咸钦。

杨潮曾，字淮川，甘肃秦安举人。同治癸酉莅任训导，学问渊深，迪训有方，主讲崇山书院。与〔于〕城南永寿山巽地，建立文峰壁，复前人旧制，以应文明之征，乃朝夕课训士子文艺诗赋，讲求理学天文地舆诸书，从者数十徒。四境父老闻之，莫不奋兴化乔为文，彬彬然礼乐大备，人才杰出，文教昌明，通人普沾教泽焉。

前任贾勋，来宰斯邑，颇兴学校，教养人才，明允折狱，讼息民安。且于光绪八九年间，力除民害。查有同治间，甘肃逆回酋马福寿，即系马江湖三，系大通民籍，因案充军福建，由配脱逃，潜回原籍，犹敢轨谋，几致地方复扰。严密拿获，即行解省，立予正法。并详办巨盗马保元、赵麻乡者〔老〕、柳毛头子，迭次纠众劫抢拒捕，查明详情正法。自此地方盗贼敛迹，于今民称之。

前任楼汝济，来宰斯邑，会逢花门变教，藉滋事端。县宰在富强干，有经济，预先防微。详办酋马古力儿，且城内容留乡民，散械积粮，葺城修池，将此工峻，因事卸篆。斯任甫廿日之间，逆回乍叛，势如燎原。若非楼县宰神明，预防有备，县城几到〔至〕失守，于今民称不忘。

前任万钟碌，光绪二十四年莅任。因通邑遭回叛乱，民受涂炭，疮痍满目，又复年荒。万县宰休养生息，三年之后，视其书院焚拆，学校废弛，士庶子弟久失教养。传商贡生哈连科、增生梅汝调、贡生梅汝楫、增生童锡岭等，督修书院告成，现改作小学堂，士绅铭颂。

把总罗秀，西宁武生，将门世胄，智谋深息，三仕白塔营，训练士卒，勤劳卓著。光绪二十一年，花门背叛，遍地干戈，逆回围攻城池，危如累卵，秀抚恤兵民，日夜战守，心力俱瘁，得以保全危城。平定后，上闻嘉奖调升。去之日，兵民赠悬匾额，以颂功焉。

选　举

特授高台县教谕　梅魁

署理西河县训导　张钰文

署理两当县训导　赵登举

同治癸酉科拔贡　阿经儒

光绪丁酉科拔贡　米成元

光绪乙酉科武举　马占魁

恩贡生　哈连科

光绪十五年恩贡生　梅汝楫

岁贡生　麻兆瑞　张中德　李　霖

人　物

盐提举衔知县梅魁，字子高，理学中名士也。幼时从师读书，研究理义，颇有志于圣贤之学，而于穷理致知一端，莫不随时体验，其品识异寻常焉。故应童军小试，及入泮食饩出贡，诗文一艺皆有根底，为当道品重。旋因观光上国，宦游京师，期展学于民物之间。忽于同治初年，红羊之变起于秦陇，中道相阻，乃襄办军务十年之久，心力俱瘁，得睹清平。其于济困扶危，多有卓著。督宪左以花翎同知衔褒奖劳绩。光绪四年选授高台县儒学教谕，历署西宁县、山丹县各儒教谕。恭逢覃恩,荣封两代,至今子孙绳绳,功名迭膺。

增生梅汝调、贡生梅汝楫,通邑读书人也。颇有卓识,光绪二十一年,花门分教倡乱,祸起萧墙,人民流离避乱。该匪围攻城池,杀伤军民,声焰孔炽。辛官飞请急办城防,以御其乱,奈内无军粮,外无援救,危卵之势,迫不及待。调等以事急,及〔极〕力劝民勇苦守危城,矢以忠信以明决一死守之义。战守八月之久,无险不履,致城未被攻陷,始为平靖,其忠义犹在人耳目。

贡生候铨县丞张海鲤,博通经史,精明行修,有志于学,心存爱国,惜其屡荐不售。有传世诗文,见《陇右校士录》。

贡生梅汝赓,赋性和厚俭约,博通经传,惜乎荐而不售,诗文人物实堪表率,有传世律诗,有〔见〕《陇右校士录》。

忠　节

邑忠勇梅连,充白塔营步兵。于加〔嘉〕庆年间,出兵河南军前,奋力血战,阵亡于马家湾,今有碑志题其墓。奉旨封为忠勇将军。

光绪二十一年回叛,北大通营失陷,在城血战阵亡官弁十一员:署千总王镇,署把总赵俊,经制年启盛、李生正、张得昌，正署额外外委张有吉、张得荣、王吉、鲁文、王成、何守忠。

邑民吕之明，性赋刚正，爱读书，见古人忠义事迹，敬而慕之。同治四年二月初八日，回匪大起，城陷。吕之明登房屋上，骂贼不屈。合擒，之明焚屋扑火而死，年三十八岁。

节　烈[2]

覃恩诰封宜人、节妇鲁氏，于十七岁于归贡生梅生香。氏赋性温惠，而事姑如母，敬夫如宾，克尽妇道。至道光十年正月二十五日，氏夫故，时氏年二十八岁。老姑在堂，年逾七旬，耄而多疾，氏奉事汤药，慈爱愈固，孝养不衰。至次年而姑没，家甚寒，只有茅屋数间，质房殓葬，衣衾棺椁，皆尽无憾。当氏夫亡时所遗三孤，长子魁，方七岁，次子玉，甫四岁，季子毅，仅一龄。里人因家贫子幼，劝之改适。氏厉色而言曰："吾所以未从夫于地下者，以老姑在堂，孤子在膝耳，不然岂惜死者？今老姑既没，孤子俱存，虽至饿死，志不可移。"剪发自誓，里人敬服。氏抚育三孤，择师授学，督责极严。长子魁，已游泮食饩出贡；次子玉，因贫改儒业商；季子毅，亦继入庠帮增，三子成立。迨咸丰六年三月初七日氏〔故〕，年五十四岁，坚守苦节二十七载。官府奏闻，乃蒙旌表。

农民张玉仓之发妻史氏，年二十九岁守节，生子启荣、启华、启富、启贵、启秀，志誓柏舟，茹苦完贞。后又遭兵燹，苦养五子，抚于成立，后抚孙读书入庠。妇女胥仰懿则，乡里咸颂阃范，寿七十三而终。

农民赵九经之发妻权氏，年二十九岁守节，生子三。闺门清真，志洁冰霜。常以三从自励，子媳亦化敬孝；四德自勤，邻里悉服懿行。今寿六旬有五，犹享遐龄。

胡孙氏，夫亡，事孀孤〔姑〕，抚幼子，乾隆二十八年旌。

宋刘氏，夫庠生怀玺亡。遗二子皆幼，勤针指〔黹〕，易食哺子。长子砚入学拔贡。嘉庆二十一年旌。

宋贺氏，夫拔贡砚亡，事孀姑抚幼弟，无子，家贫闭户，勤女工，以给衣食。嘉庆二十一年旌。一门双节，建坊东关。

李贾氏，夫亡，二子俱幼，勤苦抚养，长子早夭，次子琮请建坊东关。道光六年旌。

任王氏，家贫家〔子〕幼，躬勤女工，抚子殿元入庠。道光八年旌。

马朵氏，抚遗孤成立，教孙廷魁苦读入庠。道光八年旌。

邑民张世梁之妻仲氏，于十七岁于归张门。赋性淑贞，居家勤苦，事姑谨慎，一堂和睦。其夫于光绪三年二月初七日故。该氏年方二十七岁，因无子嗣，矢志同归，未逾百日，而投井殉节。里人传闻，县主王翔题“(贞)烈流芳”匾额上旌。

张张氏，夫祥，充营兵病故。氏百计营葬，痛哭尽哀。族有逼其再嫁者，即投井而亡。众钦其烈，申报，光绪九年旌。

黄陈氏，故夫守中，遗子三、侄二均幼，家亦贫，堂姑八旬，则竭力奉养，没则百计营葬。当荒困苦，子侄殉难者四，氏恐惧谓嫂曰："今大难流连靡定，惟保全黄氏一脉，无失妇道而已。"迄乱平回里，田舍为人占去，氏鸣官争复，犹阨穷，教子读书，完聚母道全终。一乡矜式焉。光绪二十七年学使吴赏给"节孝芳徽"匾额，光绪三十二年旌。

民人张四辈发妻李氏，年十九岁守节，遇已〔乙〕未之变，被回匪抢掠直至大河渡口。回贼带氏欲渡河，氏到河中，奋身扑河自尽。

民人韩兴业发妻韩冯氏，亦遭回乱，携子投水，自完贞烈。

硖门堡农民李天申〈保〉妻陈氏，年甫一十九岁，深知大义。经贼回陷乡团，氏舍身救夫，急藏其夫于柜下，以身遮蔽，挺然独立。黑夜之中，贼燃火亮，进门问夫，氏曰："不在。"贼见氏容，强逼为妻，氏骂曰："能作无头鬼，不为贼之妻。"贼怒杀之，其夫由是得脱。

商民李昌荣之妻张氏，年二十五岁夫故，遗一男一女，皆幼。家徒四壁，誓不再嫁。有〈人〉劝嫁者，氏言曰："男重纲常，女贵节烈，外此不为人也。"乃自百倍女工，抚养孤儿幼女,娶妻赘婿,以至成人。氏年六十二岁,终于光绪七年十二月二十八日。

商民侯镇远之妻李氏，乃李昌荣之女，节妇李张氏所生。氏年二十九岁夫亡,遗孤子二,均幼。氏效母张氏之坚贞,持家勤俭,教子义方,志似松柏,节如冰霜,母女节烈堪嘉。

商民陶良俊妻胡氏,自嘉庆九年孀居,时年三十九岁。抚孤秉溢成立,不幸早亡,又抚孙生芝,甫三岁,教养成人。一祖一孙相依为命,至咸丰七年,氏享年八十有三而终。

钱国宝妻苏氏,年二十九岁夫亡,遗孤五〈岁〉。同治六年,新城失陷,贼夺孤维伦,氏抱不与,身受数伤,胸前一刀,几死贼手。氏惧,将藏金换儿,贼退,氏携孤乞食他方,佣工抚孤,维伦读书入庠。

张翔之妻张张氏,道光十三年,夫出兵阵亡,闻信,投井身殉。已请旌表,并于县城东关立有石碑。

民人陈廷兰之妻陈唐氏,光绪二十九年,蒙学宪叶奖励匾额"安世彤炜"。

道光六年冬夜,大通营城外有土人妇,为贼逼逐投岩死。可见节烈之性,不分番汉,惜无由访姓氏。即此类推,守节殉难者不少。

孝 义

陈焕声，父死年仅四岁，母存，家徒四壁，哀几(儿)骨立，顺致心欢。刈蔬得金，天垂怜；负粮逢劫，盗不犯。乾隆三十九年旌。

覃恩诰封奉直大丈〔夫〕贡生梅生香，性赋孝友，品学端庄，素以教读为生。有老母年近七旬，生香色笑承欢，而甘旨未缺。其妻鲁氏，敬主中馈，善继孝养。道光十年正月二十五日，生香病笃，嘱妻鲁氏曰："汝能善事吾母，勿以我故，为母心忧，予心安矣。"语毕而逝。县邑侯葛民张于淳夙闻善事父母之诚，人所难及，爰题孝子轴匾，以彰至德而励风化。至今士民，仰怀芳踪，甚敬爱之。

侯定槐，为人忠厚，善书，充县兵科书吏。事母至孝，母没守墓三年，毫无所懈。道光十年，县主张于淳赐"孝子不匮"匾额，以旌其门。年五旬而终。

全永丰，父早丧，事母至孝，母偶出外，遇坎坷之路，背母而行。乡党间稍有不顺于亲者，以大义责之，乡邻无不佩服。咸丰十一年，在任县令苏，赏"孝道可风"四字匾额；儒学朱，赏"为仁务本"匾额。

农民张连生，过继于叔父为子。年一十三岁，婶母看顾不善，使连生百里外作小生理，往返徒步而行。乡邻视之不忍，连生毫无怨言。其后叔父得病日笃，连生日不解带，奉侍汤药饮食三年之久。叔父病终，继而婶母又病，愈加调治，病势沉重，大小便不能自主，连生不惜劳苦，移湿就干，换洗被褥，秽污不令人见。婶母临终之时，为人言曰："吾有继子，更甚于生子。"光绪二十七年，乡邻禀报夏学宪，赏"至行可风"匾额。

县兵房王建基，乃节妇王张氏之〈幼〉子。(幼)丧父，母得颠狂之疾，不时动怒便打，建基长跪领受，母怒即解。爱母若保赤子，奉母如敬神明，孺子之慕，终身不改。孝行素著于闾里，和睦常昭于乡邻。矜孤恤寡，疏财仗义，人所共知，堪为一乡之仪型。

士民贺存禄，为人端正，自幼好读书，百行以孝为先，定省之理不缺，温情之典常从。又令其妻子同己，朝夕叩拜父母，十数年之久不少间。衣食随父母之愿，银钱存父母之手，百般承欢，可谓知孝道矣。

逊让堡故耆民哈俊英，素谓〔为〕殷实富户。同治年间回变，本堡聚团堵御。城乡老弱来团庄避命者，不下数百人。俊英每日舍饭，及他堡人来求粮，设法周济，毫无吝惜。尔时，颂声载道，至今不休。俊英之子武生连举，发妻中年孀居，遇光绪二十一年之乱，效先人俊英之博施，依然济救贫困，受恩感泽者不少其人，报而录之。

府学增生赵之洁，年七十五岁，耕读传家。生六子，长子延庆，次子遐庆，二子俱入贡。孙十六，元孙九。同治六年贼陷新城，之洁夫妇率贡生延庆等五子及家人三十六口，上楼依世次而作〔坐〕定，命油草燃楼而死。次子遐庆因巡城遇贼(追)杀。之后，寻尸无首，以面首附葬之。

县学庠生刘梦尧，同治二年贼来攻庄，梦尧头戴顶帽，身穿兰〔蓝〕衫，上房骂贼曰："义不降贼，我不死贼手。"遂自焚屋而死。

县学庠生胡善述，在县城教读，同治十二年，贼陷县城，善述执笔骂贼，贼杀之。

民人张怀清，故经制武生封侯之父。同治二年二月初九日，回乱危急，怀清积薪于屋，率妻卢氏及三儿、媳刘氏与二孙，均扑火焚斃。邑人不忍湮没其实，禀请学宪夏，赏给"合室忠贞"匾额，以彰节义而励风化。

民人刘祥偕子义善，父子先年富豪，重义轻财，修桥补路，广行善事。一乡人皆谓刘祥"善人也"。闻得道光年间，倡首创修北川闇门坡路。刘祥彼时，因见闇门坡路，夏则泥淋，冬则冰坎，车马往来，行者艰苦。刘祥不忍，自捐家资督修，以石条巨石铺镶之后，行者颇利，御夫执鞭之士，无不欢呼感激，至今巩固不坠。义善排难解纷，疏财仗义，不改父道。父子皆享大寿，年逾古稀而终。

道光年间，永安营在路失去饷银二千〔十〕余两，有北大通民人李和裕，开设典当兼务农业。〈家中〉牧马在郊外，得此银两，即时出帖告白，人皆知之。当初亦不知何人银两，随后永安营主得银，以重礼〈物〉酬之，分毫不受，合营共赠“十两〔拾金〕不昧”匾额。

仙　释

前清初年，有一老僧来居元朔山老虎洞中，数年之久不与凡人言语，不知来自何方何寺，后又云游，不知趋向。

方　伎点校者按：有目无文。

注释：

[1]《采录大通县乘帙稿》，今浙江温州市图书馆藏有抄本，青海省图书馆据抄本藏有誊印本，不著撰者和成书时间。揆诸行文，似成书于民国初期。本次点核，即以青海省图书馆藏誊印本为底本，并参考了大通县志编纂委员会办公室1984年的标注本（内部印行）。底本。不分卷，列有舆图、沿考、疆域、山川、建置、城池、公署、学校、关梁、祠祀、寺观、贡赋、仓廪、兵防、水利、驿传、物产、风俗、古迹、祥异、名宦、选举、人物、忠节、节烈、孝义、仙释、方伎等目。记事简略，已略具志体雏形。

[2]“节烈”目下原记“鲁氏”“史氏”“权氏”三人，现将本志末列目“续写节烈后”所记十八人移并入本目。

后　记

大通回族土族自治县积淀有丰富的地方性历史与文化。曾轰动学界的国宝级文物——三组五人连臂舞蹈纹彩陶盆,就出土在境内一个名叫上孙家寨的小村庄。这表明5000年前古羌先民繁衍生息在这里,创造了灿烂的新石器时代文化,且与中原华夏文明一脉相通。大通亦自古以来就是一个多民族聚居地,这里曾经生息过羌人、匈奴、鲜卑等等古老民族。清代的大通,在行政上有几次变动。清世宗雍正三年(1725年)设立大通卫,卫署在今海北藏族自治州门源回族自治县,同时修筑了大通、白塔、永安三城,派兵驻守。乾隆九年(1744年)为了行政管理上的方便,卫署迁到白塔城，即现在大通回族土族自治县城关镇。原门源成了北大通营。乾隆二十六年(1761年)大通设县，白塔城仍然作府衙。1949年大通各族人民重见光明，历史翻开了新的一页。1957年10月，县府从白塔城迁入现在的桥头镇。1985年由国务院批准，成立大通回族土族自治县。但由于种种的历史因素，大通地区在清代几遭战火兵燹，社会动荡，民生凋敝，造成杞宋不再、文献无征的困难，所以反映大通自然与社会文化的志书并没有及时问世。自清代设县建镇起，修纂本邑志书成为历届地方官员的主要文化活动之一。清宣宗道光初期，大通训导问昙撰成《大通县志》，约在民国初期佚名氏纂成《采录大通县乘帙稿》。直到民国八年(1919年)，大通县知事刘运新组织贤达编修县志，由廖傒苏、陈之凤和牛培炯任编辑，梅汝楫、王祖绳等15人分片区采访资料，最终撰成《大通县志》六部，凡15万言。这是大通历史上由官方主持编纂的、现存唯一的、较为全面记载大通地区的志书。

民国六部本《大通县志》，记载起于雍正三年，终于民国八年，内容分天文志、地理志、建置志、赋税志、职官志、种族志、人品志、物产志、艺文志等九个部分，简明扼要而较为真实地反映了近200年来大通的自然山川地理形势，历代尤其是清朝与民国时期的行政沿革和职官建置，本地动植物和矿产资源;列举了人物活动如文吏的殚尽力竭与政治建树、武官的尽职尽责和立功受奖,本地举人、各类廪增庠贡生员与文教事业的发展,孝子、孝妇尽孝的典型事例,节义与德义的品行事迹,不厌其烦地列出无辜死于同治和光绪年间战乱中四千余人——男性为“烈士”,女性为“守节”或“殉节”归类的名字,无疑是为普通百姓树起的一座纸质的“遇难纪念碑”;简要记述了汉族、藏族、土族和回族的来源、衣食住行与宗教信仰;“艺文志”中李淳《咏古镜》五言绝句据赵宗福先生考证是青海历史上由本土文人创作的第一首诗歌,具有诗歌文献的意义等。由于编纂此志时,限于现有资料的匮乏、时间仓促,担任编辑的几位外阜人士缺乏对大通各方面的详细了解等种种困难,此志明显地存在一些失误和不足。如对个别地方性知识的误读、误解,甚至对整个大通人口状况、经济生产的缺载,不加甄别直接抄录《西宁府新志》原文,甚至个别内容的文字表述,带有那个时代的烙印,在今天来看有明显的局限性等。

《大通县志》在民国八年纂修完成后,由当时的甘肃政报局排印问世,但限于当时的发行量,印数较少,流行亦不广。所幸的是,此志被台湾成文出版社作为《中国地方志丛书·西部地方丛书》之一,于1970年据此甘肃政报局铅印本影印出版。1987年青海少数民族古籍整理办公室组织协调，大通回族土族自治县民族古籍整理办公室的季学银、任国安、汤伯铭和阿怀东等耆贤，对此志进行了标点、注释和校勘，并作为《青海少数民族古籍丛书》系列之一《青海地方旧志五种》公开出版。

时隔30年后，青海人民出版社以《青海地方史志文献丛书》之名再次出版。应出版社戴发望副总编辑之约，嘱我对此志再做整理校注工作。仍以成文出版社影印本作底本，在先贤已有的标注、校勘基础上，做了进一步的校注，努力使此志成为“精校细勘、不讹不缺”的学术意义上的善本。于是，在谨记“切不可乱改”的戒律下，根据此书原貌状态，采用他校法、本校法和理校法，从语言、体例和史实三方面着手，大多数情况下没有因袭前贤所做，而是重新对原文中某些明显讹误之处作了谨慎的校正。原志中的字词有明显讹误的，用〔〕标出正确字词；原志中有明显缺漏字的，用（ ）作注补入，用<>标出衍字；漫漶难辨或原文缺字难补的用□标出。对一般性的文字、人名和书名等不再作无意义的注解，但有些对今人而言实属难以理解的名物制度作了简明扼要和准确无误的注解，同时对一些艰涩、不常用的字词作了解释和现代汉语标音。原文中的有些生僻字，原编撰者屡次引用《说文解字》等已作解释的，则保留了原貌，没有再做饤饾式繁琐杂凑的赘注。同时，出于保存史料的目的，此次《大通县志》校注本出版时，将问昙撰《大通县志》及佚名氏纂《采录大通县志乘帙稿》附录于后，并由青海省民族宗教事务委员会古籍办马忠教授点校。问昙《大通县志》的收录得到了大通县地方志办公室主任王奎和县档案馆馆长施忠先生的帮助；《采录大通县乘秩稿》的点校参考了大通县志编纂委员会办公室1984年标注本，在此深表谢意！

此次校注本，以“扬弃”与“古为今用”的客观谨慎态度而基本上保持了志书的原貌，但鉴于本书纂者受所处时代的局限，对少数民族及其反抗斗争多有不同程度的污蔑之词和歪曲反映，有的宣扬封建伦理道德和迷信观念，内容上难免精华和糟粕并存，需要广大读者辩证唯物主义和历史唯物主义的观念来对待。本人尽了最大努力对此志进行了作注作校，因学力有限，失误之处亦在所难免，恳请读者批评，也请方家指正。

是为记。

米海萍于2019年冬月谨识